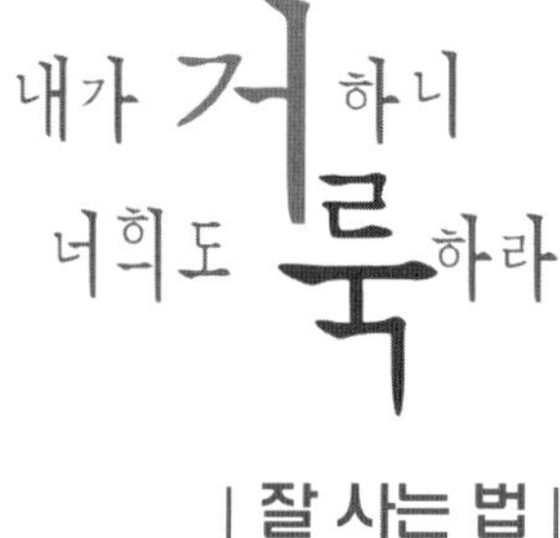

내가 거룩하니
너희도 거룩하라
| 잘 사는 법 |

정연태 목사 지음

도서출판 세줄

머 리 말

이 책을 쓰게 된 동기는 성시화운동을 하는 홀리클럽에 나가게 되면서, 거룩의 문제를 좀 더 관심을 가지고 생각하게 되어서였습니다.

기독교인이라면 신앙생활을 하면서 거룩이라는 단어를 자주 듣고 쓰게 되어 있습니다. 그리고 거룩한 사람이 된 성도로서 어떻게 하면 성숙한 그리스도인이 될까, 어떻게 하면 좀 더 거룩해질 수 있을까 하는 생각을 당연히 하게 되고 "하나님의 말씀과 기도로 거룩하여짐이니라"(딤전 4:5)하는 말씀을 알기에 성경을 열심히 읽고 기도생활을 열심히 하며 거룩한 생활을 하게 되어 있습니다.

이런 가운데, 더 나아가 이제, 다른 사람들에게 전도를 하고, 거룩한 생활을 할 수 있도록 돕는 사람이 되려고 하는 것은 당연한 일이고, 우리가 살고 있는 공동체를 거룩하게 만들어 살기 좋은 곳으로 만들려고 하는 것 또한 당연한 일이라고 생각합니다.

이런 신앙생활 속에서 막상 '거룩'이란 무슨 뜻인가? 이 말의 정의는 무엇인가를 생각해 보면 알 것같으면서도 쉽게 정리가 안 되고, 생각하면 생각할수록 도리어 애매해지고 모르겠는 것이 '거룩'이라는 말임을 발견하게 됩니다. 그리고 또 '왜 기독교인들은 거룩해지려하고 거룩해져야만 하는가?' 라고 하는 생각을 할 때, 여러 궁금증이 더 많이 생기게 되는 것 또한 당연한 일입니다. 하나님이 명령하셨기 때문에 그렇게 하는 것이 당연하다고 한다면 더 할 말은 없습니다.

그러나 하나님은 왜 우리에게 이런 명령을 주셨는지를 이유를 알고 싶은 사람은 그냥 하나님의 말씀이기에 믿어야 하고 그렇게 하는 것이라고 하지만 궁금증을 해결하고자, 이유를 찾고자 하는 것 또한 당연한 일이라고 할 수 있습니다.

그러므로 부족한 사람이지만 궁금증을 가진 사람들에게 궁금증을 해소하는데 도움을 주고 거룩한 생활을 하는데 도움이 되었으면 하는 생각에서 이 글을 쓰게 되었습니다. 그러나 막상 거룩의 단어를 정리를 하면서 너무나 당연한 사실이지만 새삼스럽게 발견한 사실은 '거룩' 이란 단어는 창세기로부터 계시록까지 성경 66권에 걸쳐 있는 하나님의 말씀으로 그 의미가 방대하여 정리가 쉽지 않다는 것을 알고 난감한 심정이 되었습니다만 하나님이 은혜를 베풀어 주시어 글을 마칠 수가 있게 되었습니다.

이 책은 '거룩'에 대한 전체적인 개념을 파악하여 성경을 이해하도록 돕고자 하여 집필한 까닭에 각론적인 자세한 설명이 생략되어 있습니다.

'거룩'을 하나님을 지칭하는 말씀으로 보고, 하나님의 거룩한 구원 사업을 방해하는 하나님의 피조물인 사단의 세력과 대비를 하면서 성경을 보았습니다. 그리고 '거룩하라'는 하나님의 명령은 구원 받은 성도를 하나님처럼 만드시고자 하시는 하나님의 뜻으로 보고, 구원 받은 사람이 거룩하여지려면 어떻게 생활해야 하는지의 실천적인 문제를 제시하고자 하였습니다.

이 책을 읽으시는 기독교인들은 거룩한 생활을 하는데 도움이 되었으면 하는 것이 글 쓴 사람의 생각입니다.

끝으로, 이 책을 쓰는데 도움을 준 장명옥 사모에게 감사하며 기도로 도와 주신 김혜영 목사님과 박남석 장로님 그리고 교정을 보아 주신 장내과의 장무선 원장님께 감사를 드리며 출판에 도움을 준 도서출판 세줄의 이명수 장로님께도 감사를 드립니다.

2008. 8. 5

정 연 태 목사

차 례

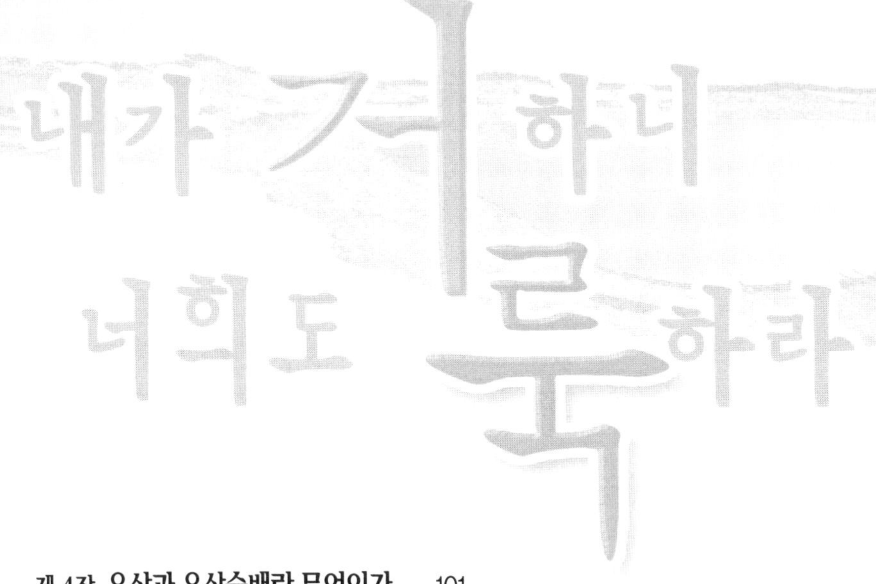

내가 거룩하니
너희도 거룩하라

제 1 장

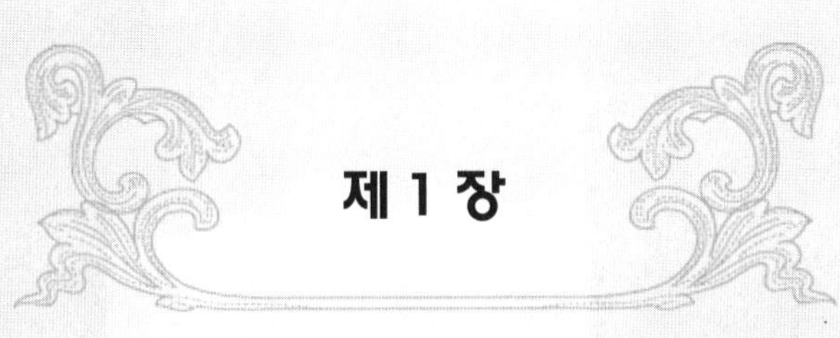

우리가 거룩해져야 하는 이유

만약 어떤 사람이 "어떻게 사는 것이 잘 사는 것이냐"라고 묻는 다면 뭐라고 대답할 것입니까? 이 질문은 틀림없이 대부분의 사람들을 난처하게 만듭니다. 어떻게 살아야 잘 사는 것이냐는 질문에, 인생에는 정답이 없다고 확신을 가지고 대답할 사람들도 많습니다.

그러나 인생을 어떻게 살아야 하느냐는 물음의 정답은 분명히 있습니다. 이 정답은 먼저 창조주 하나님을 알아야 한다는 것입니다. 창조주 하나님을 모르면, 잘 사는 것에 대하여 대답을 할 수 없습니다. 그렇지만 그렇게 말한다면 기독교를 믿지 않는 사람들은 반발할 것이기 때문에, 우리는 당면한 현실을 먼저 생각하는 것이 좋습니다.

1. 우리의 현실의 문제는 고통

사람들은 저마다 많은 문제를 안고 살아갑니다. 그리고 매일 같이 새롭게 다가오고 처리해야 하는 다양한 문제들에 부딪칩니다. 주부는 눈을 뜨고 일어나면 아침부터 가족의 건강을 챙기고 집안일을 처리해야 하는 많은 힘든 일이 있고, 남편은 가족의 생계를 위하여 만원 버스나 전철을 타고 생업의 일터로 힘든 출근을 하고, 또한 생업의 일터에서는 직접적이든 간접적이든 경쟁이라는 것을 피할 수 없기 때문에 힘든 과업을 수행해야만 합니다.

그런데 이런 일상적인 일만 있는 것이 아니라 인간관계의 마찰이란 힘든 일도 많이 있습니다. 힘든 일은 작은 근심, 걱정, 염려, 불안으로부터 시작하여 뜻대로 되지 않는 각종 힘든 마음 그리고 내 생명과 안전을 위협하고, 피를 말리고 괴롭히는 극심한 문제들까지 헤아릴 수 없이 많이 있습니다. 어떤 경우에는 외로움이나 권태라는 힘든 문제도 있고, 또 어떤 경우의 힘든 문제는 자신의 삶의 의미를 찾지 못해 허무감을 느끼는 힘든 문제도 있습니다.

힘든 문제에는 자신의 일신상의 직접적인 문제만 있는 것이 아닙니다. 때로는 사랑하는 부모님이나 아내나 남편이나 자식이 당하는 고통을 지켜 볼 수밖에 없는 힘든 경우도 있고, 때로는 이들과 영원히 헤어져야만 한다는 힘든 경우도 있습니다.

또한 어떤 경우에는 자신의 친구가 당하는 힘든 삶을 보면서도 도움을 줄 수 없는 힘든 경우도 있으며, 아니면 나와 직접 관계는 없지만 어려운 문제를 당하는 것을 보면서 도울 수 없으므로 힘든 경우도 있습니다.

마지막에는 자신의 어떤 삶의 가치나 의미도 발견하지 못하고 살아온 자신의 삶을 돌아보면서, 허무를 느끼고 괴로워하며 기력을 잃고 죽음이라는 가고 싶지 않은 힘든 길로 들어섭니다.

삶의 힘든 경우는 너무나 방대하고 보편적이기 때문에 끝이 없습니다. 또한 때로는 이해할 수도 없는 것들이 너무나 많기 때문에 알 수 없는 신비한 일이라고까지 할 수 있습니다.

그러나 아무리 그 수가 많고 다양해도 본질적인 문제는 하나입니다. 그것이 우리의 삶에 고통을 주고 불행을 느끼게 한다는 것이 문제입니다. 그래서 인생의 문제는 다양하고 방대해 보여도 한 마디로 고통의 문제입니다. 그 고통이 신체적인 것이든 정신적인 것이든, 어떻든 내게 있는 모든 고통이 문제가 되는 것입니다.

우리의 문제는 악이 문제라고 하는 사람도 있고 죽음이 문제라고 하는 사람도, 또 어떤 사람은 죄가 문제라고 하지만, 우리의 문제는 고통입니다. 악이고, 죽음이고, 죄이고 그런 말을 하는 것은 그것들이 우리 인간에게 고통을 가져오기 때문에 문제가 되는 것입니다. 그것이 우리에게 고통을 가져오지 않는다면 아무런 문제가 될 수 없습니다.

기독교인들은 인간의 문제는 죄가 가장 중요한 문제라고 합니다. 이 말은 죄가 고통을 가져오는 원인이기 때문에 고통의 원인을 신학적으로 표현한 말입니다. 우리의 문제는 고통입니다. 그것은 내 스스로 모든 것을 자유롭게 해결할 수 없기 때문에 문제입니다.

결론적으로, 문제는 고통 자체라기보다는 고통의 문제를 자유롭게 해결할 수 없다는 것이 문제입니다. 이것을 우리가 자유롭게 처리할 수 있다면 삶의 문제는 아무런 문제도 될 수 없습니다.

우리는 자신의 생활을 뜻한 데로 언제나 행복한 상태로 계속 유지 할 수 없다는 것을 잘 알고 있습니다. 우리는 흔들리는 현실 위에 서 있는 존재이기 때문입니다. 그 현실은 언제나 잠깐의 행복이고, 유동적이기 때문에 언제 어떻게 변해 고통을 가져 올지 모르는 불안 속에 있습니다.

우리의 삶의 곁에는 고통이 있습니다. 언제 들이 닥쳐올지 모릅니다. 지금 당장은 어려운 문제가 없다할지라도 그 현상이 미래까지 보장해 주는 것이 아니기 때문에 대비를 해야 합니다. 지금 당장 어려운 문제가 없고 행복하다고 할지라도 그 상황은 그냥 누리게 된 것도 아닙니다. 본인이든 타인이든, 누가 과거에 고통스러운 대가를 지불했기 때문에 잠깐 누리는 것입니다.

우리는 이런 상황 속에 살고 있기 때문에 고통 속에 빠지지 않거나 빠져 나오기 위하여 어떻게 살아야 잘 사는 것이냐는 질문을 하게 되고 해답을 찾고자 합니다. 내가 언제나 보람있는 생활을 하고 행복을 누리고 있다면 이런 질문과 대답을 찾을 필요가 없습니다.

빅터 플랭클이라는 정신과 의사가 한 말을 보면, "우리는 눈을 가지고 눈으로 보고, 살고 있지만 눈을 의식하지 않고 살고 있다. 이것이 자연스러운 것이다. 그러나 만일 눈이 눈 안에 있는 무엇인가를 보고 눈을 의식하게 되면 이것은 눈이 병든 것이다"라고 하였습니다.

우리의 육체 기관이 건강할 때는 전혀 육체를 의식하지 않고 살다가도 육체가 병들게 되면 고통을 느끼고 모든 의식이 그 병든 곳으로 집중하게 되고 문제의 해결방안을 찾게 된다는 뜻입니다.

이와 마찬가지로, 우리가 언제나 행복하게 살고 있다면 우리는 어떻게 살아야 잘 사는 것이냐고 질문을 할 필요가 없습니다. 그렇지 못하기 때문에 내가 어떻게 살아야 잘 사는 것이냐는 질문을 하고 해결방안을 찾는 것입니다. 그러나 고통의 문제에 대한 해결방안은 그렇게 쉽게 찾을 수 있는 문제가 아닙니다.

2. 어떻게 살아야 하는가

사람들은 어떤 사람을 보고 잘 살고 있다고 합니다. 이런 경우 아무런 문제없이 편안하게 살고 있다는 말을 이렇게 말하고 있습니다.

그러나 잘 살고 있다는 것은 아무런 문제가 없이 사는 상태가 아니라 힘든 문제를 해결할 수 있는 능력을 가지고 해결하며, 때로는 해결할 수 없는 어려운 문제를 만나더라도 그 문제에 지배당하지 않고 사는 상태입니다.

해결할 수 없는 어려운 문제를 가지고 있으면서도 웃을 수 있고 항상 기뻐할 수 있다면 그것이 잘 사는 것입니다. 어려운 상황에서도 그 상황에 지배 당하지 않고, 행복을 놓치지 않고 누릴 수 있게 사는 것이 잘 사는 것입니다.

지금 당장은 어떤 어려운 고통의 문제가 없지만 앞으로 예상되는 고통의 문제가 있고 이것을 해결할 수 없는 상태라면, 지금 고통이 없다고 해서 잘 사는 것이라고 할 수 없을 것입니다. 그런 문제는 우리에게 두려움을 주고 있든지 아니면 불안감을 주고, 덥처올 것이기 때문입니다.

자신을 어렵게 만드는 문제를 확실히 해결하고 살아야 한다는 것은 더 말할 필요가 없습니다. 우리는 그래서 본능적으로 자신의 고통을 해결하고 복지를 추구합니다. 그리고 목표에 도달했을 때 우리는 이것을 성공이라고 합니다.

성공이라는 말은 그 목표에 도달하게 된다면 자신의 삶의 고통이 해결되고 행복을 누리고 살게 된다는 말이기 때문입니다. 사람들은 흔히 성공이라고 하는 말을 하는데 이 말은 기독교인들이 구원을 받았다고 하는 말과 어떤 면에서는 상통하는 같은 뜻이라고 할 수 있습니다.

사람들은 다양한 방법으로 성공을 추구하고 있습니다. 그러나 추구하는 성공의 목표는 다양해 보여도 본질은 하나로 고통의 문제를 온전히 해결하고 영원한 행복을 누리는 것입니다. 모든 사람의 삶의 모습은 고통의 삶에서 자신을 온전히 구원하고 성공한 사람이 되고자 하는 모습이라 할 수 있습니다.

1) 고통의 문제를 해결하고자 하는 방법들

사람들은 자신들의 고통의 문제를 해결하고, 행복을 누리고 살고자 여러 방법들을 선택하여 추구하고 있습니다.

타인의 경험을 배우는 방법

사람들은 다른 사람이 성공한 경험을 통하여 해결방법을 배우고 문제를 해결하고자 하며, 또 이 경험을 통하여 얻은 유익한 것을 소중하게 생각하고 마음에 새기며, 자신의 후손들에게 들려주기도 하고 학문적 체계를 세워 가르치기도 합니다.

교육이라는 것은 고통의 문제를 해결한 사람이 경험한 산물입니다. 인문과학이나 경제학, 법학, 의학 또 예술계통의 학문 등 모든 학문은 나름대로 각기 다른 방향에서 접근하고 해결한 부분을 가르치는 것입니다.

인간의 학문은 고통의 문제를 떠나서, 아무런 상관도 없이 존재할 수 없습니다. 모든 학문은 직간접적으로 인간의 이 고통의 문제를 해결하고 행복을 누리게 만드는 문제와 관계를 가지고 해결을 제시하고 있습니다. 천문학까지도 미래의 고통의 문제를 해결하고 행복을 누리기 위하여 존재하는 것입니다.

그러나 이런 학문이 우리의 문제를 완전히 해결해 주지 못하고 약간의 유익이 있을 뿐이기에, 우리는 목마른 사람이 물을 찾듯 갈증을 느끼고 좀 더 시원하게 문제를 해결해 줄 방법을 찾고 우리 자신의 삶을 구원하고자 합니다.

우리의 삶의 모습은 문제를 해결하고 자신을 구원하고자 하는 모습입니다. 때로는 어떤 사람들이 이 문제의 해결방법을 찾았다고 어떤 이념을 들고 나와, 그 이념이 우리를 구원해 준다고 주장을 하는 것을 보게 됩니다. 무슨 주의(主義)라고 부르고 주장을 펼치면서 성공의 길을 제시합니다.

무슨 주의라는 말은 그 주의에 도달하면 구원이 있다는 그런 말입니다. 합리주의, 사회주의, 공산주의, 자본주의 또는 법치주의, 율법주의, 도덕주의 등등 이런 말들을 하며, 이런 것들이 우리를 성공의 길로 인도하며 도달하게 되면 우리의 삶은 행복을 누리고 살 수 있도록 만들어 줄 것이라고 주장합니다.

그러나 세상의 어떤 철학도, 이념도 우리의 고난의 문제를 온전히 해결하고, 구원할 수 있는 것들은 없습니다. 오직 잠깐 동안에 약간의 유익이 있을 뿐입니다.

어떤 사람들은 우리 삶의 고통의 문제를 가지고 고민하다가 어느날 문득 신의 계시를 받고 깨달았다고 합니다. 그리고 그 구원의 목표에 도달하고자, 수행하는 일을 도를 닦는다는 말로 합니다.

이런 주장을 하는 사람들은 자신이 교주가 되어 남들에게도 길을 가르칩니다. 그러나 이 경우는 거의 대부분 더욱 악하여 약간의 유익도 찾아보기 힘든 거짓된 신의 가르침으로 사람들을 더욱 비참하게 만들고 있음을 봅니다. 이들의 주장은 대부분이 허구로, 절대로 우리를 고통의 삶에서 구원해 줄 수 없다는 것을 역사적 사실들이 보여줍니다.

세속적 성공을 추구하는 방법

좀 특별한 사람들은 고통의 문제를 해결하고자 이런 시도를 하지만, 대부분의 사람들은 이 문제를 재물이나 높은 권세를 가진 직위

나 명성을 얻어서 문제를 풀려고 합니다.

세상 사람들이 성공했다고 하는 말은, 자신이 생각한 이것을 얻었다고 하는 말입니다. 즉 자신이 생각하기에 이 정도면 문제를 해결하고 행복을 성취할 수 있으리라 규정한 그곳에 도달한 것을 성공이라고 합니다.

대부분의 경우, 사람들은 성공을 얻기 위해 많은 힘든 과정을 겪으며 추구하지만 이루지 못하고 불행으로 전락하고 그 중에 극소수의 사람이 스타와 같이 되어 성공합니다. 그러나 그 목표에 도달하면 무엇하겠습니까? 목표에 도달하였는데도 고통의 문제는 다른 형태로 그대로 거기에 남아있는데 성공하면 무엇 하겠습니까?

그러므로 사람들이 보기에 성공한 사람같이 보이는 사람에게 만약 "성공하셨군요, 성공을 축하합니다" 라고 말을 한다면 정작 본인은 "나는 성공이 무엇인지 모르겠습니다"라고 대답할 것이 틀림없을 것입니다. 이것이 정직한 대답이기 때문입니다. 왜냐하면 자신이 추구한 결과가 자신의 행복을 만들어 주지 못하고 그대로 고통 속에 있는 자신을 알고 있기 때문에 이렇게 말할 것입니다

그런가 하면 성공을 했는데 그곳에 있는 작은 기쁨도 한 번 누리지 못하고 그날 밤에 죽게 된다면 그것은 무엇을 위한 것이 되겠습니까? 여기에는 또 다른 문제가 존재하게 되는데 이들의 성공은 치열한 경쟁을 통하여 얻게된 것이기 때문에, 권모술수를 동원하게 되고 상대를 이용하거나 거짓말 등을 하여 얻게 된다는 점입니다. 그러므로 다른 고통을 만들고 있는 것입니다.

어떤 남자가 관직도 높이 오르고 돈도 많이 벌었다고 하는, 속칭 출세를 하고 성공했다고 하는 사람을 찾아와 조언을 구했습니다.

"어떻게 하면 당신과 같이 될 수 있습니까? 그 비결을 배우고 싶

습니다. 가르쳐 주십시요.”

그러자 그 사람은 확신을 가지고 이렇게 알려주었습니다.

“그것은 아주 쉽습니다. 오줌을 눌 때에 한 쪽 다리를 들면 됩니다.”

“아니 그게 무슨 말씀이죠? 그것은 개들이나 하는 짓이 아닙니까?”

그러자 그는 “바로 그것입니다. 사람다운 짓만 해서는 출세도 성공도 할 수 없다는 것입니다”라고 알려주었다고 합니다.

우리의 타락한 이기적인 마음은 이렇기 때문에 성공한 사람을 비난도 시기도 질투도 하는 것입니다. 그리고 또 이렇게 성공하였다 하더라도 이런 것들이 그의 삶의 의미를 줄 수는 없는 것이므로 허무란 괴로움을 느끼게 되고 맙니다.

자기 실현을 추구하는 방법

어떤 사람은 자신들의 고통의 문제를 해결하고자 자기 실현을 목표로 정하고 성취하기 위하여 정진하고 있습니다. 자신의 능력을 전부 발휘하여 자신이 원하는 존재가 되기 위해 노력합니다. 자기 실현을 추구하는 사람들은 모두 자기 실현을 이루게 되면, 행복한 사람이 되리라 생각해 추구합니다.

거기에는 수고하는 과정에서 자기 실현의 목표가 이루어져가는 약간의 행복이 있겠지만, 그러나 더 많은 부분은 고난이라고 할 수 있습니다. 마치 그리스의 신화에 있는 시지프의 이야기와 같이 돌을 굴려서 정상에 올려놓으면 자신의 고난이 해결되고 행복이 실현되리라 믿는 사람들입니다.

정상으로 돌을 밀어 올리면서 땀을 흘리고 고생을 하지만 정상에는 도달하지도 못하고 언제나 번번히 도중에 다시 돌이 경사 밑으로 굴러 떨어져, 끝없이 같은 일을 계속하여야 하는 벌을 받고 있는 시지프의 모습과 같이 살고 있습니다.

아브라함 마슬로우라고 하는 사람이 자기의 실현을 욕구의 5단계로 설명을 하고 있는데, 이 욕구의 각 단계가 결핍되면 고통이 되기 때문에 각 단계의 결핍의 고통을 해결하며 최종 목표인 자신의 능력을 모두 발휘하는 자기 실현 속에서 자기 구원이란 성공을 보고 있습니다.

만일, 자기 실현이 잘 진행되어 계속 다음 단계로 고통의 문제를 극복하고 결국은 자신의 능력을 다 발휘하며 자신을 실현하였다고 합시다. 그러나 그렇다고 해도 해결할 수 없는 고통은 거기에 그대로 있어 그를 괴롭힐 것이고 결국은 죽음이란 덫에 걸려 허무하게 끝을 보게 될 것인데, 고통을 겪으며 얻은 자기 실현이 무슨 의미가 있겠습니까?

자기 실현이라는 것 역시 우리의 내세까지 열어 줄 수 없으므로 우리에게 완전한 행복을 보장해 주지 못하는데 그것이 무슨 소용이 있겠습니까? 무엇보다도 더 큰 문제는 위의 3가지 모두가 공정한 경쟁을 통하여 자신이 추구하는 목적지에 도달하기 쉽지 않고, 특별한 능력이 있는 소수의 사람만이 가능하다고 할 수 있을 뿐입니다.

현실은 모두가 고통을 당하고 있는 사람들로, 누구보다도 먼저 자신의 문제를 해결하고자 하여 전쟁과 같은 치열한 이기적 경쟁을 하고 있기 때문에 그렇게 낭만적이지 않습니다. 인간의 죄성은 이해관계가 걸리면 공정할 수 없는 것은 물론이요, 언제나 부당하더라도 자신에게 이익이 되는 것을 좋아하기 때문입니다.

쾌락을 추구하고 사는 방법

세상의 어떤 사람도 자신의 행복을 추구하지 않는 사람은 없습니다. 일반적으로 사람들은 자신의 문제를 해결하고 행복을 얻기 위하여 성공하고자 노력을 하고 있습니다. 그러나 성공의 목표를 추구하지 않고, 주어진 상황에 따라 고통은 피하고 즐거움을 추구하는 사람들도 있습니다.

그들은 쾌락을 추구하는 생활을 합니다. 아무런 목표도 세우지 않고, 그때 그때 행복을 추구하고 사는 방법입니다. 쓰면 뱉고 달면 삼킨다고 하는 식의 생활 패턴을 가진 사람들입니다. 이런 삶이야말로 전형적인 동물들의 삶의 패턴입니다.

이런 생활 패턴을 보이는 사람들은 대부분 복지의 목표를 정하고 추구하였으나 번번히 좌절을 경험한 사람들의 삶에서 볼 수 있는 모습이라 할 수 있습니다. 이들의 특색은 무엇이든지 안 된다는 부정적 견해가 특출해 보이고, 무기력한 모습이 두드러지게 나타나는 생활 모습을 보이고 있습니다. 일이 성사되지 않았던 패배의 경험이, 이들에게 해도 안 될 것이라는 결론을 미리 내리게 하고 아무것도 하지 않게 만듭니다. 아무것도 하지 않으면 또 다시 패배의 고통을 맛보지 않아도 되기 때문입니다.

모든 인간의 삶이 고통스러운데 이 문제를 해결하려 하지 않고 아무런 행동을 취하지 않는 것은 해결방법이라고 할 수 없습니다. 이것은 잠깐의 행복을 추구하기 위하여 더 큰 고통을 불러들이는 것입니다. 이는 마치 술이나 담배 그리고 마약과 같은 것으로 잠시 잠깐의 행복을 얻으려 하는 모습이라고 할 수 있고, 추운 겨울, 발이 시리다고 언 발에 오줌을 누는 해결 방법이라고 할 수 있습니다.

이런 사람들의 생각 속에는 목적의식이 없는 것뿐만 아니라 감정에도 목표를 추구하는 목적의식이라 할 수 있는 열망이 없는 것을 볼 수 있습니다. 성취의 욕구는 마음에 생기를 불러들이고, 살아야 하는 이유가 되고, 과정뿐 아니라 성공의 순간을 생각하며 시련도 인내하고 극복할 수 있게 하며 기쁨을 주지만 이런 사람들에게는 이런 것이 결여되어 있는 것을 볼 수 있습니다.

이런 사람들은 자신의 삶에 있는 의미를 모르기 때문에 어쩌다 그냥 태어난 것으로 생각하고, 다만 자신이 좋아하는 것을 순간순간 즐기면서 살면 된다고 생각합니다. 그러나 삶의 문제는 이렇게 생각하는 대로 쉽게 즐기면서 살 수 없다는 것이 문제이고 그렇게 되지도 않습니다.

사람이 이렇게 살게 되면 도리어 낮은 차원의 동물과 같은 약육강식의 생활방식으로 살 수밖에 없고 패배의 악순환만 거듭할 뿐 아니라 공동체를 지옥으로 만드는, 더 큰 고통을 만드는 생활을 하게 됩니다. 자신의 행복을 얻기 위하여 타인을 희생시키려 하고 타인에게 고통을 주는 행동을 아무렇지도 않게 하게 될 것입니다. 자신의 삶도, 타인의 삶도 망쳐 모두가 불행하고 고통을 당하는 삶을 만들어 놓게 될 것이라는 사실은 불을 보듯 분명합니다.

사람은 자신의 모든 열정과 에너지를 건설적 방향 즉 자신을 온전히 구원할 수 있는 방향으로 방출하며 살지 못한다면, 그 사람은 자신의 에너지를 파괴적이고 부정적인 방향으로 사용하게 되어 결국은 불행을 자초할 수밖에 없습니다. 임시방편으로 고통을 피하고 행복을 얻어 살려는 사람들의 삶의 결과는 자신의 행복을 추구한다는 것이 도리어 방탕이나 잡기에 빠져 자신과 타인에게 고통만을 안겨주는 생활을 하게 됩니다.

상황에 따라 행동하며, 그저 흘러가는 물에 몸을 맡기고 흘러가는 것처럼 산다면 세월을 죽이고 늙어 가는 인생이 될 뿐입니다. 마치 처음에는 배터리가 충만하기 때문에 힘차게 움직이는 장난감 자동차 같이 힘차게 움직이다가, 난관에 부딪친 자동차가 앞으로 나아가지 못하고 결국 시간이 갈수록 전기가 바닥나 멈추어 버리는 장난감 자동차처럼 끝나게 될 것입니다.

2) 이런 방법들은 잘못 살고 있는 것

위에서 언급한 네 가지의 유형의 모습은 어리석은 생각으로 자신의 문제를 해결하고자 하는 모습입니다. 이런 방법으로는 문제를 해결할 수 없어, 잘 살지 못합니다. 이는 마치 어리석은 어떤 거지가 자신의 문제를 해결하고자 구하는 모습과 같습니다.

옛날, 어떤 거지가 자신의 생활이 어려워 자신의 문제를 해결하고자 노력했으나 잘 되지 않았습니다. 그래서 자신이 믿는 신을 찾고 문제를 해결해 달라고 열심히 기도했습니다. 그 신은 열심히 자신을 찾는 모습을 가상히 여기고 어느 날 그에게 나타나, “네가 구하는 것이 무엇이냐? 네 소원을 세 가지만 말하라. 내가 이루어 주겠다”고 했습니다.

거지는 너무나 고맙고 감격해서 평소에 생각해 둔 세 가지 소원을 말했습니다.

“첫째는 제 구역이 가난한 동네라 얻어먹기가 힘드니 제 구역을 부자 동네가 되게 해 주십시오.”

“둘째는 그 부자 동네에 관혼상제가 많이 생겨야 고기국물이라도 넉넉히 얻어먹을 수 있으니, 관혼상제가 많이 생기게 해 주십시오.”

“셋째는 제가 사는 곳이 다리 밑이라 겨울철에 무척 춥습니다. 그러니 부자 집의 굴뚝 밑에 거처를 정하고 추운 겨울도 따뜻하게 살 수 있게 해 주십시오.”

그 신은 그가 원하는 데로 세 가지 모두를 들어주었습니다. 그리고 그 신은 그 거지에게 이렇게 한 마디 했습니다. "그러니 네가 거지를 벗어나지 못하는 구나."

이 거지만 어리석은 사람이 아닙니다. 우리 모두가 이렇게 어리석어 자신의 고통의 문제를 이 거지처럼 해결하려 합니다.

성경에서도 어리석은 사람들의 이야기를 많이 보여주고 있습니다. 아담으로부터 시작하여 에서라는 사람도 있고, 또 어떤 부자 청년도 있고, 어리석은 부자도 있습니다. 특별히 전도서에서는 많은 해결방법을 시도하였으나 결과는 헛되고 헛되다고 하고 있습니다.

모든 인간이 추구하는 구원에 성공하여도 온전한 문제해결이 아니라는 것입니다. 우리가 자신들의 문제를 해결하기 위하여 수고하며 살지만, 헛되고 헛된 일을 하고 살고 있다고 하며, 또 해 아래서 새로운 방법을 가지고 해결을 추구한다고 해봐도 그 모든 방법이란 것은 이미 과거에 시도해 본 것들이고, 본질적으로 같은 것들이라고 말씀하고 있습니다.

이 말씀은 이 땅에 어떤 피조물로도 우리의 삶을 구원할 수 없으며, 어떤 피조물을 가지고 자신의 삶을 구원하고자 하는 모든 행동은 모두 헛수고라 지적하는 말씀입니다. 자신의 생각에는 자신이 구하는 것이 자신의 문제를 완전히 해결해 줄 것 같아 그렇게 한 것이지만 그것은 문제해결의 정곡(正鵠)을 찌르지 못하고 도리어 어리석음을 반영하는 것임을 암시하고 있습니다.

언제나 부분적이고 잠깐의 해결뿐인 것에 매달려 마치 젖먹이가 엄마의 젖이 안 나온다고 보채고, 불평하는 모습으로 살고 있습니다. 이는 모두가 일시적 편안함을 탐하여, 그것을 훔쳐내어 영원한 행복을 얻으려 하는 구안투생(苟安偸生)의 생활입니다. 구안투생의 삶이란 언제나 목마른 사람이 갈증으로 물을 찾듯이 항상 허덕이며 생명을 도적질하며 살아가는 삶입니다.

　지상의 모든 권력을 잡고, 큰 궁궐을 짓고 자금성이라 이름을 붙이고 신의 아들(天子)이라 하여도 또는 자신이 천황이라 하여도, 마찬가지로 목마른 사람이 물을 찾듯 헐떡이며 살고 있는 것과 같은 문제 해결이 될 수 없는 구안투생의 삶으로 잘못 살고 있는 것입니다.

　성공을 했던, 못 했던 모두 다 고통의 삶이고 자신의 삶의 가치와 보람도 없기 때문에 사람들은 후회하며, 다음에 내가 다시 태어나면 이렇게 살지 않겠다고 합니다. 그래서 다음에는 어떻게 살 것이냐고 물으면, 하루에 한 번씩 하루를 반성하며 살겠다고 합니다. 또 남을 위해서 위대한 일을 하고 살고 싶다고도 합니다. 그러나 그것은 지금 기분이 그렇다는 것뿐입니다.

　다시 태어나 살아도 마찬가지입니다. 마치 토스또엡스끼가 그의 저서 『백치』에서 자신의 경험을 어떤 죄수의 경험으로 이야기 한 것과 같다고 할 수 있습니다. 토스또엡스끼는 국사범이라는 죄목으로 총살형에 처한다는 선고문을 받았지만, 총살형 집행 직전에 황제의 은사(恩赦)의 칙령(勅令)이 내려져서 감형을 받았습니다.

　그는 사형집행 순간을 이렇게 이야기 하고 있습니다. 총살형 집행장소에는 세 개의 기둥이 세워져 있었고 자신은 여덟 번째에 서 있었으므로, 두 차례 사형이 집행된 다음 세 번째로 자신의 사형이 집행되게 되어 있었답니다.

　한 번의 형이 집행되는 시간은 5분이었습니다. 신부가 십자가를 들고서 한 사람, 한 사람 사형수 앞으로 돌아다녔으며 기도를 해 주었습니다. 이때, 그는 자신의 목숨이 붙어 있는 것도 이 5분간인데, 이 5분간이 한 없이 긴 시간인 것처럼, 막대한 재산이나 되는 것처럼 생각되었다고 합니다.

그는 이 5분간이 자신의 최후의 순간 같은 생각이 들어서 그 동안에 할 여러 가지 일들을 미리 생각하고 결정했습니다. 우선 동료들과의 작별에 2분을 할당하기로 하고, 이 세상을 떠나기에 앞서 자기 자신의 일을 생각하는 데 2분간, 그리고 나머지 1분은 마지막으로 주위의 광경을 살펴보는데 할당했습니다. 이렇게 세 가지 일을 결정하고, 자신의 차례가 되어 기둥에 가서 섰습니다.

미리한 결정대로 실행에 옮겼는데, 그는 그때의 일을 상세하게 기억하고 말하고 있었습니다. 그는 그 당시, 27세의 원기왕성한 청년이었기 때문입니다. 동료들에게 작별을 하였으며, 그 중 한 사람에게는 아주 엉뚱한 질문을 던지고는, 그 대답에 흥미를 느끼기까지 했다는 것입니다. 이윽고 동료들과의 작별이 끝나자, 이번에는 자신의 일을 생각하려고 할당된 2분이 다가왔습니다. 그는 자기가 무엇을 생각할 것인가를 미리부터 알고 있었습니다.

즉, 자기는 지금 이렇게 존재하고 있다, 살고 있다. 그러나 3분 후에는 그 무엇이 되어 버린다. 누군가가 아니면 무엇인가 되는 것이다. 도대체 이것은 무엇 때문일까? 이제 곧 다가오게 될 죽음과 새로운 미지의 세계 그리고 거기에 대한 혐오감은 실로 소름끼칠 정도였다고 합니다.

하지만 그의 말에 의하면, 그 순간에 무엇보다도 괴로웠던 것은, 쉴새 없이 떠오르는 하나의 상념이 있었다는 것입니다. 만일 내가 죽지 않는다면 어떨까? 만일 생명을 되찾게 된다면 어떨까? 그야말로 무한할 것이다. 더욱이 그 무한한 시간이 고스란히 내것이 되는 것이다. 그렇게 된다면 나는 일분, 일초를 백년으로 연장시켜 어느 하나도 잃어버리지 않을 것이다. 그리고 일분, 일초를 정확하게 계산해서 한 순간이라도 헛되이 소비하지는 않을 것이다.

이러한 상념이 나중에는 증오감으로 변해서 이제는 한시라도 빨리 죽여주었으면 좋겠다는 생각마저 들더라는 것입니다. 그러나 황제의 은사로 사형집행을 면하게 되었을 때, 그는 방금 전에 생각했던 대로 되지는 않았으며, 그렇게 산다는 것은 어쨌든 불가능한 일이라고 말했습니다.

이와 같이 그 때의 기분이 그렇다는 것뿐입니다. 백번을 살아도 같은 인생을 백번 되풀이 하며 살 것이고, 80년을 살아도 같은 일년을 80번 되풀이하고 산 것과 같을 것이기 때문입니다.

3. 성경에서의 문제 해결방법

인간이 제일 중요하게 관심을 가져야 하는 문제는 자신의 고통을 온전히 해결하고 영원한 행복을 누리는 방향으로 어떻게 살 수 있나 하는 것입니다. 인간이 자신의 고통의 문제를 온전히 해결하고 영원한 행복을 누리고 살 수 있는 방법으로 살고 있다면 더 이상 필요한 것은 없을 것입니다.

우리가 무엇을 더 바라고, 또 무엇을 더 배우고, 무엇을 알아야 할 필요가 있겠습니까? 지나친 말이라고 할지 모르겠지만 우리가 무엇을 바라는 것과 무엇을 더 배우고 알려고 하는 것, 무엇을 더 많이 가지려 하는 것은 모두 이 문제 때문이라고 할 수 있습니다.

이 문제를 온전히 해결할 수 있다면, 다른 모든 일들은 필요 없는 일들이라고 해도 지나친 말이 아니라 할 수 있습니다. 성경에서, 사도 바울은 이 점을 믿음과 관련하여 말씀하고 있습니다.

"그러나 무엇이든지 내게 유익하던 것을 내가 그리스도를 위하
여 다 해로 여길 뿐더러 또한 모든 것을 해로 여김은 내 주 그
리스도 예수를 아는 지식이 가장 고상함을 인함이라 내가 그를
위하여 모든 것을 잃어버리고 배설물로 여김은 그리스도를 얻
고 그 안에서 발견되려 함이니…"(빌 3:7~9).

예수 그리스도께서도 이 문제를 온전히 해결해 줄 수 있는 해답
을 가지고 있는 사람이 있다면 자신이 가지고 있는 모든 것을 다
팔아서 그것을 사는 것이 더 유익하다고 말씀하셨습니다.
"천국은 마치 밭에 감추인 보화와 같으니 사람이 이를 발견한
후 숨겨 두고 기뻐하여 돌아가서 자기의 소유를 다 팔아 그 밭
을 샀느니라 또 천국은 마치 좋은 진주를 구하는 장사와 같으
니 극히 값진 진주 하나를 만나매 가서 자기의 소유를 다 팔아
그 진주를 샀느니라"(마 13:44~46).

우리가 바라는 것은 모든 고통으로부터 자유로운 삶이요, 영원한
행복입니다. 모든 학문의 궁극적 목적은 인간이 가지고 있는 고통
의 문제를 해결하고 행복을 누리고 살 수 있도록 만들고자 하는 것
입니다. 우리가 경험을 소중하게 여기는 것도, 재물을 추구하거나
명예나 권력을 추구하는 것도 그리고 자기를 실현하려는 것도 모두
이 문제를 해결하려고 하기 때문에 그렇게 소중하게 여기는 것입니
다. 밤 잠을 자지 않고 공부를 하고, 땀을 흘리고 일을 하는 것도,
고민하며 걱정하고 염려와 불안해하고 두려워하는 것도 이 문제 때
문입니다.
자신의 배우자의 선택과 결혼 문제나 자녀들의 배우자 선택문제
로 고민하고 갈등이 일어나는 것도 이 문제 때문입니다. 그런데 학

문과 경험을 소중히 기억하고 각종 고민도 하지만, 문제를 온전히 해결할 수 없다는 것이 문제입니다.

이런 모든 것들은 잠깐의 해결이 될 수 있을 뿐이고, 시간이 지나면 그것들이 또 다른 고통을 만들어 냅니다. 왜냐하면, 직접 자신의 고통의 문제를 해결하고자 시도하는 각양각색의 방법들은 언제나 인간의 삶을 동물들의 수준으로 저하시키고 도리어 문제를 더 어렵게 만드는 것들이기 때문입니다. 인간은 육체가 있기 때문에 동물들과 같은 면도 있으나 인간은 동물들과는 차원이 다른 영적 존재이기 때문에 이런 방법들은 실패하게 되어 있습니다.

잘 사는 올바른 방법

하나님의 말씀인 성경에서는 이 문제를 풀 수 있는 올바른 방법을 제시해 주고 있습니다. 타인의 경험을 배우고 행복을 추구하거나, 재물이나 명성이나 권세를 추구하든지, 자기 실현을 목표로 추구하는 것은 자신의 고통의 문제를 해결하고 온전한 행복의 상태로 만들 수 없습니다. 그렇다고 이런 것들이 필요 없는 일들이라고 말하는 것은 아닙니다.

이런 것들은 인간을 구원하고 온전한 행복의 상태로 만들어 줄 수 없는 것이기 때문에, 이런 것들을 해결방법으로 생각하고 추구하지 말라는 것입니다. 이런 일들은 하나님을 사랑하고 이웃을 자신의 몸과 같이 사랑하기 위한 수단이 되는 것이지, 자신의 삶을 구원해 주는 목적이 될 수 없기 때문입니다.

하나님의 말씀이 제시하는 문제를 해결하는 방법은 오직 하나님처럼 되는 길입니다. 즉 예수 그리스도처럼 되는 것입니다. 하나님에 의하여 거룩하신 하나님의 자녀가 되어 하나님의 아들 예수 그리스도처럼 되는 것입니다. 기독교 교리가 의미하는 것은 고통의 문제를 해결하는 길은 인간이 구원을 받고 하나님(예수 그리스도)처럼 되는 거룩해지는 삶, 거룩한 삶을 살아야 한다는 것입니다.

성경은 인간은 하나님의 피조물이기 때문에 하나님이 될 수 없지만 하나님에 의하여 전적인 그의 은혜로 하나님처럼 될 수 있다는 말씀을, 구원과 하나님처럼 거룩하라는 말씀으로 또 천국에 들어갈 수 있는 사람으로 그리고 신학적으로는 영성생활로 말씀하시고 요구하고 있습니다. 이것은 하나님만이 하실 수 있는 일입니다.

예수님께서는 하나님의 말씀대로 계명을 잘 지키고 살았다고 하는 부자가 천국에 들어갈 수 없다고 말씀하셨습니다. 그러자 놀란 제자들이, 그러면 어떤 사람이 천국에 들어갈 수 있냐고 물었을 때 이런 대답을 하셨습니다.

> "예수께서 저희를 보시며 가라사대 사람으로는 할 수 없으되 하나님으로는 그렇지 아니하니 하나님으로서는 다 하실 수 있느니라"(막 10:27).

인간이 스스로 하나님처럼 된다는 것은 인간의 힘으로는 불가능한 일입니다. 이것은 하나님만이 하실 수 있는 구원의 사역입니다. 하나님으로부터 구원을 받은 후, 하나님을 사랑하여 하나님께서 요구하시는 말씀을 실천하고 생활할 때, 하나님께서도 그 사람을 사랑하여 은혜를 베푸십니다. 그리고 그에게서 고통의 문제를 해결하시고 또 하나님의 모습 즉 거룩한 모습을 나타내시겠다고 하셨습니다.

여기에 우리의 고통의 문제를 해결할 수 있는 길이 있습니다. 하나님처럼 된다는 것은 하나님을 믿는 사람들의 소망이고 꿈입니다. 이것은 또한 모든 사람들의 소망이요 꿈이 되어야만 할 문제입니다. 하나님처럼 되어야 문제가 해결될 수 있다고 믿고, 하나님처럼 되려는 것에 소망을 두었다는 것은 지금도 그렇지만 지금으로부터 약 3,500년 전인 당시로서는 혁신적인 일이었습니다.

모세가 하나님으로부터 이런 소망의 목표를 가지라는 말씀을 듣고 전할 때는 BC 1,500년 전이었습니다. 당시는 야만적이고 조잡한 인간의 생각에 의하여 자신을 구원하고자 우상을 만들어 섬기고 살 때였기 때문에, 인간의 사고에서 나온 것이 아니라 하나님으로부터 온 혁신적인 목표라고 할 수밖에 없습니다.

모든 사람이 하나님의 피조물인 우상을 섬기고 피조물의 종이 되었을 때, 창조주이신 거룩하신 하나님께서는 거룩한 말씀을 주셨고, 하나님을 섬기며 하나님처럼 거룩해질 수 있는 길을 갈 수 있도록 해 주셨습니다. 인간이 고통의 문제를 해결하고 영원히 행복하게 살 수 있는 길로 들어서게 해 주신 것입니다.

하나님은 창조주이시며 이 세상을 통치하시는 전지전능하신 주관자이시기 때문에 이 문제를 해결하실 수 있는 유일한 분이십니다. 그렇기 때문에 인간의 최우선 관심사는 고통의 문제를 해결하고 영원한 행복을 누리는 것이지만, 하나님께서는 이 문제를 해결해 주시기 위하여 우리가 노력하고 수고하여 성공하는 것을 포기하고, 우리에게 우리가 제일 중요하게 생각하던 관심사를 바꾸도록 말씀하고 가르쳐 주셨습니다.

우리에게 제일 중요한 관심사였던 자신의 문제를 모두 접고 우선 먼저 관심사를 돌려서 거룩하신 하나님께서 우리를 부르시고 하나님처럼 되라고, 거룩하라고 요구하시는 거룩한 사명에 자신을 바치는 생활을 하는 것입니다.

거룩한 사명의 성취방법은 하나님만을 믿고 사랑하여 하나님의 지시(통치)에 순종하여 하나님을 기쁘시게 해드리는 것입니다. 이

것이 문제를 해결하는 방법입니다. 그렇게 생활하면 하나님께도 그를 사랑하여 그에게서 자신의 거룩한 모습을 드러내셔서, 그를 하나님처럼 만들어 주시는 것은 물론이요, 이 땅에서 그 밖의 것까지도 더하여 고통의 문제를 해결하고 영원히 행복한 삶을 살게 해 주시겠다고 약속하셨습니다.

이것은 인본주의의 자기 실현과는 방법이 다른 신본주의의 자기 실현이라고 할 수 있습니다. 이 길 이외의 다른 길은 없습니다.

"예수께서 가라사대 내가 곧 길이요 진리요 생명이니 나로 말미암지 않고는 아버지께로 올 자가 없느니라"(요 14:6).

인간은 자신들이 고통으로부터 탈출하고자 해서 탈출할 수 있는 것도 아니고, 행복을 얻고자 어떤 대상을 추구하고 획득하여 행복을 얻게 되는 것도 아닙니다. 어떤 사람이든지 자기 자신의 행복이나 마음의 평안을 얻고자 하여 이것들을 직접 추구하므로 얻게 되는 것이 아닙니다.

고통의 문제를 해결하고 영원한 행복을 누리는 방법은 자기 자신을 위대하고 원대한 사람으로 만들어 줄 수 있는 일 즉 하나님처럼 되는 목표를 가지고 그 푯대로 향하여 나아가는, 봉헌하는 생활을 할 때, 부수적으로 참 행복을 얻게 됩니다. 부수적으로 얻게 된다는 뜻은 하나님의 은혜로 가치있는 일을 한 후에 얻게 되는 즉 보람을 얻게 된다는 뜻입니다.

그러나 목표가 하나님처럼 되는 것이라 하더라도 다른 방법들과 마찬가지로 이것도 직접 추구해서는 얻을 수 없습니다. 하나님을 믿고, 하나님의 지시에 순종하는 생활을 할 때 하나님의 은혜로 얻게 됩니다. 직접 고통을 해결하고 행복을 누릴 목적으로 행동을 하고 실천하므로 얻을 수 없는 것입니다. 이런 방법으로는 절대로 되지 않습니다.

성경에서 볼 때, 직접 행동으로 실천하여 성취하려고 한 사람들의 전형적인 모습을 보여주는 사람들이 구약의 사람들이고 신약의 서기관들과 바리새인들의 모습입니다. 특히 서기관들과 바리새인들은 자신들이 하나님처럼 되고자 신본주의적인 자기 실현을 추구했지만, 자신의 삶을 도리어 망쳤다는 것을 보여주고 있습니다.

목표가 하나님처럼 거룩해지는 목표로, 올바른 것이라 하더라도 그 목표에 도달하는 방법이 잘못되어 있으면 아무리 노력해도 도달할 수 없다는 것은 자명한 일입니다. 하나님과의 관계를 맺고 하나님의 뜻을 순종하여 생활하는 가운데 하나님의 은혜로 목표에 접근하게 되는 것이었지만, 서기관들과 바리새인들은 자신들이 노력으로 성취시킬 수 있는 것이라고 잘못 생각을 했습니다.

예수 그리스도를 믿고 하나님을 기쁘게 해드리는 생활을 할 때, 하나님의 은혜로 목표에 한 걸음 더 다가가게 되고 하나님의 은혜로 행복을 얻게 됩니다. 모든 것은 전적으로 하나님의 은혜입니다. 인간이 노력을 해야 하지만 그 노력이라는 것도 하나님이 하시는 일에 비해서는 아무것도 아니기 때문입니다.

마치 코끼리와 개미가 같이 여행을 하는 것과 같습니다. 코끼리와 개미가 같이 여행을 하게 되었습니다. 개미는 코끼리 등에 붙어서 여행을 하던 중에 다리를 건너게 되었습니다. 코끼리가 다리를 건너자 다리가 삐그덕거리고 흔들흔들 하였습니다. 그러자 개미는 코끼리에게 이렇게 말하였습니다. "코끼리야 우리가 함께 가니까 다리가 흔들흔들 한다"고 말했습니다. 다시 길을 가다가 초원을 지나게 되었습니다. 초원에서 사자를 만났습니다. 사자는 코끼리를 보자 슬금 슬금 피해 달아났습니다. 그 모습을 보자 개미가 이렇게 말했습니다. "코끼리야 우리가 함께 가니까 사자도 무서워 도망친다" 개미 때문에 일어난 일이 아닌데도 개미는 착각을 하고 자신의 존재가 개입되어서 일어나는 일이라고 생각하는 것입니다.

하나님과 인간의 관계는 창조주와 피조물의 관계로 코끼리와 개미와의 차이보다도 훨씬 큰 차이가 있습니다. 이와 같기 때문에 인간의 노력이라는 것은 아무것도 아니고, 하나님의 전적인 은혜입니다. 구원은 인간의 노력으로 얻게 되는 것이 아니라 전적으로 하나님의 은혜입니다.

성경은 직접적으로 자신의 구원의 목표를 추구하고 성공했지만 그러나 결과는 실패라는 사례를 전도서에서 보여주고 있습니다. 각 방면에서의 모든 성공을 다 해보았지만, 그 성공이 헛되고 헛되다는 말씀으로 피조물을 추구해서는 해결이 안 된다고 말씀하고 있습니다. 이 말씀은 우리가 행복을 누리고 살 것이라고 생각하는 것들이 아무것도 아니라는 뜻입니다. 인간은 자신이 갖지 못하였기 때문에 갖지 못한 것을 부러워하고, 갖게 될 때까지는 누가 뭐라해도 중요하게 생각합니다. 그러나 갖게 되면, 얼마 후 그것이 별게 아니었다는 것을 알게 됩니다.

예수 그리스도께서는 이런 것들이 별 것이 아니라는 사실을 죽음이라는 문제를 통하여 더욱 분명히 말씀해 주었습니다.

"또 비유로 저희에게 일러 가라사대 한 부자가 그 밭에 소출이 풍성하매 심중에 생각하여 가로되 내가 곡식 쌓아 둘 곳이 없으니 어찌할꼬 하고 또 가로되 내가 이렇게 하리라 내 곡간을 헐고 더 크게 짓고 내 모든 곡식과 물건을 거기 쌓아 두리라 또 내가 내 영혼에게 이르되 영혼아 여러 해 쓸 물건을 많이 쌓아 두었으니 평안히 쉬고 먹고 마시고 즐거워하자 하리라 하되 하

나님은 이르시되 어리석은 자여 오늘 밤에 네 영혼을 도로 찾으
리니 그러면 네 예비한 것이 뉘 것이 되겠느냐 하셨으니 자기를
위하여 재물을 쌓아 두고 하나님께 대하여 부요치 못한 자가 이
와 같으니라"(눅 12:16~21).

이런 것들을 추구하여 성공하고, 원하는 것을 얻어내려고 한다면
결코 얻을 수 없습니다. 성경은 원하는 것을 이렇게 추구하여 얻으
려고 하는 삶을 우상 신을 섬기는 우상숭배라고 지적하고 있습니다.
　"일의 결국을 다 들었으니 하나님을 경외하고 그 명령을 지킬지
　어다 이것이 사람의 본분이니라"(전 12:13).

목표를 향하여 가던 방향을 돌리라고 성경은 말씀하고 있습니다.
목표에 도달하려면 가려던 방향을 돌려서 하나님을 향하여 나아가
야만 합니다. 이것을 기독교에서 회개라고 합니다. 여기에는 자신
을 초월하고 차원을 달리하는 최고로 높은 삶의 가치가 있고, 삶을
행복으로 충만하게 만드는 의미가 있습니다.
　"너희는 먼저 그의 나라와 그의 의를 구하라 그리하면 이 모든
　것을 너희에게 더하시리라"(마 6:33).

예수 그리스도께서는 말씀으로 방향을 돌리라고 말씀하셨습니
다. 이 말씀은 예수 그리스도 없이 어떤 이념을 추구하듯 그냥 하
나님의 나라와 하나님의 의를 구하라는 뜻이 아닙니다.
　만일, 누가 그냥 하나님의 나라와 하나님의 의를 푯대로 삼고 추
구한다면, 이는 자기 실현을 하고자 하는 인본주의의 방법과 똑같
은 결과가 될 것입니다. 왜냐하면 예수 그리스도 안에 하나님의 나
라와 의가 실현되었기 때문이고, 주님의 도우심이 없이는 불가능한

일이기 때문입니다.

예수 그리스도께서 말씀하신 하나님의 나라와 하나님의 의를 구하라고 하신 말씀은 하나님께서 이미 모세를 통하여 주신 말씀이기도 합니다.

> "이스라엘아 들으라 우리 하나님 여호와는 오직 하나인 여호
> 와시니 너는 마음을 다하고 성품을 다하고 힘을 다하여 네 하나
> 님 여호와를 사랑하라"(신 6:4~5).

미가 선지자도 같은 말씀을 하셨습니다.

> "사람아 주께서 선한 것이 무엇임을 네게 보이셨나니 여호와께
> 서 네게 구하시는 것이 오직 공의를 행하며 인자(仁慈)를 사랑
> 하며 겸손히 네 하나님과 함께 행하는 것이 아니냐"(미 6:8).

예수님께서 말씀하셨습니다.

> "새 계명을 너희에게 주노니 서로 사랑하라 내가 너희를 사랑한
> 것 같이 너희도 서로 사랑하라"(요 13:34).

이는 다 같은 뜻의 말씀입니다. 이 말씀은 또 언제나 우상 신을 섬기면 안 된다는 뜻을 내포하고 하시는 말씀이기도 합니다. 예수 그리스도를 믿고 사랑하고 기쁘게 해드리는 방법으로 거룩한 말씀을 지키라는 것입니다.

자신의 행복이 제일 중요하고, 이 행복을 추구해야만 하지만 그 목표가 옳았다 하더라도 그것을 성공시키는 방법은 또 다른 문제입니다. 왜냐하면 인간은 자신이 가지고 있는 능력을 다 발휘할 수 있는 가장 가치있는 일을 할 때, 자신을 초월할 수 있는 경험을 하게 되고, 자신의 능력을 실현시킬 수 있기도 하기 때문입니다.

가장 가치있는 최고의 일은 하나님을 섬기는 일로 창조주 하나님을 사랑하고 하나님의 뜻을 믿고 하나님의 말씀을 순종하여 하나님을 기쁘시게 해드리는 것입니다. 이것이 우리가 추구하는 목표에 다가가는 방법입니다.

바울 사도는 거룩한 사람으로 성장하는 구체적인 생활방법을 이렇게 두 가지로 표현해 말씀하셨습니다.

> "그러므로 형제들아 내가 하나님의 모든 자비하심으로 너희를 권하노니 너희 몸을 하나님이 기뻐하시는 거룩한 산 제사로 드리라 이는 너희의 드릴 영적 예배니라"(롬 12:1).
> "내가 그리스도와 함께 십자가에 못박혔나니 그런즉 이제는 내가 산 것이 아니요 오직 내 안에 그리스도께서 사신 것이라 이제 내가 육체 가운데 사는 것은 나를 사랑하사 나를 위하여 자기 몸을 버리신 하나님의 아들을 믿는 믿음 안에서 사는 것이라"(갈 2:20).

이 두 말씀은 하나님을 기쁘시게 해드리며 목표에 올바르게 다가갈 수 있는 방법입니다. 인간의 제일의 관심사는 자신의 모든 고통의 문제를 해결하고 영원한 행복을 누리고 사는 것이고, 이것을 얻기 위해 추구해야 하지만 이것을 얻기 위해서는 인간이 생각하는 일반적인 방법을 버려야 합니다.

거룩하신 창조주 삼위일체의 하나님을 믿고 사랑하며 그의 통치에 순종할 때, 하나님처럼 거룩한 사람이 되어가고 고통의 문제는 해결됩니다. 사람은 이렇게 살아야 올바르게 사는 것이고 잘 사는 것입니다.

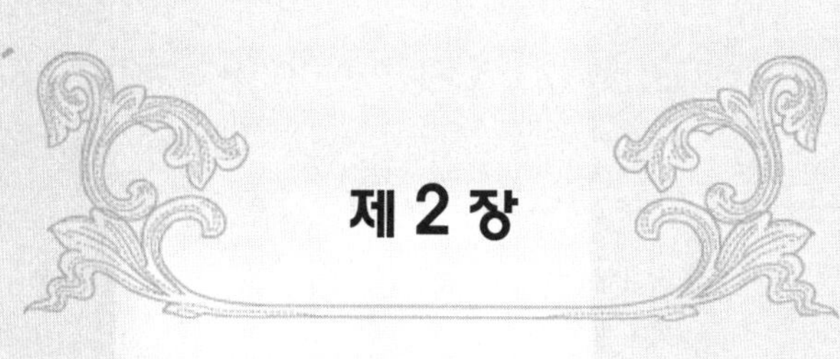

제 2 장

거룩의 의미

1. 거룩의 단어적인 의미

우리는 성경을 읽을 때, 거룩이라는 단어를 많이 보게 됩니다. '너희는 거룩하라, 거룩한 날, 거룩한 곳, 거룩한 예배, 거룩한 자, 성물, 성전, 성찬' 등 많은 거룩이라는 단어를 만나게 됩니다.

그러나 막상 거룩이라는 말을 읽으면서도 정확히 무슨 뜻인지, 생각해 보면 잘 알 것 같은데도 명료하게 생각을 정리하지 못하겠고, 생각할수록 도리어 애매해지는 느낌을 갖게 됩니다. 거룩은 세속적이 아닌 고상한 것을 가리키는 말이라고 생각되면서도, 속되지 않은 것은 무엇을 말하는 것인가 하는 생각도 해 봅니다.

우리는 식견이 좁다는 뜻으로 속물이라는 말을 씁니다. 이런 속물의 반대가 되는 식견이 넓은 상태를 가리켜 거룩이라 하는 것은 아닌가 하고 생각도 해 보고, 흔하거나 천박하지 않고 귀하고 차원 높은 무엇인가를 거룩이라 하는 것이 아닌가 생각해 봅니다. 그러나 정확한 답은 찾기가 쉽지 않고 정리되지 않는 단어가 거룩입니다.

국어사전에서 거룩하다는 뜻은 "성스럽고 위대하다"라고 나와 있지만, 성스럽다는 말이 무슨 뜻인지 또 위대하다는 말은 무엇과 비교되어 나오는 말인데 무엇과 비교하여 위대하다 하는 것인지 그 뜻이 막연하여 구체적 상태를 정확히 파악하기가 쉽지 않습니다.

그러나 성경에서 말하고 있는 거룩의 의미를 정리해보면, 명확히 알 수 있습니다. 거룩은 우리가 흔히 일상적으로 사용하고 있는 성스럽고 위대한 것을 가리킨다는 막연한 말과는 분명히 다릅니다.

우선, 성경에서 말하고 있는 거룩은 도서출판 엠마오와 개혁주의 신행협회에서 나온 신학사전의 내용을 요약하면, 구약에서는 히브리어로 거룩은 '카도쉬'(קָדוֹשׁ)로 830회 나오고 있습니다. 이는 어원학적으로 확실하지 않지만, 종교적 의미에서 온 히브리어로, 근본개념은 탈퇴(withdrawal), 헌신(consecration) 곧 일반 세속적인 것이나 부정한 것으로부터의 탈퇴, 신성하고 성스럽고 순수한 것에 대한 헌신을 뜻합니다. 이런 의미에서 거룩은 분리의 의미를 가지고 있다고 말합니다.

신약에서의 거룩의 원어는 하기오스(ἅγιος)로 표시되어 있습니다. 신약에서도 거룩은 탈퇴라는 분리의 의미를 가지고 있지만 예수 그리스도께서는 이 뜻을 바로 잡아 외식주의나 형식주의의 거룩을 배격하고 하나님의 속성을 가진 사람이 되도록 가르치셨습니다.
이로 볼 때, 거룩의 뜻은 하나님께서 주체가 되어 부정한 것을 자신으로부터 분리시킨다는 뜻으로 하나님을 지칭하는 말이요, 하나님의 행동이요 생활 모습으로서 하나님처럼 되어 살라는 말씀입니다. 그렇지 않으면 하나님께서 분리시킨다는 의미입니다. 왜냐하면 하나님께서 "내가 거룩하니 너희도 거룩하라"고 말씀하시면서 거룩하라고 사명을 주셨기 때문에 이 뜻은 더욱 분명해 집니다.
나아가 예수 그리스도께서는 우리가 구하고 찾고 문을 두드려야 할 것이 하나님과 분리된 상태를 회복하기 위하여 성령 하나님과 함께 하는 삶이라는 말씀을 분명히 말씀하셨습니다.

"… 너희 천부께서 구하는 자에게 성령을 주시지 않겠느냐 하시
니라"(눅 11:13).

거룩하라는 명령은 거룩하신 하나님의 행동이기 때문에 너희도
나처럼 행동하고 살라는 말씀입니다. 그러나 이런 하나님의 거룩하
신 행동은 거룩하신 하나님이 함께 하는 사람에게서 나오는 하나님
의 행동이기 때문에 하나님을 믿지 않는 어떤 사람이 거룩한 계명에
서 요구하는 행동을 하였다고 해서 거룩하다고 할 수는 없습니다.

그래서 모든 것을 바로 잡기 위한 때가 되어 오신 하나님의 아들
예수 그리스도께서는 당신을 영접하지 않은 서기관들과 바리새인
들을 거룩한 사람으로 보지 않으셨습니다. 이들은 하나님이 요구하
시는 계명을 지키고 살았지만, 단순히 계명이 요구하는 행동을 하
나님처럼 했을 뿐이기 때문에 거룩하다고 보지 않았습니다(계명이
란 하나님께서 지키라고 요구하시는 모든 말씀이 계명입니다. 십계
명만이 계명이 아니라 율법도 하나님의 계명입니다. 이런 이유 때
문에 예수 그리스도께서는 계명과 율법을 나누지 않고 같이 쓰셨습
니다. 여기에서는 이 문제를 말씀드릴 필요는 없는 일로 보고 계명
과 율법을 편한대로 같이 쓰겠습니다).

예수 그리스도께서는 어떤 사람 안에 하나님이 계시지 않은 사람
이 거룩한 계명을 지키는 생활을 했다고 해서 거룩한 행동으로 보
지를 않으셨습니다. 그리고 이런 행동을 배격하셨습니다. 그것은
하나님으로 인하여 나타나는 행동이 아니기 때문에, 외식적이요 위
선적인 행동이고 거짓이지 결코 거룩한 생활이 아닙니다.

이런 뜻의 말씀은 산상수훈 중에서도 잘 볼 수 있습니다. 살인하
지 않았다고 거룩한 행동을 한 것은 아닙니다. 하나님이 계실 수

없는 마음 속에서 나온 것이기 때문입니다. 간음하지 않았다고 하나님처럼 거룩한 행동을 한 것이 아닙니다. 하나님이 계시지 않는 마음에서 나온 것이기 때문입니다.

마태복음 23장에서는 이런 질책의 말씀을 하셨습니다.

> "화 있을진저 외식하는 서기관들과 바리새인들이여 잔과 대접의 겉은 깨끗이 하되 그 안에는 탐욕과 방탕으로 가득하게 하는도다 소경된 바리새인아 너는 먼저 안을 깨끗이 하라 그리하면 겉도 깨끗하리라 화 있을진저 외식하는 서기관들과 바리새인들이여 회칠한 무덤 같으니 겉으로는 아름답게 보이나 그 안에는 죽은 사람의 뼈와 모든 더러운 것이 가득하도다"(마 23:25~27).

단순히 겉 모습만 하나님처럼 거룩하게 꾸민 행동은 거룩한 행동이 아니라고 배격하시는 것입니다. 그러므로 예수님께서는 말씀하셨습니다.

> "이와 같이 너희도 겉으로는 사람에게 옳게 보이되 안으로는 외식과 불법이 가득하도다"(마 23:28).

하나님의 거룩함에는 윤리성이 있습니다. 그러나 인본주의의 윤리성과 다른 차별성을 가지고 있는데, 이는 하나님 때문입니다. 거룩의 의미는 이런 점에서 어떤 일부만 차별성이 있지 않고, 하나님 때문에 전부가 세속과는 다른 차별성이 있습니다. 하나님께서는 이사야 선지자를 통하여 당신의 신실함을 말씀하시는 가운데 거룩(하나님)의 차별성을 잘 볼 수 있는 말씀을 하셨습니다.

> "여호와의 말씀에 내 생각은 너희 생각과 다르며 내 길은 너희 길과 달라서 하늘이 땅보다 높음같이 내 길은 너희 길보다 높으며 내 생각은 너희 생각보다 높으니라"(사 55:8~9).

그러나 거룩하신 하나님께서 직접적으로 인본주의의 윤리성과
다른 차별성을 말씀하시고 보여주시기도 하셨습니다.

"여호와께서 모세와 아론에게 이르시되 너희가 나를 믿지 아니
하고 이스라엘 자손의 목전에 나의 거룩함을 나타내지 아니한
고로 너희는 이 총회를 내가 그들에게 준 땅으로 인도하여 들
이지 못하리라 하시니라 이스라엘 자손이 여호와와 다투었으므
로 이를 므리바 물이라 하니라 여호와께서 그들 중에서 그 거
룩함을 나타내셨더라"(민 20:12~13).

"거룩하신 자가 가라사대 그런즉 너희가 나를 누구에게 비기며
나로 그와 동등이 되게 하겠느냐 하시느니라 너희는 눈을 높이
들어 누가 이 모든 것을 창조하였나 보라 주께서는 수효대로
만상을 이끌어 내시고 각각 그 이름을 부르시나니 그의 권세가
크고 그의 능력이 강하므로 하나도 빠짐이 없느니라"(사
40:25~26).

이와 같이 창조주 하나님의 거룩한 능력을 말씀하시며 직접적인
차별성을 부각시켜 말씀하셨습니다. 창조주 하나님의 차별성은 우
상 신의 포로가 되어 어떤 누구도 구원할 수 없는 절망적인 상태에
서 고통 당하는 이스라엘을 구원하시는 하나님의 전능하신 거룩한
능력을 말씀하시는 가운데서 하나님의 거룩하신 능력의 차별성을
볼 수 있습니다.

"열국 가운데서 더럽힘을 받은 이름 곧 너희가 그들 중에서 더
럽힌 나의 큰 이름을 내가 거룩하게 할지라 내가 그들의 목전
에서 너희로 인하여 나의 거룩함을 나타내리니 열국 사람이 나
를 여호와인줄 알리라 나 주 여호와의 말이니라 내가 너희를
열국 중에서 취하여 내고 열국 중에서 모아 데리고 고토에 들

어가서 맑은 물로 너희에게 뿌려서 너희로 정결케 하되 곧 너
희 모든 더러운 것에서와 모든 우상을 섬김에서 너희를 정결케
할 것이며 또 새 영을 너희 속에 두고 새 마음을 너희에게 주
되 너희 육신에서 굳은 마음을 제하고 부드러운 마음을 줄것이
며 또 내 신(神)을 너희 속에 두어 너희로 내 율례를 행하게 하
리니 너희가 내 규례를 지켜 행할지라 내가 너희 열조에게 준
땅에 너희가 거하여 내 백성이 되고 나는 너희 하나님이 되리
라"(겔 36:23~28).

거룩을 단순히 구별이라는 뜻으로 보게 되면, 이런 차별성의 의
미를 놓치기 쉽습니다. 하나님 때문에 하나님이 표출되는 상태가
거룩이기 때문입니다. 레위기 20장 26절에서 거룩하라고 말씀하
시며 구별의 단어를 말씀하셨지만 이는 차별의 의미를 가지고 있는
구별인 것입니다. "너희는 내게 거룩할지어다 이는 나 여호와가 거
룩하고 내가 또 너희로 나의 소유를 삼으려고 너희를 만민 중에서
구별하였음이니라"는 말씀 속에, 구별은 차별의 의미를 지닌 구별
입니다.

거룩은 거룩하지 못한 것과 다른 것이 아니라, 거룩하지 못한 것
을 틀린 것으로 봅니다. 하나님과 우상은 구별되는 것이 아니라 차
별되는 것이고, 하나님의 거룩하신 삶의 모습은 우상들의 삶의 모
습과 차별되는 것입니다. 성경은 우상을 하나님과 구별되는 것이
아니라 인정하지 않는 신(神)으로 말씀하셨습니다.

다시 부연하자면, 분리란 뜻을 가진 거룩의 의미는 거룩하신 하
나님을 전제로 하고 하나님이 거룩하지 못한 것을 자신으로부터 분
리하심을 뜻합니다. 즉 너희는 거룩하라는 말씀의 거룩은 하나님과

틀린 것을 하나님이 배척 분리시킨다는 뜻을 가진 말이며, 동시에 하나님처럼 되라는 즉 하나님과의 일치하라고 요구하는 뜻이 내포된 말입니다.

이런 분리의 뜻을 가진 거룩은 먼저 결론을 요약하여 말씀드리고자 하면 단순한 수평적 분리가 아니라 질적으로 전혀 다른, 차원을 달리하는 차별적 수직관계의 분리라는 뜻이기에 이 분리는 물과 기름이 합쳐질 수 없는 것같이 혼합될 수 없습니다.
이 분리란 의미를 가진 거룩의 뜻을 요약하자면 다음과 같습니다.

- 거룩은 삼위일체의 창조주 하나님만을 지칭하는 말입니다.
- 거룩은 하나님의 신격(神格)을 대변하는 말입니다.
- 거룩은 하나님의 성결함을 뜻하는 말입니다.

거룩의 분리의 뜻을 명료하게 보여주는 하나님의 말씀은 이것입니다.
　"오직 너희 죄악이 너희와 너희 하나님 사이를 내었고 너희 죄
　　가 그 얼굴을 가리워서 너희를 듣지 않으시게 함이니"(사 59:2).

1) 삼위일체의 창조주 하나님만을 지칭

거룩이 하나님을 지칭(指稱)하는 말이라는 근거는 하나님께서 자신을 가리켜 거룩하다 하심에 있습니다.
　"이는 내가 사람이 아니요 하나님임이라 나는 네 가운데 거하는
　　거룩한 자… "(호 11:9).

하나님께서 자신을 가리켜 거룩한 자라고 말씀하셨습니다.

"지렁이 같은 너 야곱아 너희 이스라엘 사람들아 두려워 말라
나 여호와가 말하노니 내가 너를 도울 것이라 네 구속자는 이
스라엘의 거룩한 자니라"(사 41:14).

"대저 나는 여호와 네 하나님이요 이스라엘의 거룩한 자요… "
(사 43:3).

"우리의 구속자는 그 이름이 만군의 여호와 이스라엘의 거룩한
자시니라"(사 47:4).

이런 말씀은 여러 곳에서도 볼 수 있는 말씀으로, 하나님께서는
자신을 가리켜 거룩한 자라고 직접 또는 간접으로 말씀하셨습니다.
그래서 이스라엘 사람들도 하나님을 지칭하여 거룩한 자, 거룩한
분, 거룩한 이라고 부르고 있습니다.

하나님께서 자신을 가리켜 이렇게 말씀하셨지만, 가브리엘 천사
도 마리아에게 "…성령이 네게 임하시고 지극히 높으신 이의 능력
이 너를 덮으시리니 이러므로 나실 바 거룩한 자는 하나님의 아들
이라 …"(눅 1:35)라고 해서, 거룩한 자는 하나님의 아들이라고 하
였습니다.

예수 그리스도께서도 하나님을 거룩하신 아버지라고 부르셨습니
다.(요 17:11). 베드로 사도도 "우리가 주는 하나님의 거룩하신 자
신 줄 믿고 알았삽나이다"(요 6:69)라고 고백하고 있고, "능하신
이가 큰 일을 내게 행하셨으니그 이름이 거룩하시며"(눅 1:49),
"주여 누가 주의 이름을 두려워하지 아니하며 영화롭게 하지 아니
하오리이까 오직 주만 거룩하시니이다 …(계 15:4) 라고 말씀하였
습니다. 거룩의 의미는 오직 창조주이신 삼위일체의 한 하나님만을
지칭하는 말입니다.

2) 하나님의 신격(神格)을 대변

성경에는 거룩을 하나님의 속성 중의 일부인 것처럼 말씀하는 구절이 있지만, 이는 협의로 볼 수 있는 것이고 광의로 볼 때, 거룩은 하나님의 모든 속성, 즉 신성과 신격을 대변하는 즉 완전성을 가리키는 말입니다.

거룩이 하나님의 모든 속성을 대변하는 말이란 근거는 하나님께서 모세를 부르실 때, "여호와께서 그가 보려고 돌이켜 오는 것을 보신지라 하나님이 떨기나무 가운데서 그를 불러 가라사대 모세야 모세야 하시매 그가 가로되 내가 여기 있나이다 하나님이 가라사대 이리로 가까이 하지 말라 너의 선 곳은 거룩한 땅이니 네 발에서 신을 벗으라"(출 3:4~5)고 하신 말씀에 있습니다.

하나님은 피조물과 다른 초월적 존재임을 알리셨고, 임재하신 곳까지 부정한 인간이 가까이 할 수 없는 거룩한 곳이라고 하셨습니다. 신학사전에서는 "하나님의 권능과 주권과 위엄있는 거룩함을 뜻한다"고 하고 있습니다. 이 뜻은 피조물들과는 같을 수 없는 하나님의 절대적이고 초월적인 능력을 말합니다.

이 뜻은 한 마디로 창조주 하나님의 신격을 대변하는 말이며, 성별(聖別)의 의미입니다. 성별이라고 할 때, 단순히 거룩한 분리의 뜻이라고만 생각해서는 안 됩니다. 하나님과 피조물과의 차별성을 가지고 있다는 뜻입니다. 단순히 분리되어 떨어져 있는 상태가 아닙니다.

만물이 창조되기 이전부터 스스로 홀로 존재하실 수 있는 거룩한 능력을 가지신 분으로, 모세가 하나님의 이름을 물었을 때 스스로 있는 자라고 말씀하실 수밖에 없었던 분이십니다(출 3:14). 이 거룩하신 분이 절대적이고 초월적인 거룩한 능력을 가지고 주권을 행사하시기 때문에 "여호와여 신(神) 중에 주와 같은 자 누구니이까 주와 같이 거룩함에 영광스러우며 찬송할 만한 위엄이 있으며 기이한 일을 행하는 자 누구니이까"(출 15:11)하며 찬양을 부르고 기렸습니다.

거룩은 하나님의 초월적 능력 즉 신격을 가리키는 말입니다. 그러므로 하나님께서 보여주시는 모든 기적은 하나님의 거룩한 능력을 보여주는 것입니다. 즉 피조물과는 같을 수 없는 능력을 가지고 있다는 것을 보여주는 것으로, 하나님의 기적은 하나님의 거룩한 능력입니다. 거룩함이란 하나님께 속한 모든 신적 능력 즉 신격을 의미하는 즉 완전성을 의미하는 말입니다.

3) 하나님의 성결함을 뜻함

성경사전에서는 어원적으로 성결이 히브리어 코데쉬(qodesh)로 대부분 '거룩'으로 번역되고 있지만, 이 단어는 성결로도 번역되고 거룩과 동의어로 사용되고 있습니다. '성결'은 하나님의 속성으로(욥 4:17; 슥 14:20) 하나님이 계신 곳은 성결한 곳(출 15:13)이라고 지적하고 있습니다.

"인생이 어찌 하나님보다 의롭겠느냐 사람이 어찌 그 창조하신
이보다 성결하겠느냐"(욥 4:17).

이로 볼 때, 성결은 거룩과 동의어로서 하나님을 지칭하는 말이요, 절대적이고 완전한 하나님의 선을 뜻하는 단어입니다.

성결은 하나님의 거룩한 계명과 일치하는 상태를 말합니다. 거룩한 계명 앞에서 무흠한(무죄 혹은 성결) 상태이기 때문에 하나님과 일치하는 상태이고, 하나님의 의를 뜻하는 말이기도 합니다. 즉 완전히 하나님의 절대적인 선하심과 일치됨을 뜻하는 법적인 의미를 가지고 있습니다.

거룩함이 하나님을 가리키는 말임과 같이 성경에서 하나님의 의(義)는 '하나님, 당신 자체를 가리키는' 말입니다. 하나님은 의(義) 자체이십니다. 하나님의 생활은 인간의 삶의 표본이요 척도요 표준입니다. 하나님의 삶의 모습이 바른 것이고 정의입니다. 이스라엘 사람들은 하나님을 의로우신 하나님이라고 불렀습니다.

> "이에 이스라엘 방백들과 왕이 스스로 겸비하여 가로되 여호와
> 는 의로우시다 하매"(대하 12:6).
> "…땅을 그 씨에게 주리라 하시더니 그 말씀대로 이루셨사오니
> 주는 의로우심이로소이다"(느 9:8).

성결이 이런 의미를 가지고 있기 때문에, 만일 거룩한 계명에 비추어 흠이 있으면 하나님께서는 성결하지 않은 부정한 것으로 보시고 배척 분리시키시는 뜻이 성결입니다.

하나님께서는 당신을 거룩한 자라고 말씀하셨고, 또 당신이 거룩하듯이 구원받은 자들을 불러서 거룩하라는 말씀을 하시며, 그 방법으로 거룩한 계명을 주시며 지키라고 하는 말씀 속에서 성결이 거룩과 동의어라는 것을 다시 확인할 수 있습니다. 그러므로 거룩하라는 말씀은 성결하라는 말씀으로 바꾸어 보아도 문제될 것은 없습니다.

> "나는 너희의 하나님이 되려고 너희를 애굽 땅에서 인도하여 낸
> 여호와라 내가 거룩하니(성결하니) 너희도 거룩할지어다(성결

할지어다)”(레 11:45).

“…너희는 거룩하라(성결하라) 나 여호와 너희 하나님이 거룩함
이니라(성결함이니라)”(레 19:2).

“기록하였으되 내가 거룩하니(성결하니) 너희도 거룩할지어다
(성결할지어다) 하셨느니라”(벧전 1:16).

거룩하라는 말씀이나 성결하라는 말씀은 하나님처럼 온전하게
되라는 말씀 속에서 하나님의 의로움과 선하심을 목표로 하고 있음
을 알 수 있습니다. 이런 뜻의 말씀은 “…너희 아버지의 온전하심
과 같이 너희도 온전하라”(마 5:48)는 예수 그리스도의 말씀과 같
이 의롭고 선하신 하나님과 같이 되라는 뜻입니다.

이런 의미를 볼 때, 거룩한 계명은 하나님의 행동이고 하나님의
삶의 표현이기 때문에, 거룩한 사람은 하나님의 자녀로서 거룩하신
하나님처럼 사는 성결한(거룩한) 생활을 해야 합니다. 그래서 거룩
하신 하나님은 “나는 너희의 하나님이 되려고 너희를 애굽 땅에서
인도하여 낸 여호와라 내가 거룩하니(성결하니) 너희도 거룩할지어
다(성결할지어다)”(레 11:45)고 명령하시는 것입니다.

거룩하라는 명령의, 이 말씀은 인간을 구원하신 하나님의 구원의
목적이 담겨 있으며, 그 목표에 도달하는 길을 계시하는 말씀이기
도 합니다. 인간을 하나님처럼 거룩하게 만들기 위함이요 그 방법
으로 거룩한 계명을 지켜야 한다는 뜻을 담고 있는 말씀입니다.

그러므로 거룩하라는 말씀을 하신 다음에 나오는 말씀은 거룩한
계명(율법)을 가지고 생활할 것을 명령하셨습니다. 자신 안에 계신
하나님의 모습을 보여주는 것입니다. 신약에서 성령의 열매에 대하
여 말씀하는 중 거룩의 열매가 있지만 성령의 모든 열매는 곧 하나
님의 온전하신 선을 뜻하는 성결한(거룩한) 열매입니다.

　성결은 거룩과 마찬가지로 거룩하신 하나님의 의롭고, 선하신 행동이요 하나님의 생활입니다. 이 단어가 하나님의 선을 대변하는 말이라는 것은 예수 그리스도께서 "이르시되 네가 어찌하여 나를 선하다 일컫느냐 하나님 한 분 외에는 선한이가 없느니라"(눅 18:19)말씀 속에서도 볼 수 있기 때문입니다. 이는 하나님의 아들이 삼위일체의 하나님으로서 아버지 하나님을 지칭하여 하신 말씀입니다. 성결은 삼위일체의 하나님만이 완전한 분이요 거룩하신 분이요 선하신 분이라는 뜻입니다.

　구원받은 피조물에게 하나님께서 성결을 요구하시는 이유는 '하나님처럼 살라' 즉 자신 안에 계신 하나님의 활동하시는 모습을 온전히 반영하는 믿음의 삶을 살라는 뜻입니다. 성결은 하나님의 마음과 행위를 절대적으로 완전한 삶의 표준으로 보고 이르는 말입니다.

　성결하라는 말은 거룩과 마찬가지로, 하나님처럼 사는 것이 삶의 표준이기 때문에 인간은 하나님처럼 살아야 할 것을 요구하는 말씀입니다. 인간은 거룩한 사람이 되어 하나님처럼 같은 마음과 행위를 하고 살아야 합니다. 이것이 올바른 삶이고, 표준입니다.

　거룩은 거룩하신 창조주 하나님께서 자신의 성결함과 일치하지 않는 피조물은 자신으로부터 철저히 분리하고 배척하여 하나님의 순수성을 지키신다는 뜻입니다. 이런 모습은 제사의식 중에서 온전한 제물을 받치게 하고 물로 깨끗이 씻는 의식을 통하여 볼 수 있습니다.

　거룩하신 하나님께서는 자신을 절대적 삶의 표준으로 보시고, 자신과 일치하지 않게 생활하는 사람의 마음과 행동에 대해서 자신과 일치 하지 않는 것을, 다른 것으로 보지 않고 틀린 것, 즉 더러운 것으로 보기 때문에 거부하시고 불로서 소멸시켜 버리십니다.

하나님은 거룩하신 분이기 때문에, 모세를 부르실 때 불 타는 떨기나무 가운데서 나타나시고 거룩하지 못한 것의 접근을 허락하시지 않으셨습니다. 그러므로 성경은 하나님은 거룩하신 하나님이시기 때문에 "우리 하나님은 소멸하는 불이심이니라"(히 12:29)는 말씀을 하시고 있습니다. 구약에서 번제의 의미는 성결케 하는 의식으로 거룩을 보여주고 있고, 또 불 가운데서 나타나시는 하나님의 의미는 거룩함에 있습니다. 거룩하신 하나님께서 인간에게 성결을 요구하시는데 이는 하나님의 뜻과 일치할 것을 요구하심입니다.

4) 구약에서 거룩의 의미

거룩이라는 말을 정리하자면, 거룩은 하나님을 뜻하는 말로서 창조자와 피조자, 하나님과 죄인, 그리고 성(聖)스러운 것과 속(俗)된 것 그리고 성결한 것과 부정한 것의 사이에 획을 그어 둘 사이를 갈라놓는다는 하나님으로부터의 분리의 뜻으로 성별(聖別)입니다. 이렇기 때문에, 거룩은 피조물과는 차원을 달리하는 오직 차별적인 창조주 삼위일체의 하나님께만 쓸 수 있는 단어입니다.

거룩이 이런 의미이므로 거룩하신 하나님은 거룩하지 않은 어떤 것과의 혼합을 절대로 용납하지 않고 철저히 배척하며 분리시키는 것이고, 하나님의 모든 속성이 절대적이므로 상대적 능력이나 상대적인 선함도 전혀 용납치 아니한다는 뜻입니다.

세상에는 많은 놀라운 능력이 있고 선함이 있습니다. 그러나 이런 능력과 선행을 거룩이라고 생각해서는 안 됩니다. 세상에는 선한 윤리나 도덕이 있습니다. 그러나 이런 것들이 거룩이나 성결이 될 수 없습니다. 거룩한 능력이나 거룩한 선행은 거룩하신 하나님으로 인하여 표출되는 것이기 때문입니다.

하나님의 통치를 받고 사는 사람들이 거룩한 계명을 지키고 살 때 차원 높은 윤리성과 도덕성이 보이지만, 그것은 윤리나 도덕이 아닙니다. 거룩이나 성결의 근거는 하나님의 임재가 반영되는 것이기 때문입니다.

거룩 또는 성결하다는 말은 하나님의 임재로 규정되는 것이지 인간의 기준에서 판단할 수 있고 규정되는 것이 아닙니다. 이런 사실은 구약의 하나님께서 출애굽 후에 이스라엘 백성들에게 십계명을 주신 말씀 중에서 확실히 알 수 있습니다.

"너는 나 외에는 다른 신들을 네게 있게 말지니라"

"너를 위하여 새긴 우상을 만들지 말고, 또 위로 하늘에 있는 것이나, 아래로 땅에 있는 것이나, 땅 아래 물 속에 있는 것의 아무 형상이든지 만들지 말며, 그것들에게 절하지 말며 그것들을 섬기지 말라"

"너는 너의 하나님 여호와의 이름을 망령되이 일컫지 말라"

"안식일을 기억하여 거룩히 지키라"는 말씀으로 거룩한 생활을 말씀하고 있기 때문에 윤리적인 것과는 다른 것을 볼 수 있습니다.

이런 사실은 신약의 디모데전서에서 볼 수 있습니다.

"그러나 성령이 밝히 말씀하시기를 후일에 어떤 사람들이 믿음에서 떠나 미혹케 하는 영과 귀신의 가르침을 좇으리라 하셨으니 자기 양심이 화인 맞아서 외식함으로 거짓말하는 자들이라 혼인을 금하고 식물을 폐하라 할터이나 식물은 하나님이 지으신 바니 믿는 자들과 진리를 아는 자들이 감사함으로 받을 것이니라 하나님의 지으신 모든 것이 선하매 감사함으로 받으면 버릴 것이 없나니 하나님의 말씀과 기도로 거룩하여짐이니라"

(딤전 4:1~5).

하나님이 지으신 모든 것은 하나님께서 임재하신다면 성결합니다. 그것은 먹는 것이나 혼인의 경우도 마찬가지입니다. 인간의 윤리적인 문제로 보아서는 안 됩니다. 특히 먹는 문제에 있어서 먹거리는 창조주 하나님을 아는 성도들이, 하나님이 지으신 것임을 알기에 하나님께 감사 기도를 하고 받으면 성결한 것이 되므로 먹으면 되는 것입니다. 인간이 먹거리 자체에 어떤 선과 악이 있다고 규정하는 것은 잘못입니다.

거룩은 하나님이 임재하셨느냐, 아니냐로 선과 악이 규정된다는 뜻입니다. 성도가 먹기 위하여 하나님께 감사 기도하고 먹게 되면 하나님께서 먹거리에도 은혜로 임재하여 주시므로 먹거리는 거룩한 것이 되니 먹으면 됩니다.

성찬의 의미도 이런 뜻입니다. 성찬의 빵과 포도주는 성도의 대표로서 목사가 기도하고 그 기도로 인하여 하나님께서 은혜로 임재하여 주시기 때문에, 빵이며 포도주이지만 거룩하게 된 빵이요 포도주가 됩니다. 이와 같은 행위는 구약에서 제사장만이 할 수 있는 일이었습니다. 그러나 모든 성도는 예수 그리스도를 믿으므로 성령을 받고 제사장처럼 거룩하게 된 사람들이기 때문에 할 수 있습니다.

구약에서 삼중직이라고 제사장, 왕 그리고 선지자는 기름 부음 받은 자로 성령이 함께 하는 사람들이 되고, 이들은 거룩한 사람이라고 하지만 신약에서는 예수 그리스도 안에서는 모두가 거룩한 사람들입니다. 하나님이 임재하시고 함께 하는 사람들은 모두 거룩한 사람들입니다.

결론적으로, 거룩함의 정의는 거룩은 하나님이시고 하나님은 거룩함이십니다. 거룩하신 하나님은 거룩하시기 때문에 하나님의 말씀과 일치하지 않는 것은 분리 배척하십니다. 분리 배척된 첫 사람은 아담으로 하나님을 믿지 않고 우상 신을 믿었기 때문에 분리 배척 되었습니다.

거룩하신 하나님은 당신과 일치하지 않는 상태는 죄로 보시고 용납지 않으시므로, 거룩의 의미는 분리의 의미와 차별적인 의미를 동시에 갖습니다. 아담의 죄로 인하여 발생한 이 분리는, 아담이 더러운 우상을 믿고 그의 지시를 따랐기 때문에 분리 배척하신 것입니다. 왜냐하면 하나님께서는 우상을 더러운 존재로 보시기 때문입니다. 사람이 우상 신을 섬기면 완전히 타락한 존재요 부정한 존재가 되기 때문입니다. 그러므로 거룩의 단어적인 의미는 배타적이고 분리의 뜻을 가진 단어이며, 동시에 이 단어의 의미는 우상을 믿고 섬기는 행위는 분리 배척하시는 뜻을 가지고 있습니다.

2. 예수님께서 가르쳐주신 거룩의 의미

구약에서 거룩의 의미는 배타적 분리의 뜻을 가지고 있는 성결한 삶을 지키는 하나님의 삶이었지만 하나님의 아들이신 예수 그리스도께서는 인간의 육신을 입고 오셔서 하나님의 의(義)를 재정리하시며 거룩의 본래 의미를 새롭게 가르쳐 주셨습니다. 하나님께서 원하시는 본래의 하나님의 의는 공의에 있는 것이 아니라 공의를 넘어서, 사랑할 수 없는 자까지 용서하고 사랑하는 것이 하나님의 정의라고 새롭게 가르쳐 주셨습니다.

그렇다고 구약의 거룩함의 의미와 공의를 부정하시는 것이 아닙니다. 구약의 거룩함과 공의도 인정하시지만, 하나님처럼 사랑하는 것이 온전한 거룩이라고 말씀하셨습니다. 공의는 하나님의 사랑 중의 가장 작은 사랑이기 때문입니다. 공의는 사랑이 아닌 것으로 생각을 하는 경향이 있지만 공의도 하나님의 사랑입니다.

거룩의 배타적 의미가 예수 그리스도에 의하여, 포용하고 하나님을 믿도록 가르쳐야 할 의미가 되었습니다. 예수 그리스도께서 하나님처럼 사랑하는 것이 거룩함이라고 말씀하셨기 때문에 거룩의 의미는 배타적 분리의 의미에서 바뀌어 사랑할 수 없는 사람이라도 용서하고 사랑하며 나아가 구원의 대상으로 보게 되었습니다. 이것이 하나님의 아들 예수 그리스도의 거룩함의 정의입니다.

거룩이 차별적인 하나님의 삶이기 때문에 성도들은 하나님처럼 성별(聖別)된 생활을 해야 하지만, 그렇다고 하나님을 믿지 않는 죄인에 대해 배타적인 행동이나 무시하는 행동이 되어서는 안 된다는 것을 예수 그리스도께서는 말씀하셨습니다.

예수 그리스도께서는 죄인들을 구원하시며 어울리시고 사랑을 말씀하시며 실천하는 모든 생활로 거룩을 보여 주고 가르쳐 주셨습니다. 그리고 거룩한 사도들에게 이렇게 명령하셨습니다.

"그러므로 너희는 가서 모든 족속으로 제자를 삼아 아버지와 아들과 성령의 이름으로 세례를 주고 내가 너희에게 분부한 모든 것을 가르쳐 지키게 하라…(마 28:19~20).

거룩은 하나님의 삶의 모습이요 행동이므로, 거룩한 자는 하나님처럼 행동해야 하는 것, 즉 거룩한 계명을 지키는 분리된 생활을 하는 것이 구약에서 요구하는 행동입니다. 그렇지 않으면 거리를 두는 것이었습니다. 그러나 신약에서 하나님의 아들은 죄인들을 배척하지 않으시고, 이들과 함께 하시면서 제자를 삼았습니다. 예수 그리스도께서는 거룩은 성결한 마음에서 나오는 하나님의 행동이므로 하나님처럼 성결한 마음에서 나오는 거룩한 행동을 요구하셨습니다.

이런 거룩의 모습을 추상적으로 어떤 상태를 가리키는 것으로 생각할 수 있겠지만, 성경에서 거룩의 모습은 추상적 상태가 아닙니다. 이 상태는 분명히 구체적이고 명확히 알 수 있는 상태입니다.

거룩의 구체적이고 완전한 상태는 예수 그리스도를 보면 알 수 있습니다. 예수 그리스도는 거룩을 온전히 보여주는 하나님이시기 때문입니다. 그러나 성경을 통하여 거룩함을 알게 되었다고 해서 거룩함의 내용을 다 파악했다고 할 수 없습니다. 하나님께서 성경을 통하여 거룩함을 계시한 점에서만 알 수 있기 때문입니다.

이런 말씀을 드리는 이유는, 인간은 유한한 존재이기 때문에 무한하신 하나님을 완전히 전적으로 파악하고 규정할 수 없는 것과 마찬가지로 거룩이 그렇기 때문입니다. 거룩함도 전적으로 다 파악하고 알 수 없기 때문에 규정할 수 없습니다. 다만 성경에서 계시한 것으로만 알 수 있을 뿐입니다.

그러나 인간이 하나님처럼 거룩하라고 한 사업에는 필요하고 충분한 계시의 말씀입니다. 이런 이유 때문에 거룩의 의미를 인간의 생각으로 접근하면 도리어 애매해지며, 성경을 통하여 접근하게 되면 구원을 위한 삶의 표준으로서 명확해집니다.

거룩의 의미는 하나님처럼 되라는 뜻을 가진 말이며, 동시에 하나님처럼 사는 생활입니다. 거룩과 성결을 분명히 알려면 이와 완전히 대치되는 우상을 알므로 명확하게 알 수 있습니다. 우상에 속한 것은 분명히 거룩함이나 성결함이 아니기 때문입니다.

그러므로 성경 특히 구약을 보면 우상과의 전쟁을 이슈로 삼고 있는데 이는 거룩과 대치되기 때문에 하나님께서 분리시키는 것입니다. 그리고 이 우상과의 전쟁은 예수 그리스도께서 승리하셨기 때문에 복음(기쁜 소식)이라고 선포하고 있습니다.

이 책에서는 이 점을 이슈로 삼고, 거룩하신 하나님과 우상 신을 대비하여 전개하므로 거룩을 명확히 하고자 하는 의도를 가지고 있으며, 거룩을 성취하기 위하여 하나님만을 사랑하라는 주제로 총론적인 말씀을 드리고 있습니다.

3. 피조물을 거룩하다 부르는 경우

거룩은 하나님을 지칭하며 하나님의 신격을 의미하고 하나님의 절대적인 선하심을 가리키는 말로 하나님께만 쓸 수 있지만, 거룩이라는 말을 피조물에게 붙여 사용하는 것을 보게 됩니다. 피조물은 절대로 자기 스스로 거룩할 수 없는 부패하고 무력한 존재이지만 거룩하신 창조주 하나님에 의해서만 거룩하게 될 수 있다는 것이 하나님의 말씀입니다.

모든 피조물들의 거룩함은 하나님이 선택(성별)하여 분리하고 임재하셨기 때문에 거룩하게 될 수 있습니다. 즉 피조물은 거룩하신 창조주 하나님께서 임재하시므로 거룩하게 됩니다. 이런 대상은 성경에서 ①인간(출 29:44; 레 21:8; 겔 20:12), ②지역(시 46:5), ③건물(출 29:44;왕상 9:3), ④물건(출 29장), ⑤시간(창 2:3; 출 20:11), ⑥예배, ⑦성찬 그리고 물론 성경책도 거룩하게 될 수 있음을 보여주고 있습니다.

하나님께서 호렙산 밑 떨기나무 불꽃 가운데 임재하셨습니다. 모

세가 이상히 생각하고 그 곳으로 가까이 다가 갈 때에 하나님께서
말씀하셨습니다.

> "이리로 가까이 하지 말라 너의 선 곳은 거룩한 땅이니 네 발에
> 서 신을 벗으라"(출 3:5).

그 곳은 세속적인 땅이었지만 하나님이 임재하셨기 때문에 거룩
한 땅이 되었던 것입니다. 이런 일은 여호수아가 여리고에 가까이
왔을 때에 하나님의 군대장관을 만났던 곳이 또한 그렇게 거룩한
땅이 되었습니다.

> "여호와의 군대장관이 여호수아에게 이르되 네 발에서 신을 벗
> 으라 네가 선 곳은 거룩하니라 여호수아가 그대로 행하니라"
> (수 5:15).

이런 일은 어떤 지역만이 아니라, 성전도, 성전의 기물도, 성찬의
빵과 포도주도 마찬가지로 그 자체로서는 거룩할 수 없지만, 하나
님으로 인하여 관계가 맺어졌을 때 그 대상은 하나님의 소유가 되
고 거룩하게 됩니다.

사람도 마찬가지입니다. 사람이 하나님처럼 거룩하게 되는 것은
하나님께서 그 사람을 하나님처럼 거룩한 존재로 만들고자 선택하
시고 분리시킨 후 임재하시기 때문에 거룩한 사람이 될 수 있습니
다. 하나님이 임재(연합)하셨기 때문에 거룩한 사람이 되었다는 뜻
의 말은, 이스라엘 백성들을 거룩한 백성이라고 부르는 말이 대표
적인 예라고 할 수 있습니다. 그리고 성도라고 부르는 말도 같은
뜻입니다.

그러나 하나님이 임재하시고 연합한 상태가 되었다고 완전히 거

룩한 상태가 된 것은 아닙니다. 하나님과 연합된 상태는 구원받은 상태이고 거룩하게 되었지만, 아직 완성된 상태가 아닌 완성이 보증된 미완의 상태에서 완성을 향하여 성장하는 상태가 거룩입니다.

완전한 거룩함이 이루어져 가는 것은 구원받고 거룩해진 사람이 하나님을 사랑하고 기쁘게 해드리는 생활을 할 때, 하나님께서 그 사람에게 은혜를 베풀어 거룩하게 하나님처럼 성장될 수 있게 하시고 하나님의 은혜로 거룩함이 표출되는 것입니다. 거룩함이 나타나는 생활은 자신이 노력한 업적으로 나타나지 않고, 그 사람의 공로로 성장되는 것도 아닙니다.

모두가 하나님께서 그를 사랑하고 그에게 은혜를 베풀어서 표출되는 것입니다. 이는 마치 종이 주인의 명령을 잘 수행하였다고 해서 종이 자신의 일을 공로(업적으로)로 보고 어떤 보상을 요구할 수 없는 것과 같습니다.

> "너희 중에 뉘게 밭을 갈거나 양을 치거나 하는 종이 있어 밭에서 돌아오면 저더러 곧 와 앉아서 먹으라 할 자가 있느냐 도리어 저더러 내 먹을 것을 예비하고 띠를 띠고 나의 먹고 마시는 동안에 수종들고 너는 그 후에 먹고 마시라 하지 않겠느냐 명한대로 하였다고 종에게 사례하겠느냐 이와 같이 너희도 명령받은 것을 다 행한 후에 이르기를 우리는 무익한 종이라 우리의 하여야 할 일을 한 것뿐이라 할지니라"(눅 17:7~10).

종은 겸손히 할 일을 한 것뿐이라고 말할 수밖에 없듯이 우리는 그렇게 해야만 합니다. 모든 것이 하나님께서 베푸신 하나님의 은혜로 변화되고, 성장되고 완성이 되는 것이므로 거룩의 사명을 받고 거룩의 길은 가는 사람은 어떤 이유에서도 전적으로 자신의 공로를 주장할 수 없습니다.

인간은 하나님의 피조물이기 때문에 하나님이 될 수 없고 하나님과 같이 동일하게 동등될 수 없지만 하나님의 임재와 은혜로 인하여 하나님처럼 거룩하게 될 수 있는 존재입니다. 이 뜻은 인간은 피조물이기 때문에 하나님이 될 수 없는 존재이지만 예수 그리스도의 은혜로 인하여 재창조 되고, 하나님의 양자가 되어, 예수 그리스도처럼 거룩하게 될 수 있는 존재라는 뜻입니다.

인간은 하나님에 의하여 거룩한 존재가 되고 하나님의 대를 잇는 하나님의 양자가 될 수 있습니다. 즉 하나님처럼 되어 하나님의 자녀로서 후사(後嗣)가 되어 하나님의 권리를 누리고 살 수 있는 존재입니다.

> "무릇 하나님의 영으로 인도함을 받는 그들은 곧 하나님의 아들이라 너희는 다시 무서워하는 종의 영을 받지 아니하였고 양자의 영을 받았으므로 아바 아버지라 부르짖느니라 성령이 친히 우리 영으로 더불어 우리가 하나님의 자녀인 것을 증거하시나니 자녀이면 또한 후사 곧 하나님의 후사요 그리스도와 함께한 후사니 우리가 그와 함께 영광을 받기 위하여 고난도 함께 받아야 될 것이니라"(롬 8:14~17).

> "저희는 이스라엘 사람이라 저희에게는 양자(養子) 됨과 영광과 언약들과 율법을 세우신 것과 예배와 약속들이 있고"(롬 9:4).

> "너희가 아들인고로 하나님이 그 아들의 영을 우리 마음 가운데 보내사 아바 아버지라 부르게 하셨느니라 그러므로 네가 이후로는 종이 아니요 아들이니 아들이면 하나님으로 말미암아 유업을 이을 자니라"(갈 4:6~7).

> "이는 이방인들이 복음으로 말미암아 그리스도 예수 안에서 함께 후사가 되고 함께 지체가 되고 함께 약속에 참예하는 자가 됨이라"(엡 3:6).

하나님의 말씀은 하나님의 후사와 양자라는 말씀으로 하나님처럼 거룩한 존재가 될 수 있다는 사실을 보여줍니다. 그리고 미래에는 신령한 육신을 입고 하나님의 자녀로 영생을 누리게 될 것입니다.

"만일 땅에 있는 우리의 장막집이 무너지면 하나님께서 지으신 집 곧 손으로 지은 것이 아니요 하늘에 있는 영원한 집이(신령한 몸) 우리에게 있는 줄 아나니 과연 우리가 여기 있어 탄식하며 하늘로부터 오는 우리 처소로 덧입기를 간절히 사모하노니"(고후 5:1~2).

이상은 인간이 하나님의 피조물이기 때문에 스스로 하나님처럼 될 수는 없지만, 오직 하나님의 은혜로 하나님처럼 될 수 있음을 보여주는 말씀들입니다.

하나님의 은혜로 선택된 하나님의 피조물인 거룩한 사람에게서 어떤 기적과 같은 초능력을 나타내 보이는 것을 볼 수 있는데, 이는 곧 하나님께서 그 사람 안에서 하나님이 일하고 계신 모습을 거룩하게 된, 즉 하나님처럼 된 모습을 피조물을 통하여 계시하는 것입니다. 그리고 이는 그가 하나님으로 말미암아 하나님처럼 된 거룩한 존재라는 것을, 즉 하나님의 사람이라는 것을 보여주는 것이기 때문에 은혜이지, 자신의 업적도 공로도 수고도 아닙니다.

이런 거룩한 모습은, 구약에서 모세와 그리고 많은 선지자들이 기적을 일으키는 모습을 통하여 나타나는 것을 볼 수 있습니다. 신약에서도 사도들에게서 이런 거룩함이 계시되어 성전 문앞에 앉아 있던 앉은뱅이를 베드로와 요한이 일으키는 모습이나 바울 사도의 기적을 볼 수 있는데, 이는 사도들이 하나님처럼 거룩한 존재가 되어 그 사람 안에서 하나님이 일하고 계심을 보여주는 것입니다. 예수 그리스도께서는 하나님처럼 거룩하게 된 사람들에게 이렇게 말씀하셨습니다.

> "너희가 내 안에 거하고 내 말이 너희 안에 거하면 무엇이든지 원하는 대로 구하라 그리하면 이루리라 너희가 과실을 많이 맺으면 내 아버지께서 영광을 받으실 것이요 너희가 내 제자가 되리라 아버지께서 나를 사랑하신 것같이 나도 너희를 사랑하였으니 나의 사랑 안에 거하라 내가 아버지의 계명을 지켜 그의 사랑 안에 거하는 것같이 너희도 내 계명을 지키면 내 사랑 안에 거하리라"(요 15:7~10).

하나님의 능력을 가진 거룩한 사람에게 이렇게 말씀하셨습니다. 우리 안에 계시고 우리에게 말씀하시는 하나님의 말씀을 믿고 사랑하므로 순종하고 살 때, 하나님께서도 그를 사랑하여 당신을 그 사람을 통하여 계시하시고 때로는 그 사람을 통하여 놀라운 능력을 나타내시기도 하십니다.

다른 사람들은 이 모습을 보고 그 사람 안에 계신 거룩한 분의 모습을 알게 됩니다. 예수님께서는 하나님처럼 거룩하게 된 사람이 하나님을 나타내는 방법을 이렇게 말씀하셨습니다.

> "나의 계명을 가지고 지키는 자라야 나를 사랑하는 자니 나를 사랑하는 자는 내 아버지께 사랑을 받을 것이요 나도 그를 사랑하여 그에게 나를 나타내리라"(요14:21).

이 때, 하나님의 은혜로 거룩함이 나타난다는 뜻이고 하나님처럼 되어 가는 과정에서 한 걸음 더 하나님께 가까이 나아가게 됩니다.

피조물의 거룩함은 신비

인간은 절대로 스스로 하나님처럼 거룩할 수 없는 존재입니다. 어떤 피조물도 절대로 인간을 거룩하게 할 수 없습니다. 인간은 절대로 자신을 하나님처럼 만들 수 없는 존재이지만, 하나님께서 신비하고 놀라운 일을 하셨습니다.

인간이 거룩한 존재가 되고, 거룩한 인간으로 살게 하셨으니 신비한 일입니다. 왜냐하면 그것은 내가 나로 사는 것이 아니요 하나님의 아들, 예수 그리스도로 사는 삶이며, 이는 하나님의 말씀으로 사는 것이고 이는 하나님으로 사는 삶이기 때문입니다.

이 삶은 하나님이 원동력이 되는 삶입니다. 성령에 사로잡힌 삶이요, 성령 충만한 삶입니다. 고난과 역경 앞에서도 굴하지 않고 넉넉히 이기며 사는 삶입니다. 이런 삶의 모습은 예레미야 선지자가 보여주고 있습니다.

"내 중심이 상하며 내 모든 뼈가 떨리며 내가 취한 사람 같으며 포도주에 잡힌 사람 같으니 이는 여호와와 그 거룩한 말씀을 인함이라"(렘 23:9).

"대저 내가 말할 때마다 외치며 강포와 멸망을 부르짖으오니 여호와의 말씀으로 하여 내가 종일토록 치욕과 모욕거리가 됨이니이다 내가 다시는 여호와를 선포하지 아니하며 그 이름으로 말하지 아니하리라 하면 나의 중심이 불붙는 것 같아서 골수에 사무치니 답답하여 견딜 수 없나이다"(렘 20:8~9).

사도들도 성령이 충만하여 역경을 이기고 나아가는 삶의 모습을 보여주었습니다. 거룩한 인간으로 사는 것은 곧 영적 생활이요 영성을 보여주는 생활입니다. 그래서 거룩한 사람은 신인(神人)이고,

그리고 거룩한 삶은 곧 신비(神秘)한 신적(神的)인 즉 하나님처럼 사는 삶입니다. 예수 그리스도를 믿는 사람들은 신적인 신비한 삶을 사는 영성생활을 하는 사람들입니다.

이런 생활은 사람이 자신의 능력으로 영유할 수는 절대로 없지만, 하나님으로서는 다 할 수 있다고 말씀하셨습니다. 이 땅에서는 거룩한 사람이 되었지만 완성된 거룩한 상태가 아니고 완성된 거룩한 상태가 될 것을 보증을 받은 존재로서(고후 5:5) 거룩의 완성을 향하여 달려가는 생활을 하는 것이고, 저 세상에서는 하나님의 은혜로 완전히 하나님처럼 거룩한 존재가 되어 온전한 하나님의 자녀로 살 것이기 때문입니다.

이런 신비한 삶을 사는 사람이 참 인간이라고 그리고 하나님의 사람이라고(딤후 3:17) 말씀하고, 또는 거룩한 사람이라고 말씀하셨습니다. 인간은 이렇게 살아야 자신의 삶의 고통의 문제를 해결할 수 있고, 이렇게 사는 사람이 잘 사는 사람입니다.

거룩하라는 하나님의 말씀은 인간을 도덕적으로 착한 사람으로 만들기 위하여 하시는 말씀이 아닙니다. 모든 성경의 목적은 하나님의 사람으로 온전케 하고자 하는 것입니다. 예수 그리스도의 인도를 받으며 예수 그리스도처럼 거룩한 하나님의 자녀가 되어 후사를 누리게 하고 영생을 살게 하는 것이 목표입니다. 이 점이 도덕적 인간과 다른 점이라고 할 수 있습니다.

물론, 그 속에 선한 모습이 나타나는 것은 마땅하지만 목표가 선한 사람이 아니라 하나님처럼 즉 하나님의 아들 예수 그리스도 같은 하나님의 자녀를 목표로 하고 있다는 점이 다릅니다. 그리고 이 삶에는 고통의 문제에 대한 완전한 해결이 약속되어 있습니다. 하나님의 자녀요 백성을 목표로 하고 있다는 사실을 보여주는 말씀은 여러 곳에서 볼 수 있습니다.

　　"… 하물며 너희 천부께서 구하는 자에게 성령을 주시지 않겠느
　　냐 하시니라"(눅 11:13).

　　"무릇 하나님의 영으로 인도함을 받는 그들은 곧 하나님의 아들
　　이라"(롬 8:14).

　　"하나님이 미리 아신 자들로 또한 그 아들의 형상을 본받게 하
　　기 위하여 미리 정하셨으니 이는 그로 많은 형제 중에서 맏아
　　들이 되게 하려 하심이니라"(롬 8:29).

　　"그 기쁘신 뜻대로 우리를 예정하사 예수 그리스도로 말미암아
　　자기의 아들들이 되게 하셨으니"(엡 1:5).

　　"오직 우리의 시민권은 하늘에 있는지라 거기로서 구원하는 자
　　곧 주 예수 그리스도를 기다리노니 그가 만물을 자기에게 복종
　　케 하실 수 있는 자의 역사로 우리의 낮은 몸을 자기 영광의
　　몸의 형체와 같이 변케 하시리라"(빌 3:20~21).

이런 말씀들이 하나님처럼 만들기 위한 목표를 보여주는 말씀입니다. 예수 그리스도를 믿고, 인도를 받는 사람은 고통의 삶으로부터 구원받은 사람들로서 거룩의 성취를 향해 가는 참 생명이 있는 산 사람입니다. 한 마디로 잘 살고 있는 사람입니다.

예수 그리스도를 믿고 거룩의 길을 가는 사람은 생명을 가진 사람이요 성결한 사람이고, 예수 그리스도를 믿지 않고 사는 사람은 죽은 자요 죄인이고 우상을 섬기는 더러운 사람입니다. 성경은 이렇게 두 부류의 사람과 생활을 보여주고 있습니다.

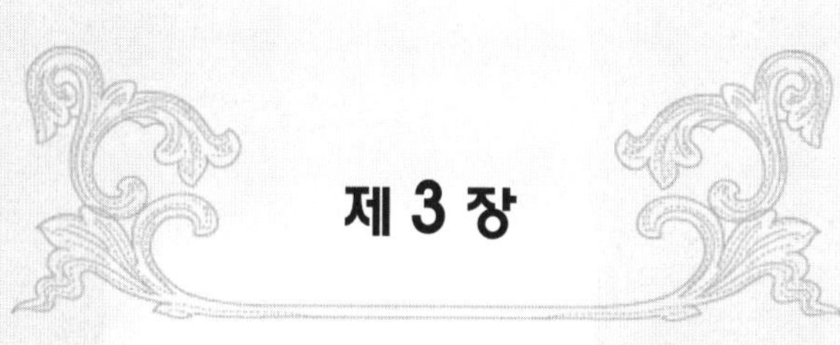

제 3 장

거룩하신 하나님은 어떤 분이신가

1. 하나님은 거룩하신 창조주

거룩하신 삼위일체의 하나님은 창조주로서 창조 이전부터 스스로 존재하셨던(출 3:14)분이십니다. 거룩하신 창조주 하나님은 천지만물과 인생을 거룩하게 창조하셨고 당신이 창조한 피조물들과 함께 하시면서 당신이 창조주이심을 나타내기를 원하셨습니다. 거룩하신 하나님은 태초에 천지 만물들을 각각 모두를 거룩하게 창조하신 후에 매번 그것들에 대해서 보시기에 좋았다고 반복해서 말씀하셨습니다.

> "하나님이 가라사대 빛이 있으라 하시매 빛이 있었고 그 빛이 하나님의 보시기에 좋았더라…"(창 1:3~4).

> "하나님이 뭍을 땅이라 칭하시고 모인 물을 바다라 칭하시니라 하나님의 보시기에 좋았더라"(창 1:10).

> "땅이 풀과 각기 종류대로 씨 맺는 채소와 각기 종류대로 씨 가진 열매 맺는 나무를 내니 하나님의 보시기에 좋았더라"(창 1:12).

> "주야를 주관하게 하시며 빛과 어두움을 나뉘게 하시니라 하나님의 보시기에 좋았더라"(창 1:18).

> "하나님이 큰 물고기와 물에서 번성하여 움직이는 모든 생물을 그 종류대로, 날개 있는 모든 새를 그 종류대로 창조하시니 하나님의 보시기에 좋았더라"(창 1:21).

> "하나님이 땅의 짐승을 그 종류대로, 육축을 그 종류대로, 땅에 기는 모든 것을 그 종류대로 만드시니 하나님의 보시기에 좋았

더라"(창 1:25).

"하나님이 그 지으신 모든 것을 보시니 보시기에 심히 좋았더
라…"(창 1:31).

하나님이 보시기에 좋았다는 반복적인 말씀은 하나님의 마음에
흡족하게 창조하셨다는 뜻으로, 이는 곧 거룩하게(성결하게) 창조하
여 하나님이 함께 하셨다는 말씀입니다. 이렇게 창조주 하나님은 모
든 것들을 자신의 마음에 흡족하게 거룩한 상태로 창조하셨습니다.

하나님께서 피조물을 거룩하게 창조하신 이유는 하나님께서 자
신이 창조한 피조물들을 통하여 창조주로서의 자신을 나타내고자
하셨기 때문입니다. 특히 사람을 창조하신 뜻은 하나님께서 사람을
통하여 당신이 살아계시고 일하고 활동(活動)하고 계심을 드러내시
며 창조주 하나님이라는 사실을 분명히 계시하는 것입니다. 물론
자연과 사물에서도 하나님께서 창조주라는 사실을 계시하시지만,
특별히 사람을 통하여서는 확실히 볼 수 있도록 계시하십니다.

성경에는 하나님의 존재에 대해 증명하려고 말씀한 구절이 전혀
없습니다. 이는 하나님의 존재는 거룩하게 된 사람들이면 잘 알고
있는 사실이기 때문에, 증명할 필요가 없었기 때문입니다. 이 사실
은 거룩하게 된 사람은 자기 스스로 알 수 있는 사실이고, 볼 수 있
는 눈을 가진 사람은 볼 수 있기 때문입니다.

사물에서, 자연에서, 사람에게서 볼 수 있는 눈을 가진 사람은 볼
수 있고, 들을 수 있는 귀를 가진 사람은 들을 수 있는 일이므로 당
연히 존재하시는 하나님을 증명할 필요가 없었습니다. 분명한 사실
은 자신 안에 살아 계시며 일하고 계신 성령 하나님을 잘 알기 때
문에 증명할 문제가 아니었습니다. 그러므로 하나님의 존재를 부인
하는 사람은 어리석은 자이며, 선을 무시하고 더러운 악행을 따른

다는 말씀을 하고 있습니다.

> "어리석은 자는 그 마음에 이르기를 하나님이 없다 하도다"(시
> 14:1 ; 시 53:1).

창조주 하나님의 존재하시고, 일하고 계심을 과학적 사실 또는 논리적 사고로 증명하려 한다면 벽에 부딪칠 수밖에 없지만, 믿음의 눈으로 보면 알 수 있는데, 그 모습은 믿음의 사람들의 거룩한 삶 속에서 찾을 수 있습니다.

2. 거룩하게 창조된 인간

하나님께서는 첫 사람 아담을 창조하실 때에 흙을 빚어서 창조하시되 하나님의 형상과 모양(창 1:26~27)을 따라 거룩한 존재로 창조하셨고, 생기를 불어넣어 생령이 되게 하시는(창 2:7) 특별한 은혜를 베풀어 창조하셨습니다.

> "하나님이 가라사대 우리의 형상을 따라 우리의 모양대로 우리
> 가 사람을 만들고 그로 바다의 고기와 공중의 새와 육축과 온
> 땅과 땅에 기는 모든 것을 다스리게 하자 하시고, 하나님이 자
> 기 형상, 곧 하나님의 형상대로 사람을 창조하시되 남자와 여
> 자를 창조하시고"(창 1:26~27).
> "여호와 하나님이 흙으로 사람을 지으시고 생기를 그 코에 불어
> 넣으시니 사람이 생령이 된지라"(창 2:7).

여기에서 하나님의 형상이란 말씀과 생령이란 말씀은 하나님이 임재하시고 그 사람에게서 당신의 거룩한 모습을 표출하시는 모습입니다. 그리고 임재의 표출이라는 점에서는 영광이라는 말의 뜻과 같은 의미입니다. 하나님의 형상이란 말은 여호와의 형상이라는 말에서 분명히 알 수 있습니다. 여호와의 형상은 여호와의 임재를 나타내는 말로 쓰고 있기 때문입니다.

아론과 미리암이 모세가 구스 여자를 취한 것을 비방하자 이에 대해 하나님께서는 모세는 "여호와의 형상을 보겠거늘"(민 12:8)이라고 말씀하시면서, 모세가 하나님의 형상을 보았다고 하셨습니다. 모세가 하나님의 형상을 보았다는 뜻은 하나님의 형상화된 어떤 모습을 보았다는 뜻이 아닙니다. 하나님은 영이시기 때문에 육안으로 볼 수 없는 존재이기 때문입니다.

이는 모세가 호렙산의 떨기나무 불꽃 가운데 임재하신 하나님을 만난 체험을 말씀하시는 것입니다(출 3:1~14). 모세는 하나님과 함께 한 체험이 있는 사람이기 때문에 거룩한 사람이라는 말씀입니다.

하나님을 만나 볼 수 있는 사람은 거룩한 사람이 아니면 불가능한 일이나, 그는 하나님에 의하여 거룩한 사람이 되었기 때문에 만나 보고 함께 할 수 있었다는 뜻의 말씀입니다.

하나님의 형상은 육안으로 볼 수 있는 형상이 아니라, 하나님이 임재하시고 함께 하시며 당신의 거룩한 모습을 거룩한 피조물을 통하여 표출하게 된 것을 가리키는 말입니다. 육안으로 누구나 볼 수 있게 어떤 형상화되어 있는 모습이 아니기 때문에 거룩한 새로운 피조물이 된 존재가 아니면 절대로 볼 수 없습니다.

"여호와께서 화염 중에서 너희에게 말씀하시되 음성뿐이므로 너희가 그 말소리만 듣고 형상은 보지 못하였느니라"(신 4:12).

　　"여호와께서 호렙산 화염 중에서 너희에게 말씀하시던 날에 너
　　희가 아무 형상도 보지 못하였은즉 너희는 깊이 삼가라 두렵건
　　대 <u>스스</u>로 부패하여 자기를 위하여 아무 형상대로든지 우상을
　　새겨 만들되 남자의 형상이라든지 여자의 형상이라든지"(신
　　4:15~16).

　이와 같이 경고하시는 말씀 속에서 볼 때 하나님의 형상은 하나
님이 임재하심을 나타내는 말로서, 아무나 볼 수 있는 것이 아니라
는 것을 알 수 있습니다.

　창조시의 하나님의 형상이라는 의미가 하나님의 임재의 모습을
표출하는 것이라는 뜻을 좀 더 확실하게 해 주는 구절은 창세기 2
장 7절의 말씀입니다. "여호와 하나님이 흙으로 사람을 지으시고
생기를 그 코에 불어넣으시니 사람이 생령이 된지라"(창 2:7)는 말
씀에서 인간은 성령이 내재하시는 존재로 창조되어 살아 있는 영임
을 분명히 하고 있습니다.
　사람은 자신 안에 내재하시는 성령 하나님이 계시고, 하나님께서
그 사람을 통하여 자신의 생활하고 계신 모습을 표출하여 보여 주
도록 창조된 존재입니다. 생령이란 살아 있는 영으로 이는 하나님
과 함께 하게 된 영혼입니다.
　　"기록된 바 첫 사람 아담은 산 영이 되었다…"(고전 15:45)

　성경은 하나님이 내재한 사람을 생명이 있는 사람으로, 그렇지
않고 하나님이 없는 사람은 죽은 사람이라고 말씀하고 있습니다.
하나님과 연합(결합)된 영혼은 산 영혼으로, 그렇지 못하고 분리된
영혼은 죽은 영혼으로 보고 있기 때문입니다.

생령이란 살아있는 영혼으로, 하나님과 사랑의 교제를 하고, 함께 동행하며 하나님께서는 그에게서 자신의 거룩함을 드러낼 수 있는 존재로 창조하셨다는 뜻입니다. 이는 영성을 내재한 존재로 창조되었다는 뜻이기도 합니다. 영성은 삼위일체의 창조주의 속성을 뜻하는 말로서, 거룩을 의미하는 말과 같은 뜻이기 때문입니다.

신약에서 볼 때, 하나님의 형상이란 뜻은 그리스도 안에서 구원받고 재 창조된 새 사람을 말하며, 자신 안에 계신 하나님으로 인하여 하나님을 아는 지식과 하나님의 의와 거룩을 가지게 된 사람이라는 뜻으로 보고 있습니다.

"새 사람을 입었으니 이는 자기를 창조하신 자의 형상을 좇아 지식에까지 새롭게 하심을 받는 자니라"(골 3:10).

"하나님을 따라 의와 진리의 거룩함으로 지으심을 받은 새 사람을 입으라"(엡 4:24).

이어서, 구체적으로 예수 그리스도의 모습이 하나님의 형상이라고 말씀하고 있습니다.

"그리스도는 하나님의 형상"(고후 4:4).

"그는 보이지 아니하시는 하나님의 형상이요 모든 창조물보다 먼저 나신 자니"(골 1:15).

칼빈파에서 말하는 하나님의 형상은, 지식과 의와 거룩의 원의(原義)와 영성과 신체와 만물을 치리할 수 있는 위임받은 권리를 모두 사람 안에 있는 하나님의 형상으로 보고 있습니다.

하나님께서 인간을 이렇게 창조하신 이유는 하나님께서 인간을 성전 삼아 계시고, 그 곳에서 하나님께서 생활하는 거룩한 활동의 모습을 그 사람을 통하여 표출하고자 하셨기 때문입니다.

> "너희가 하나님의 성전인 것과 하나님의 성령이 너희 안에 거하
> 시는 것을 알지 못하느뇨 누구든지 하나님의 성전을 더럽히면
> 하나님이 그 사람을 멸하시리라 하나님의 성전은 거룩하니 너
> 희도 그러하니라"(고전 3:16~17).

하나님의 형상은 인간만을 통해서만 볼 수 있는 거룩하신 하나님의 모습입니다. 이 뜻은 거룩하신 창조주 하나님께서 인간의 주인이 되어 통치하시고, 인간은 그의 통치를 받는 사람이 되어야 온전한 사람이란 뜻입니다. 인간은 자신의 뜻대로 각기 제 길로 가며 살아서는 안 되고, 지금 자신 안에 계시면서 명령하시는 하나님의 뜻을 받들어 절대적으로 순종하므로 거룩하신 하나님께서 당신을 나타내시도록 살아야 합니다. 이 삶이 잘 사는 삶입니다.

인간의 삶의 모습은 거룩하신 하나님의 삶의 모습을 나타내고 살아야 합니다. 왜냐하면 하나님만이 참 신이기 때문이고, 살아서 역사하고 계신 분이기 때문입니다.

> "오직 여호와는 참 하나님이시요 사시는 하나님이시요… "(렘
> 10:10)

인간 안에 거룩하신 창조주 하나님 이외에 다른 피조물이 들어와 인간이 그 피조물을 섬긴다면 이는 우상 신을 섬기는 것입니다. 이는 하나님 이외의 어떤 피조물이 인간 안에 들어와 인간이 그 피조물을 하나님으로 생각하고 믿으면 그 사람은 죽은 사람이라는 뜻입니다. 그리고 그의 삶은 고통 속에서 살다가 두 번째 죽음을 맞게 되고, 그 후에도 영벌(永罰) 속으로 떨어집니다.

3. 사랑의 관계를 맺기 위함

하나님께서 창조하신 피조물들은 상당히 많이 있지만, 특별히 인간을 창조하시면서 하나님의 형상으로 창조하셨습니다. 이는 전적인 하나님의 크신 은혜입니다. 이런 사실을 욥기서에서는 다음과 같이 말씀하고 있습니다.

> "사람이 어찌 하나님께 유익하게 하겠느냐 지혜로운 자도 스스로 유익할 따름이니라 네가 의로운들 전능자에게 무슨 기쁨이 있겠으며 네 행위가 온전한들 그에게 무슨 이익이 있겠느냐"
> (욥 22:2~3).

인간이 하나님께 유익을 주고 있다고 주장할 만한 것은 없습니다. 왜냐하면 하나님은 아쉬울 것이 없는 분이시기 때문입니다. 하나님께서는 얼마든지 대상을 바꿀 수도 있으셨습니다. 그러나 하나님은 인간을 하나님의 형상으로 창조하시고 하나님께서 그와 함께 동행하시면서 자신의 모습을 그를 통해서 나타내시려는 특별한 은혜를 베푸셨습니다.

인간은 아무런 가치도 없는 한 줌의 흙이었습니다. 그렇지만 하나님께서는 아무런 가치도 없는 한 줌의 흙으로 천하보다도 더 귀한 하나님께서 내재하신 생명체로 인간을 창조하셨습니다.

이 뜻은 인간의 생명이 귀중한 이유가 되는 것입니다. 인간의 생명에 하나님께서 계시기 때문에 이 생명이 천하보다도 더 귀중한 것이 되는 근거입니다. 단독적으로는 인간의 생명이 존귀할 이유가 없습니다. 믿지 않는 사람들이 들으면 기분이 불쾌한 말이 되겠지만 성경은 하나님이 없는 존재는 존귀할 수 없다는 뜻으로 말씀하고 있습니다.

하나님께서는 인간을 천하보다도 더 귀중한 존재가 되도록 큰 은혜를 베풀어 하나님처럼 거룩하게 창조하셨습니다. 시편 기자는 이 사실을 아래와 같이 말하였는데 이 상태는 인간을 하나님처럼 거룩하게 창조하셨다는 뜻입니다.

> "사람이 무엇이관대 주께서 저를 생각하시며 인자가 무엇이관대 주께서 저를 권고하시나이까 저를 천사(하나님)보다 조금 못하게 하시고 영화와 존귀로 관을 씌우셨나이다"(시 8:4~5).

이렇게 창조하신 후에는 여기에 더하여, 하나님께서 창조하신 모든 생명체를 치리할 수 있는 권한까지도 맡겨 주셨습니다. 이것은 전적으로 하나님께서 인간을 사랑하시기 때문에 은혜를 베풀어 주신 것입니다. 이런 모든 은혜를 베푸신 이유는 인간과 사랑의 관계를 맺고자 하셨기 때문입니다.

이런 이유로 하나님께서는 먼저 사랑하시고 은혜를 베풀어 주셨고, 인간이 하나님의 그 사랑과 그 은혜에 대해서 하나님께 응답을 해야만 하는 것은 당연합니다. 즉 거룩하신 창조주 하나님께 사랑의 반응을 보여야 합니다.

> "… 하나님을 경외하고 그 명령을 지킬지어다 이것이 사람의 본분이니라"(전 12:13).

인간은 하나님의 큰 은혜를 받고 창조된 존재이기 때문에 하나님께서 창조시부터 인간에게 일관되게 요구하시는 명령은 네 하나님만을 네 모든 것을 다하여 사랑하라는 것이었습니다(신 6:4~5; 마 22:37~39; 요 13:34). 이는 성경 말씀의 핵심이요, 주제입니다.

성경은 하나님께서 인간을 어떻게 사랑하시는지와 그 사랑을 받은 인간이 하나님께 어떤 반응을 보여주었는지를 주제로 보여주고 있습니다. 물론 전적으로 하나님만을 네 모든 것을 다하여 사랑하는 그 사랑 가운데, 하나님께 대한 신뢰는 당연히 존재합니다. 사랑에는 신뢰가 당연히 있기 때문입니다. 상대를 진실로 사랑하면서 상대를 믿지 못하겠다는 것은 있을 수 없습니다. 진실한 사랑은 당연히 신뢰를 보여주는 것이기 때문입니다.

하나님께서는 인간을 사랑하셨기 때문에 창조하시고, 그에게서 하나님이 존재하시고 일하시고 있음을 나타내기를 원하셨기 때문에 거룩하게 창조하시고 내재하셨습니다. 이 거룩한 형상의 모습은 구체적으로 기독교 전도용으로 C.C.C.에서 출판한 4영리가 잘 설명해 주고 있습니다. 하나님께서 내재하시고 그의 통치를 받고 사는 사람의 모습입니다.

인간의 삶은 자신 안에 계신 하나님을 알고, 하나님을 놓치지 않고 항상 민감하게 의식하고, 사랑하기에 자발적으로 순종하며 섬기는 생활을 해야 합니다. 열렬히 사랑하는 사람은 사랑하는 상대를 한 순간도 잊지 못하는 것이고, 상대를 기쁘게 하려고 생각하고 행동을 합니다. 즉 합일(合一)의 상태로 만들려고 하는 것 입니다. 이것이 사랑의 관계입니다.

하나님께서는 이런 사랑을 하시고, 이런 사랑을 기대하십니다. 그러므로 인간은 자신과 함께 하시는 하나님과 같은 사랑으로 응답하고 기쁘게 해드리며, 하나님의 모습을 반영하고 사는 생활을 해야만 합니다.

이 생활은 하나님의 자녀로서의 생활이고, 천국(하나님의 나라)의 생활이며, 하나님의 통치를 받는 하나님 나라의 백성들의 생활로서 하나님께 영광을 돌리는 거룩한 생활입니다. 거룩한 생활은 하나님을 사랑하는 마음을 가지고 순종하는 생활입니다.

예수 그리스도께서는 이 생활을 하나님의 자녀들의 생활로서, 빛과 소금으로 비유해 말씀하셨습니다.

> "너희는 세상의 소금이니 소금이 만일 그 맛을 잃으면 무엇으로 짜게 하리요 후에는 아무 쓸데 없어 다만 밖에 버리워 사람에게 밟힐 뿐이니라 너희는 세상의 빛이라 산 위에 있는 동네가 숨기우지 못할 것이요 사람이 등불을 켜서 말 아래 두지 아니하고 등경 위에 두나니 이러므로 집안 모든 사람에게 비취느니라 이같이 너희 빛을 사람 앞에 비취게 하여 저희로 너희 착한 행실을 보고 하늘에 계신 너희 아버지께 영광을 돌리게 하라"(마 5:13~16).

하나님께서는 등과 같은 사람의 속에 계시기 때문에, 등경 위에 올려놓은 등불같이 거룩의 불을 표출하라는 말씀입니다. 이런 거룩함의 빛을 원형 그대로 드러내고 사는, 즉 하나님을 사랑하는 삶의 참 모습은 하나님의 아들 예수 그리스도를 보면 불을 보듯이 분명하게 알 수 있습니다.

예수 그리스도는 하나님이시지만 그는 육신을 입고 이 땅에 오셨고, 하나님이시면서도 하나님과 동등됨을 취하지 않으시고, 하나님 아버지의 명령에 순종하여 거룩함의 빛을 비추고 생활하셨습니다. 그는 광야에서 혹독한 시험을 당하셨지만 하나님을 사랑하는 마음으로 그 시험에 승리하시고 하나님의 거룩함을 드러내셨습니다.

일상의 모든 생활을 그렇게 하셨기 때문에, 어느 날 제자 빌립이 하나님을 보여 달라고 하였을 때, 예수님께서는 말씀하셨습니다.

"예수께서 가라사대 빌립아 내가 이렇게 오래 너희와 함께 있으되 네가 나를 알지 못하느냐 나를 본자는 아버지를 보았거늘 어찌하여 아버지를 보이라 하느냐 나는 아버지 안에 있고 아버지는 내 안에 계신 것을 네가 믿지 아니하느냐 내가 너희에게 이르는 말이 스스로 하는 것이 아니라 아버지께서 내 안에 계셔 그의 일을 하시는 것이라"(요 14:9~10).

예수 그리스도께서는 모든 생활을 하나님의 일하심을 반영하고 살다가 십자가에서 대속의 죽음을 죽기까지 순종하고 죽으셨습니다. 이런 예수 그리스도의 삶의 모습을 보면서 우리는 하나님의 형상을 지닌 인간의 원형적인 거룩한 삶의 푯대를 보게 됩니다.

하나님의 말씀을 믿고 순종하는 것은 하나님처럼 사는 것이고 그렇지 않는 생활은 거룩하신 하나님을 드러내지 않는 것으로 죄가 되고 이 죄는 하나님과 분리되어 죽은 삶이 됩니다. 인간은 예수 그리스도를 본 받아 예수 그리스도처럼 그렇게 거룩하게 성장되는 방향으로 살아야 합니다. 그렇게 살 때 하나님과 함께하는 자유와 하나님의 정의와 진리를 누리고 사는 행복하게 잘 사는 삶이 있습니다.

4. 거룩함을 드러내는 방법

사랑하는 남녀가 서로 사랑을 하면서, 자기 식으로 사랑하여 상대방을 불편하게 하고 유익을 해치는 일을 한다는 것은 있을 수 없는 일입니다. 사랑하는 사람은 자기의 유익보다도 상대방의 유익을 먼저 생각하고, 상대방을 기쁘게 하고자 하는 마음을 가지고 행동을 하게 되어 있습니다.

하나님께서도 아담에게 하나님을 사랑하는 방법을 가르쳐 주고 거룩함을 드러내는 생활을 말씀해 주셨습니다.

"여호와 하나님이 그 사람에게 명하여 가라사대 동산 각종 나무의 실과는 네가 임의로 먹되 선악을 알게 하는 나무의 실과는 먹지 말라 네가 먹는 날에는 정녕 죽으리라…"(창 2:16~17).

하나님을 사랑하기 때문에 하나님께서 하신 말씀을 믿고, 어떤 경우에든 선악을 알게 하는 나무의 열매를 먹지 말도록 아담에게 요구하셨습니다. 아담이 하나님을 사랑하는 마음에서 하나님의 말씀을 지켜, 선악을 알게 하는 나무의 열매를 먹지 않는다면 하나님도 아담을 사랑하시고 그에게서 하나님(거룩함)을 나타내시겠다고 하신 말씀입니다.

그러나 만일, 아담이 선악을 알게 하는 나무의 열매를 먹었을 때는 반드시 죽는다고 말씀하셨습니다. 여기에서 죽음은 먼저 일차적으로 하나님이 떠나시고 그는 우상 신의 지배를 받게 되어 고통 속에서 사는 사람이 된다는 뜻으로, 죽음을 말씀하셨습니다. 만일 아담이 선악을 알게 하는 나무의 열매를 먹게 된다는 것은 하나님보다 더 사랑하는 것이 있다는 것이고, 자신을 하나님처럼 만들어 줄 수 있는 존재로 어떤 존재를 믿었다는 것이기 때문에 하나님은 아담에게서 떠나시겠다는 것을 미리 알려주는 경고입니다.

하나님께서 아담에게 선악을 알게 하는 나무의 열매를 먹지 말도록 가르쳐주신 생활은 일반적으로 계약신학으로서 전개되고 있습니다. 하나님께서는 선악을 알게 하는 나무의 열매를 두고 인간과 최초로 계약을 맺으셨습니다. 이 계약은 무엇보다도 하나님께서 아담을 사랑하시므로 은혜로 맺게된 믿음의 계약입니다. 믿음을 기초로 한 믿음의 계약이지, 우상 신에서 해방되어 시내산 밑에서 맺은 행위의 계약과 같은 것이 아닙니다.

은혜의 계약이라는 뜻은 쌍방간의 대등한 입장이 아니라는 것입니다. 하나님과 하나님의 피조물간의 계약이기 때문에 대등한 관계에서 맺어질 수 없는 계약인 것은 당연합니다. 이 계약은 어떤 문서를 작성한 것이 아니고 어떤 증표를 주고 받으며 맺은 계약이 아니라, 쌍방간의 믿음을 기초로 하여 말(언어)로 약속한 계약이었습니다. 그래서 이 계약을 언약(言約)이라고 하는 말이 본 뜻에 더 적합한 말입니다.

하나님께서는 아담과 은혜의 언약을 맺으셨습니다. 사람들이 어떤 계약을 맺을 때, 증인을 삼거나 어떤 문서를 작성하거나 어떤 증거를 주고 받는 것은, 그 만큼 불신이 자리를 잡고 있기 때문에 믿지 못해서 그렇게 합니다. 쌍방간의 믿음이 변하지 않고 순수하다면 말로서 만도 충분히 성사되고 이행될 수 있습니다. 문서나 어떤 다른 행위를 필요로 하는 것은 그 만큼 어느 한 구석에 의심이나 불안한 구석이 있기 때문이고 아니면 기억을 상기시킬 필요가 있기 때문입니다.

물론, 쌍방간에 진실한 신뢰가 있다면 당연히 언약으로 충분한 것입니다. 언약이 깨지는 것은 먼저 믿음이 무너지고, 다음은 행동으로 나타나게 됩니다. 정리하자면, 이 최초의 언약은 믿음을 기초로한 은혜의 언약이었습니다. 행위를 기초로한 은혜의 언약이 아닙니다.

이 말씀을 하는 이유는 이스라엘의 출애굽 후에 시내산에서 맺은 언약은 문서화 한 계약의 성격을 띤 행위의 계약이었기 때문입니다. 그 이유는 우상 신의 지배하에 있었던 사람들이기 때문에, 아직은 완악하여 행위에 대한 순종을 요구한 것이지만, 아담은 거룩한 사람으로 우상 숭배와는 상관이 없었던 상태에서 언약을 맺었기 때문입니다.

아담이 하나님께서 주신 거룩한 계명을 하나님을 사랑하는 마음에서 믿고 순종한다면, 그가 하나님의 통치를 받아들였기 때문에 하나님께서는 아담의 모든 생활을 책임을 지고 돌보아 주실 것이지만, 만에 하나 하나님의 지시를 따르지 않을 시에는 하나님께 대한 믿음을 저버린 것이기 때문에 통치를 거부한 것으로 보고, 하나님께서도 그를 거부하시고 그는 배척받게 될 것이라는 것을 미리 알려주신 것입니다.

이렇게 되면 하나님이 떠난 존재가 되어 아담은 우상 신의 통치를 받는 고통의 삶을 살 수밖에 없는 존재가 됩니다. 하나님의 언약이 중요한 의미를 갖는 것은 하나님의 피조물인 인간은 하나님의 백성으로, 후일에는 자녀로서 하나님만을 믿고, 통치를 받아 하나님을 표출하는 생활을 해야만 한다는 것입니다. 이것은 하나님 나라(천국)에서 살 수 있는 오직 한 가지 조건입니다.

언약 안에는 인간이 하나님 이외의 어떤 다른 누구의 지시를 믿고 따르는 생활을 해서는 안 된다는 의미가 있습니다. 다른 누구라고 하는 것은 참 하나님이 아닌, 거짓된 영으로 우상 신이기 때문에 우상숭배를 해서는 안 된다는 중요한 의미가 언약에 있습니다.

거룩한 언약의 중요한 의미는 언제나 처음부터 나중까지 우상숭배와 관계를 가지고 지속적으로 등장하고 있습니다. 예수 그리스도께서 십자가에서 죽으심으로 해결을 하실 때까지 중요한 이슈로 계속 등장하고 있습니다.

하나님을 믿고 하나님의 통치를 따른다는 것은 하나님께서 거룩한 모습을 드러내시는 생활을 하는 것이고, 이렇게 살면 하나님께서 기뻐하시는 생활로, 하나님께서 그 사람을 책임을 지고 돌보아 주시는 행복한 생활을 하게 될 것이고, 만일 그렇지 않고 불순종한다는 것은 우상 신을 예배하는 우상숭배로 우상 신의 통치를 받고 사는 것이므로 하나님께서 모든 은혜를 거두시겠다는 뜻입니다. 이런 뜻의 말씀은 신명기 28장에 순종할 때의 축복과 불순종할 때의 저주로 잘 나타나 있습니다.

신약에서는 믿는 사람에게서 성령을 거두지는 않으시지만, 자녀로서의 징계가 있기 때문에 거룩함을 권하고 하나님을 기쁘시게 해 드리는 거룩한 생활을 하라고 말씀하고 있습니다.

> "종말로 형제들아 우리가 주 예수 안에서 너희에게 구하고 권면하노니 너희가 마땅히 어떻게 행하며 하나님께 기쁘시게 할 것을 우리에게 받았으니 곧 너희 행하는 바라 더욱 많이 힘쓰라 우리 주 예수로 말미암아 너희에게 무슨 명령으로 준 것을 너희가 아느니라 하나님의 뜻은 이것이니 너희의 거룩함이라 곧 음란을 버리고 각각 거룩함과 존귀함으로 자기의 아내 취할 줄을 알고 하나님을 모르는 이방인과 같이 색욕을 좇지 말고 이 일에 분수를 넘어서 형제를 해하지 말라 이는 우리가 너희에게 미리 말하고 증거한 것과 같이 이 모든 일에 주께서 신원하여 주심이니라 하나님이 우리를 부르심은 부정케 하심이 아니요 거룩케 하심이니 그러므로 저버리는 자는 사람을 저버림이 아니요 너희에게 그의 성령을 주신 하나님을 저버림이니라"(살전 4:1~8).

믿는 사람은 하나님을 기쁘시게 하기 위하여 거룩하게 살라고 이렇게 말씀하셨습니다. 하나님을 기쁘시게 하는 생활은 사욕(私慾)을 좇는 우상숭배가 아니라 거룩한 생활이라고 말씀하시기도 하셨습니다.

> "그러므로 너희 마음의 허리를 동이고 근신하여 예수 그리스도의 나타나실 때에 너희에게 가져올 은혜를 온전히 바랄지어다 너희가 순종하는 자식처럼 이전 알지 못할 때에 좇던 너희 사욕을 본 삼지 말고 오직 너희를 부르신 거룩한 자처럼 너희도 모든 행실에 거룩한 자가 되라 기록하였으되 내가 거룩하니 너희도 거룩할지어다 하셨느니라"(벧전 1:13~16).

우상숭배의 문제는 창조 목적에 따라 하나님을 반영하고 하나님께서 살아계시고 활동하는 모습을 알리는 것이 아니라, 우상 신인 피조물의 모습을 보여주고 사는 생활을 하는 것이기 때문에 창조주 하나님을 부정하는 것입니다.

인간의 삶은 자신 안에 통치자로 하나님을 모시고 하나님의 통치를 받고 살든가, 아니면 우상 신의 통치를 받고 살아야 하는 양자택일의 삶입니다. 인간은 어떤 통치자의 통치도 받지 않고, 오직 자신이 통치자가 되어 스스로를 통치하고 살 수 없게 창조된 존재입니다. 만일, 자신이 자신을 통치하는 존재가 됐다면 이는 자기 우상을 섬기는 자입니다.

그렇다고 또 두 통치자를 같이 섬기고 살 수도 없는 존재입니다. 그렇기 때문에 인간은 양자택일의 삶을 살 수 밖에 없는 것이 인간의 삶입니다.

5. 우상 신을 믿은 아담

아담은 뱀의 형상을 입고 나타난 우상 신, 즉 사단의 유혹에 넘어가 하나님의 말씀을 의심하였습니다. 이는 하나님에 대한 믿음을 배반한 것입니다. 사단은 유혹자입니다.

> "큰 용이 내어쫓기니 옛 뱀 곧 마귀라고도 하고 사단이라고 하는 온 천하를 꾀는 자라…"(계 12:9).

하나님을 의심을 하였다는 것은 이미 하나님께 대한 믿음을 저버린 것이고 우상 신을 믿었다는 것입니다. 사람이 상대에 대해 신뢰를 저버릴 때 사랑의 관계는 깨집니다. 직접 행동하지 않았더라도 죄입니다. 성경은 이렇게 보고 있습니다.

하나님께 대한 믿음은 하나님께서 나에게 보여주신 하나님의 사랑을 알기에 하나님을 전적으로 신뢰하는 것입니다. 이 신뢰가 하나님과의 관계를 유지하게 합니다. 또한 하나님을 믿는 다는 것은 하나님의 사랑을 받고 알기 때문에, 그 응답으로 하나님을 사랑하고 신뢰하여 자신의 모든 생명을 맡기고 하나님께서 지시하신 말씀대로 행동한다는 것입니다.

하나님께서는 신뢰에서 나오는 맡겨진 행동을 원하십니다. 이런 행동의 모습을 잘 보여주는 실례(實例)가 아브라함이 보여준 믿음의 행동이었습니다. 하나님을 섬기며 통치를 받고 생활해 왔던 아브라함은 어느 날, 자신의 생활 근거지인 갈대아 우르를 떠나라는 하나님의 말씀을 듣고, 그는 어디로 가야 되는 지도 알지 못하면서 하나님을 믿고 떠났습니다.

하나님을 믿고, 자신의 생활 근거지를 버리고 떠났다는 것은 믿음의 행동이었습니다. 자신의 삶의 근거지였던 갈대아 우르에는 아브라함의 삶을 지탱해 주는 많은 것들이 있었지만 아브라함은 그런 것에 의지하고 믿고 살았던 삶이 아니었기에 하나님만 전적으로 믿고 그는 자신의 삶의 근거지를 버리고 떠났습니다.

또한 그는 죽은 자와 방불한 나이에 자식을 주시겠다던 하나님의 말씀을 믿었으며, 결국은 자식을 얻었습니다(히 11:12). 그는 하나님을, 자신을 사랑하시는 하나님으로 알았기 때문에 믿을 수 있었고 순종했습니다. 그는 100세에 얻은 자식을 번제로 바치라는 하나님의 말씀을 들었을 때, 사랑의 하나님이심을 알기에 믿고 바치는 행동으로 옮길 수 있었습니다.

성경은 아브라함이, 하나님께서 죽은 자도 살리실 것을 믿었기 때문에 행했다고 말씀하고 있습니다.

> "저에게 이미 말씀하시기를 네 자손이라 칭할 자는 이삭으로 말미암으리라 하셨으니 저가 하나님이 능히 죽은 자 가운데서 다시 살리실 줄로 생각한지라 비유컨대 죽은 자 가운데서 도로 받은 것이니라"(히 11:18~19).

아브라함이 하나님께 보인 믿음은 하나님을 체험하고 아는데서 나온, 하나님의 사랑에 대한 반응으로 하나님을 전적으로 신뢰하고 자신을 맡긴 행동이었습니다.

이스라엘 사람들에게 있어서 하나님에 대한 신앙은 애굽의 노예 생활에서 구원해 주신 사랑의 하나님 그리고 광야에서 40년간 먹을 것과 입을 것을 주시고 보호해 주신 사랑의 하나님을 알기에,

전적으로 신뢰하고 믿을 수 있는 하나님이라는 사실을 생활 속에서 체험한 그 체험에 근거를 두고 믿는 신앙이었습니다.

아담은 일찌기 하나님과 함께 살면서 체험을 했습니다. 자신을 사랑하고 창조해 주신 사랑의 하나님 그리고 자신을 사랑하여 자신에게 모든 생명체를 주관할 수 있도록 치리권을 위임하여 주신 사랑의 하나님이 어떤 분이신지 체험하여 알았으므로 창조주 하나님께 사랑으로 응답을 했어야만 했습니다.

그러나 그는 사단의 유혹에 넘어가 하나님을 의심하고 언약을 저버렸습니다. 그리고 자신의 삶과 후손들의 삶을 망쳤습니다. 우상 신이 들어와 지배하게 만들었던 것입니다. 그 이유는 아담이 하나님과 함께 하며 하나님의 지시를 받지 않고 피조물의 힘을 빌려 하나님이 되고자 한, 교만한 탐욕의 마음 때문이었습니다. 교만은 어리석음을 반영하는 것입니다.

이 뜻은 한 마디로 우상 신을 숭배했다는 뜻입니다. 성경은 이렇게 넘어지게 되는 것을 탐욕 때문이라고 말씀하고 있습니다.

> "사람이 시험을 받을 때에 내가 하나님께 시험을 받는다 하지
> 말지니 하나님은 악에게 시험을 받지도 아니하시고 친히 아무
> 도 시험하지 아니하시느니라 오직 각 사람이 시험을 받는 것은
> 자기 욕심에 끌려 미혹됨이니"(약 1:13~14).

아담이 하나님의 사랑을 의심하고, 창조주이신 하나님의 말씀을 불신하였을 때는, 사단을 믿었던 것이므로 세상이 전혀 달리 보였습니다. 아담이 사단의 말을 믿으므로 즉시 하나님과의 분리가 발생하여 하나님께서 아담을 떠나니 하나님의 형상인 거룩을 상실하였고, 아담의 마음은 사단의 지배를 받아 탐욕스럽고 더러운 사욕의 마음이 되어 우상 신의 통치를 받게 되었습니다.

그 결과, 지금까지 보아왔던 선악을 알게 하는 나무의 열매가 자신이 원하는 것을 만들어 줄 것처럼 보였고, 참으로 먹음직도 하고 보암직도 하고 지혜롭게 할 만큼 탐스럽기도 한 나무로 보였습니다.

사람은 종과 같은 존재이기 때문에 자신이 섬기는 주인의 생각에 따른 지배를 받아 똑같이 생각하고 행동하게 되어 있습니다. 사단을 주인으로 섬기는 자는 사단의 생각을 반영하고, 하나님을 주인으로 섬기는 사람은 하나님의 생각을 반영하는 행동을 하게 되어 있습니다.

아담은 그 열매를 먹자, 자신이 하나님의 보호를 받았던 보호막이 없어졌다는 것을 알게 되었습니다. 벗은 줄을 알게 되자 구차한 옷을 무화과 나뭇잎으로 만들어 입고 자신을 보호했습니다. 피조물을 의지하고 사는 생활이 되었다는 것입니다.

바울 사도의 "…탐심은 우상숭배"(골 3:5)라고 하는 말씀이 아담에게 이루어졌습니다. 사단이 아담과 하와에게 들어가 하나님의 자리에 앉게 되니 이들에게는 하나님의 법은 폐기되고, 사단의 법이 새롭게 주장하게 되었습니다.

아담과 하와는 각자 교만한 마음과 탐욕의 원리를 가진 우상 신을 숭배하게 되었습니다. 이들은 우상 신을 숭배하기 때문에 자신들이 섬기는 우상 신의 법에 따라, 정의를 주장하였습니다. 그 모습은 하나님이 심문을 하였을 때 여실히 드러나고 있습니다.

아담은 자신의 죄를 하나님 탓과 하와의 탓으로 돌리며 전가시켰습니다. 아담은 이런 식으로 자신의 정당성을 주장하였습니다.

> "아담이 가로되 하나님이 주셔서 나와 함께하게 하신 여자 그가
> 그 나무 실과를 내게 주므로 내가 먹었나이다"(창 3:12).

하와 역시, 자신의 죄를 뱀에게 전가시켰습니다. 아담과 하와는 한 몸이라는 일체의식(一體意識)을 상실하게 되었기 때문에 연대의

식은 사라지고 이런 책임전가가 나오게 되었습니다. 그리고 자신의 법에 따라 스스로 생각한 자신의 정의를 가지고, 자신이 옳다고 주장하는 존재가 되었습니다. 게다가 아담과 하와는 하나님께 죄를 짓고도 용서를 빌줄을 몰랐습니다.

성경 어디에도 아담과 하와가 용서를 구하였다는 말씀은 없습니다. 이것은 우상 신의 손에 잡혀 종이 된 존재는 자신이 스스로 회개하고 하나님을 찾아 돌아 올 수 없다는 것을 보여줍니다. 우상 신에 잡혀 있는 사람은 스스로 회개하고 자신을 해방시킬 수 없습니다.
어떤 이는 창세기의 타락장을 보면서 거룩하신 하나님이 모든 것을 거룩하게 창조하셨다는데, 사단이 어떻게 생겼느냐 또는 거룩하게 창조된 아담이 어떻게 죄를 범할 수 있느냐하는 의문을 제기하기도 합니다.

이 말씀의 목적은 하나님의 거룩함을 방해하는 사탄의 세력이 있으며, 하나님께서는 사단을 믿고 따르는 행동을 우상 신을 예배하는 우상숭배 즉 하나님을 부정하는 믿음이요, 행동으로 보시고, 전적으로 배척하시며 거부하신다는 것을 보여주는 것입니다.
예수 그리스도께서는 거룩함을 방해하는 즉 성령을 훼방하는 존재가 있고, 그 존재는 결코 용서받지 못한다고 말씀하셨습니다.
　"내가 진실로 너희에게 이르노니 사람의 모든 죄와 무릇 훼방하
　는 훼방은 사하심을 얻되 누구든지 성령을 훼방하는 자는 사하
　심을 영원히 얻지 못하고 영원한 죄에 처하느니라하시니"(막
　3:28~29).

우상 신은 인간을 하나님처럼 거룩하게 만들 수 없을 뿐더러, 우

상을 섬기는 자는 하나님과 분리되어 참 생명이 없는 죽은 자요, 피조물의 종으로 더러운 존재가 되므로 하나님께서는 이를 거부하십니다. 거룩을 추구하지 않는 사람들을 구약에서 보면, 우상을 섬기는 자들로 간주하고 참 생명으로 보지 않았습니다.

이렇게 차별적인 생명으로 보고 차별하였던 모습은 예수 그리스도 당시에도 그랬습니다. 유대교의 바리새인들이 "(거룩한)율법을 알지 못하는 이 무리는 저주를 받은 자로다"(요 7:49)라는 말을 통해서 볼 수 있습니다. 물론 바리새인들은 근본적인 죄를 자신들도 범하고 있으면서 이런 말을 했습니다.

우상을 섬기는 사람들을 차별적으로 본 경우는, 바울 사도가 에베소의 성도들에게 하신 말씀처럼 이방인들은 과거에 저주 받을 자였다는 구절에서 찾을 수 있습니다.

> "그 때에 너희는 그리스도 밖에 있었고 이스라엘 나라 밖의 사람이라 약속의 언약들에 대하여 외인이요 세상에서 소망이 없고 하나님도 없는 자이더니"(엡 2:12).

그러나 예수 그리스도께서는 이 땅에 오셔서 하나님 없는 이런 생명을 불쌍히 보고 접근하여 전도하고, 구원할 대상으로 새롭게 보도록 가르쳐 주셨습니다.

> "하나님이 세상을 이처럼 사랑하사 독생자를 주셨으니 이는 저를 믿는 자마다 멸망치 않고 영생을 얻게 하려 하심이니라"(요 3:16).

6. 우상 신을 믿은 결과

아담과 하와는 사단의 말을 믿고 하나님처럼 되고자 선악의 열매를 먹었습니다. 자신들의 삶을 보다 향상시키고자 하는 마음은, 행복을 추구하는 인간의 마음으로 잘못된 행동이라고 할 수는 없지만, 결과는 이들이 분수와 분별력을 잃은 하나님을 대적하는 행동을 한 것입니다.

하나님께서는 인간이 하나님처럼 거룩한 존재가 되는 것을 원하십니다. 이것은 하나님을 믿고 하나님의 말씀을 신뢰하고 순종하는 생활 속에서 하나님의 은혜로 이루어집니다. 그러나 이들은 우상 신을 믿었고, 그로부터 자신들의 문제를 해결할 수 있다고 잘못 생각한 것이었습니다. 사단은 거짓말쟁이로서(요 8:44; 계 12:9) 아담에게 거짓말을 한 것이고, 아담은 사단의 거짓말에 속은 것입니다.

아담과 하와가 선악을 알게 하는 나무의 열매를 먹음으로 이들은 하나님과 분리되어 에덴동산에서 추방되었습니다. 이로써, 하나님과의 연합의 관계는 단절되고, 거룩함을 상실하고 하나님의 통치를 받을 수 없는 사람이 되었습니다.

하나님과 연합이 없는, 즉 내재하시는 하나님이 없는 사람은 진공의 상태가 아니라 우상 신이 들어와 우상 신의 지배를 받게 됩니다. 거룩하신 하나님이 없는 사람이 되어 즉 전적인 타락으로 더러운 우상 신이 지배하는 혼돈의 상태가 되었다는 것을 의미합니다.

성경에는 아담의 범죄로 그가 전적으로 타락한 존재가 되었다는 말씀을 직접적으로 언급한 곳은 없지만, 거룩하신 하나님과 분리된 상태는 죄로 인한 것이고 이 죄는 곧 죽음을 뜻합니다. 이런 상태를 보여주는 성경 말씀은 우리가 쉽게 볼 수 있습니다.

"모든 영혼이 다 내게 속한지라 아비의 영혼이 내게 속함 같이
아들의 영혼도 내게 속하였나니 범죄하는 그 영혼이 죽으리라"
(겔 18:4).

"나와 함께 아니하는 자는 나를 반대하는 자요 나와 함께 모으
지 아니하는 자는 헤치는 자니라 더러운 귀신이 사람에게서 나
갔을 때에 물 없는 곳으로 다니며 쉬기를 구하되 얻지 못하고
이에 가로되 내가 나온 내 집으로 돌아가리라 하고 와 보니 그
집이 소제되고 수리되었거늘 이에 가서 저보다 더 악한 귀신
일곱을 데리고 들어가서 거하니 그 사람의 나중 형편이 전보다
더 심하게 되느니라"(눅 11:23~26).

살아서 활동하고 있는 사람은 진공상태가 될 수 없습니다. 하나님
이 있든지 아니면 우상 신이 있든지 입니다. 완전한 진공상태가 된
사람은 완전히 육신까지 죽은 시체뿐입니다. 하나님을 믿다가 떠난
사람은 우상 신의 지배를 받게 되어 더 부패한 존재가 됩니다.

"만일 저희가 우리 주되신 구주 예수 그리스도를 앎으로 세상의
더러움을 피한 후에 다시 그 중에 얽매이고 지면 그 나중 형편
이 처음보다 더 심하리니"(벧후 2:20).

거룩하신 하나님과 분리된 상태는 곧 부패하고 타락한 상태요,
죽은 사람을 뜻합니다. 거룩하신 하나님과의 분리는 곧 연합관계가
단절되어 하나님의 통치하심이 없는 세상으로, 하나님의 의와 평강
과 희락을 누릴 수 없는 사람이 된 것이며, 온갖 고통에 시달리는
생활이 되었다는 것을 의미하는 것이고, 결국 고통 속에서 시달리
며 살다가 서서히 두 번째 죽음인 육신의 죽음으로 끝나 영벌을 받

게 되는 삶입니다.

아담과 하와가 선악을 알게 하는 나무의 열매를 먹은 것은 하나님의 말씀대로 죽음을 자초한 패역한 짓을 한 것이었고, 인간의 노력으로는 해결할 수 없는 상태를 만들어 놓았던 것입니다.

하나님에게서 분리된 상태가 죽음이라는 것은 예수 그리스도께서도 탕자의 비유 속에서 말씀하셨습니다. 탕자가 아버지를 떠난 것(분리)은 죽음이었고, 다시 돌아 왔을 때는 잃은 생명을 찾은 것으로 말씀을 하셨습니다.

"내 아들은 죽었다가 다시 살아났으며 내가 잃었다가 다시 얻었
　노라 하니 저희가 즐거워하더라"(눅 15:24).

호세아 선지자는 이스라엘 백성들이 하나님께 대한 믿음을 저버리고 패역한 짓을 하였을 때, 책망하기를 "아담처럼 언약을 어기고 거기서 내게 패역을 행하였느니라"(호 6:7)고 말씀을 하였습니다. 호세아의 질책과 같이 아담은 탐욕으로 자신의 분수와 분별력을 잃고, 본분을 벗어난 패역한 짓을 행한 것입니다.

하나님께서는 눈이 정결하시므로 악을 참아 보지 못하시며 패역을 참아 보지 못하시는(합 1:13) 거룩하신 분이기 때문에 경고하신 대로 죄를 용납지 않으시고 아담을 추방시키셨습니다.

이 상황은 이사야 선지자가 이스라엘 백성들에게 하신 말씀과 같이 하나님의 보호를 받을 수 없게 되는 상태까지 되었습니다.

"오직 너희 죄악이 너희와 너희 하나님 사이를 내었고 너희 죄
　가 그 얼굴을 가리워서 너희를 듣지 않으시게 함이니"(사 59:2).

　이 상황은 또한 전도서를 통해서 볼 수 있듯이, "한 죄인이 많은 선을 패괴케 하느니라"(전 9:18)는 말씀과 같이 아담의 범죄 후 죄는 후대로 전가되어 모든 인간이 하나님과 분리된 전적으로 타락한 존재가 되었습니다. 사도 바울은 이 상태를 다음과 같이 말씀하였습니다.

> "… 한 사람으로 말미암아 죄가 세상에 들어오고 죄로 말미암아 사망이 왔나니 이와 같이 모든 사람이 죄를 지었으므로 사망이 모든 사람에게 이르렀느니라"(롬 5:12).

　아담과 하와는 후손들에게도 자신들과 같이 하나님의 통치를 받지 못하고 우상 신의 지배 하에서 고통의 삶을 살게 만들어 놓았습니다. 그러나 하나님께서는 이들을 영원히 하나님과 분리된 상태로 방치하지 않으시고 구원해 주실 것을 약속하셨습니다.

> "내가 너로 여자와 원수가 되게 하고 너의 후손도 여자의 후손과 원수가 되게 하리니 여자의 후손은 네 머리를 상하게 할 것이요 너는 그의 발꿈치를 상하게 할 것이니라…"(창 3:15).

제 4 장

우상과 우상숭배란 무엇인가

사람은 하나님의 형상으로 창조되어 하나님이 내재한 존재로서, 자신 안에 계시고 자신을 통치하시는 하나님을 사랑하는 마음으로 그 지시에 순종하고 살도록 창조되었습니다. 자신과 함께 하시는 하나님이 없는 사람은, 우상을 섬기는 사람으로 우상 신의 삶의 모습을 반영하게 되기 때문에, 거룩하신 하나님의 창조 목적을 배반한 삶을 살게 됩니다.

하나님께서 인간을 창조하신 목적은 하나님과 사랑의 교제를 나누며 살도록 창조하신 것이므로 인간은 하나님만을 기쁘게 해드리고, 즉 하나님만을 사랑하며 살아야 합니다. 하나님을 사랑한다는 것은 우상 신을 믿지 않는 것이기 때문입니다. 우상 신을 믿지 않는 다는 것은 하나님을 사랑하는 것이기 때문입니다.

하나님께서는 우상숭배를 가장 큰 죄로, 용서받지 못할 죄로 취급하시고 있습니다. 우상숭배는 인간이 스스로 해결할 수 없는 죄로서, 하나님만이 해결하실 수 있는 죄입니다. 인간의 자력으로는 용서받지 못할 죄이기 때문에 하나님의 말씀에서 죄는 우상숭배뿐이라고 보아도 틀림없는 말입니다.

> "주 여호와 내가 말하노라 네가 잿물로 스스로 씻으며 수다한 비누를 쓸찌라도 네 죄악이 오히려 내 앞에 그저 있으리니 네가 어찌 말하기를 나는 더럽히지 아니하였다 바알들을 좇지 아니하였다 하겠느냐 골짜기 속에 있는 네 길을 보라 네 행한 바를 알 것이니라 너는 발이 빠른 젊은 암약대가 그 길에 어지러이 달림 같았으며"(렘 2:22~23).

또한 "구스인이 그 피부를, 표범이 그 반점을 변할 수 있느뇨 할 수 있을진대 악에 익숙한 너희도 선을 행할 수 있으리라"(렘 13:23) 고 말씀하시며 용서받을 길이 없다고 말씀하십니다.

하나님께서 성경을 통하여 거룩하신 하나님의 천지창조와 인간의 창조를 말씀하고, 그 후 타락으로 고통의 삶이 되었다고 말씀하시는 의도는 창조의 목적을 배반하고 우상 숭배를 하기 때문에 고통의 삶이 생기게 되었으므로 우상숭배를 하지 말라는 뜻입니다. 오직 삼위일체의 거룩하신 창조주 하나님만을 사랑으로 섬기라는 뜻입니다.

우상숭배는 하나님을 사랑하지 않고 대적하는 행위입니다. 구약에서 볼 때, 하나님의 말씀에 순종하지 않고 불순종하는 행위를 우상 숭배로 보고 있습니다. 그래서 모세와 아론이 하나님의 말씀을 믿고 순종하므로 자신 안에서 활동하고 명령하시는 하나님을 나타내지 않았을 때, 이를 우상숭배의 불순종의 죄로 보고 이들을 징계하심을 볼 수 있습니다.

"여호와께서 모세와 아론에게 이르시되 너희가 나를 믿지 아니하고 이스라엘 자손의 목전에 나의 거룩함을 나타내지 아니한 고로 너희는 이 총회를 내가 그들에게 준 땅으로 인도하여 들이지 못하리라 하시니라"(민 20:12).

"이는 신 광야에서 회중이 분쟁할 때 너희가 내 명을 거역하고 그 물가에서 나의 거룩함을 그들의 목전에 나타내지 아니하였음이니라 이 물은 신 광야 가데스의 므리바 물이니라"(민 27:14).

"이는 너희가 신 광야 가데스의 므리바 물가에서 이스라엘 자손 중 내게 범죄하여 나의 거룩함을 이스라엘 자손 중에서 나타내지 아니한 연고라"(신 32:51).

인간은 하나님과 함께 하며 하나님을 반영할 때 행복을 누리고 살 수 있는 존재입니다. 성경은 이 모습을 비유로 목자와 양과의 관계로 말씀하였습니다. 구약에서 시편 23편 말씀이나 신약의 요한복음 10장에는 목자와 양과의 관계로 보고 하나님이 함께 하시므로 고통을 막아내고 행복을 누리는 생활을 말씀하고 있습니다.

사람은 마치 양과 같이 주인의 목소리를 듣고 따르며 살 때, 하나님께서도 그를 사랑하여 그에게 하나님을 나타내시는 것입니다. 이 때 사람들은 거룩한 모습을 통하여 하나님이 함께 하시는 하나님의 사람인 것을 알게 됩니다. 이 생활은 영생의 삶으로 하나님이 주시는 자유(自由)와 하나님의 정의(正義)와 진리(眞理)를 누리고 사는 생활입니다.

이렇게 살아야 잘 사는 것이기 때문에, 우상을 섬기지 못하게 하신 것은 물론이고 하나님과 겸하여 섬길 수도 없다고 금지하셨습니다.

이런 생활은 두 개의 추를 사용하지 말라고 금하시는 말씀으로도 하시는 것을 볼 수 있습니다.

"한결같지 않은 저울추와 말은 다 여호와께서 미워하시느니라"
(잠 20:10).

엘리야 선지자는 두 주인을 섬길 수 없는 일이기 때문에, 이스라엘 백성들에게 결단을 촉구하는 말씀을 하였습니다.

"…너희가 어느 때까지 두 사이에서 머뭇머뭇 하려느냐 여호와
가 만일 하나님이면 그를 좇고 바알이 만일 하나님이면 그를
좇을 지니라 …"(왕상 18:21)

하나님께서 우상을 섬기지 못하게 하신 또 다른 이유는, 사람은 그가 섬기는 대상의 지시를 받으며 그 대상의 존재를 반영하고 그

속성을 닮기 때문입니다.

이 사실이 의미하는 결과를 생각하면, 거룩하신 창조주 하나님을 섬기지 않는 것은 신앙 선택의 자유를 논하기에 앞서 바로 적극적으로 말려야 될 일입니다(진정한 자유는 사도 바울이 말씀하고 있는 "주 안에서", 그리스도 안에서의 삶이고 그리스도 안에서 자유입니다. 그리스도를 벗어난 자유는 자유가 아니라 방종입니다).

어떤 사람이 잘못된 멸망의 길로 가고 있는데 본인은 그것을 모르고, 잘못된 길을 가고 있다면 이 사실을 아는 사람은 그 사람에게 알려주고 방향을 바꾸도록 말려야 합니다. 그렇게 하지 않는 다면 그 사람을 사랑하는 사람이 아닐 것입니다. 그대로 놔두면 그 사람이 결국 잘못된 길로 갔기에, 마지막에는 멸망하여 큰 고통을 당하게 될 것을 알기 때문에, 그런 사람을 보고 그 사람을 사랑하는 사람은 당연히 말릴 것이고 충고할 것입니다. 이런 충고가 없는 관계는 사랑이 없는 비정한 관계입니다.

구약성경은 우상과의 싸움으로 상당히 많은 부분을 채우며, 하나님께서 경고도 하시고 징계도 하시는 것은 하나님의 사랑때문입니다. 하나님은 사랑의 하나님이시기 때문에 우상을 섬기는 것을 적극적으로 말리고 질투까지 하시는 질투의 하나님이라고 말씀하십니다.

> "그것들에게 절하지 말며 그것들을 섬기지 말라 나 여호와 너의 하나님은 질투하는 하나님인즉 나를 미워하는 자의 죄를 갚되 아비로부터 아들에게로 삼 사대까지 이르게 하거니와"(출 20:5).
> "너는 다른 신에게 절하지 말라 여호와는 질투라 이름하는 질투의 하나님임이니라"(출 34:14).

　이런 하나님의 모습은 마태복음 23장에서 예수 그리스도께서 서기관들과 바리새인들을 향하여 무서운 책망을 하시는 모습에서도 볼 수 있습니다. 어떻게 사랑의 하나님께서 서기관들과 바리새인들에게 그렇게 무서운 책망의 말씀을 하실 수 있을까 하고 생각한다면 잘못 본 것입니다. 오죽하면 이런 마지막 책망을 하여 움직이게 하려 하셨겠습니까? 하나님의 사랑이 계시되고 있습니다.

　우상숭배는 혹사당하는 노예의 삶입니다. 이는 피조물의 종이 되는 것으로, 즉 종의 종으로 사는 참혹한 고통의 삶입니다. 이런 모습을 계시하는 것이 애굽에서의 400년간의 노예생활입니다.

　애굽의 노예생활은 사단이 지배하는 세상이요, 우상을 섬기는 세상이고, 그곳에서 이스라엘 백성들은 압제 속에서 자유 없이 살면서도 자신들을 구원하고 빠져 나올 수도 없었습니다. 애굽의 노예생활은 사단의 압제에서 고통 당하는 인간이 자력으로 자신들을 구원할 수 없다는 것을 보여주고, 구원할 수 있는 분은 오직 거룩하신 하나님 한 분 뿐이라는 것을 보여주고 있습니다.

　구원의 하나님은 이스라엘 백성들을 애굽 왕 바로의 손에서 구원하신 후, 시내산으로 데리고 와서 거룩한 말씀을 주시며 지키라 말씀하셨습니다. 여기에서 우상과 우상숭배의 문제가 본격적으로 표면화 되어 우상을 섬기지 말라는 말씀으로 지적되었습니다. 우상신은 애굽 왕 바로로 보고, 바로의 손에서 고통을 당하고 살고 있던 이스라엘을 구원하신, 구원의 하나님께서 구원자로서 요구하시는 것입니다.

　우상을 섬기지 않는다는 것은 하나님을 섬긴다는 뜻입니다. 그리고 하나님을 섬기지 않는다는 것은 우상을 섬기는 것입니다. 이렇게 보는 것을 논리적으로 맞지도 않으며 하나님의 말씀을 너무 단순화 시킨 것이 아니냐고 하겠지만, 하나님의 말씀은 이렇게 단원론으로 오직 하나님만의 통치를 받아야 한다고 말씀하고 있습니다.

다원주의는 철저히 거부하시고, 여러 신들의 통치를 인정하지 않는 것은 물론이요, 그 신은 참 신이 아니고 인간의 피조물이요, 물건이라고 말씀하고 참 신은 오직 하나님뿐이라고 말씀하셨습니다. 그러므로 오직 거룩하신 하나님만을 사랑하고 섬겨야 합니다.

하나님만을 섬기고 그 지시를 따라야 하는 이유는 하나님께서 그들에게 베풀어주신 구원의 은혜를 상기시키면서 하나님의 사랑과 은혜에 대한 반응으로, 하나님을 사랑하고 하나님의 말씀을 지키도록 요구하셨습니다.

"나는 너를 애굽 땅, 종 되었던 집에서 인도하여 낸 너의 하나님 여호와로라"(출 20:2)고 구원의 하나님이심을 말씀하신 후에, 첫째 계명으로 "너는 나 외에는 다른 신들을 네게 있게 말지니라"(출 20:3)고 명령하셨습니다. 두 주인을 섬길 수 없다는 말씀입니다.

이어서, "너를 위하여 새긴 우상을 만들지 말고 또 위로 하늘에 있는 것이나 아래로 땅에 있는 것이나 땅 아래 물 속에 있는 것의 아무 형상이든지 만들지 말며 그것들에게 절하지 말며 그것들을 섬기지 말라 나 여호와 너의 하나님은 질투하는 하나님인즉 나를 미워하는 자의 죄를 갚되 아비로부터 아들에게로 삼사 대까지 이르게 하거니와 나를 사랑하고 내 계명을 지키는 자에게는 천 대까지 은혜를 베푸느니라"(출 20:4~6)고 둘째 계명으로 명령하셨습니다.

하나님께서 우상을 숭배하지 못하게 하는 이유는 하나님의 나라의 백성들이 고통을 받게 되는 삶에서 보호하고 복을 주시어 거룩하신 하나님처럼 만들기 위하심입니다. 성경은 거룩하신 하나님께서 하나님 나라의 백성들을 통치하기 위하여 우상 신들과 영토문제로 전쟁을 하는 모습으로 보여주고 있고, 또한 하나님의 사랑을 보여주고 있습니다.

1) 우상 신의 정체

사단은 하나님이 창조하신 피조물로서 천사였으나 하나님께 불순종하여 타락한 천사가 된 악령으로 자신이 하나님의 자리에 앉은 존재(겔 28:13~17)입니다.

> "너 아침의 아들 계명성이여 어찌 그리 하늘에서 떨어졌으며 너 열국을 엎은 자여 어찌 그리 땅에 찍혔는고 네가 네 마음에 이르기를 내가 하늘에 올라 하나님의 뭇별 위에 나의 보좌를 높이리라 내가 북극 집회의 산 위에 좌정하리라 가장 높은 구름에 올라 지극히 높은 자와 비기리라 하도다"(사 14:12~14).
>
> "또 자기 지위를 지키지 아니하고 자기 처소를 떠난 천사들을 큰 날의 심판까지 영원한 결박으로 흑암에 가두셨으며"(유 1:6).
>
> "큰 용이 내어 쫓기니 옛 뱀 곧 마귀라고도 하고 사단이라고도 하는 온 천하를 꾀는 자라 땅으로 내어 쫓기니 그의 사자들도 저와 함께 내어 쫓기니라 내가 또 들으니 하늘에 큰 음성이 있어 가로되 이제 우리 하나님의 구원과 능력과 나라와 또 그의 그리스도의 권세가 이루었으니 우리 형제들을 참소하던 자 곧 우리 하나님 앞에서 밤낮 참소하던 자가 쫓겨났고"(계 12:9~10).

이런 말씀들이 우상의 정체를 가리키고 있습니다. 사단은 타락한 피조물로 결코 거룩하신 창조주 하나님이 아니기 때문에 섬겨서는 안 됩니다. 그리고 또 거룩하신 하나님은 자신의 형상을 사람에게 보여주신 일이 없기 때문에 거룩하신 하나님이라고 형상을 만들어 섬기는 일은 거짓된 일입니다.

거룩은 형상화 할 수 없는 모습입니다. 하나님의 사랑이 추상적 개념이기 때문에 형상화 할 수 없듯이, 거룩은 형상화할 수 없습니다. 하나님의 정체는 계시의 말씀을 통해서만 파악할 수 있고, 다른 어떤 방법으로도 파악할 수 없습니다. 그러나 우상의 정체는 하나님의 타락한 피조물이기에 인간의 머리로 얼마든지 파악할 수 있는 존재입니다.

우상은 인간의 피조물이기 때문에, 반드시 이름이 있다는 점이 파악할 수 있는 존재라는 것을 뜻합니다. 우상에게는 인간이 붙인 이름이 있는데, 인간이 이름을 붙일 때에는 인간이 그 대상의 정체를 파악하였기 때문에 이름을 지어서 붙이는 것입니다.

하나님께서는 자신의 창조물에 대하여 아담이 이름을 붙일 수 있도록 능력을 주셨고, 아담은 하나님의 창조물들의 정체를 파악하고 이름을 붙였습니다.

> "여호와 하나님이 흙으로 각종 들짐승과 공중의 각종 새를 지으시고 아담이 어떻게 이름을 짓나 보시려고 그것들을 그에게로 이끌어 이르시니 아담이 각 생물을 일컫는 바가 곧 그 이름이라"(창 2:19).

그의 이름으로 파악되는 우상의 정체는 자신의 탐욕스러운 욕망을 형상화한 것이고, 우상숭배는 자신의 탐욕스러운 욕망을 신으로 섬기는 것으로 곧 자신의 욕망을 섬기는 행위입니다. 그러므로 "너는 자기를 위하여 새긴 우상을 만들지 말고 위로 하늘에 있는 것이나 아래로 땅에 있는 것이나 땅 밑 물 속에 있는 것의 아무 형상이든지 만들지 말며"(신 5:8)라고 우상을 섬기지 말라고 말씀하신 명령 속에는 자기를 위하여 우상을 만들지 말라는 말씀을 특별히 더 첨가하여 말씀하셨습니다.

자신의 탐욕스러운 욕망 때문에 자신을 위하여 우상을 만들려는 유혹이 생기더라도 유혹에 넘어가서는 안 됩니다. 탐욕은 자신을 고통의 삶에서 구원하고자 일어나는 부당한 열망입니다. 성경은 이 열망을 먹음직도 하고 보암직도 하고 지혜롭게 할만큼 탐스럽기도 한 것이라는 말씀으로 보여주고 있습니다.

우상 신을 섬기는 것은 자신을 섬기는 것입니다. 우상은 인간의 피조물이지만 거룩하신 창조주 하나님은 인간의 피조물이 아닙니다. 인간의 탐욕스런 욕망의 산물이 아닙니다. 인간은 하나님을 떠남으로써 전적으로 무능한 존재요 전적으로 타락한 존재가 되어 고통 속에 살게 되었기 때문에 자신의 삶을 구원하고자 우상을 만들게 되었습니다. 우상은 피조물의 피조물인 무능한 존재입니다.

하나님께는 인간이 지어준 이름이 없습니다. 거룩하신 하나님의 여호와라는 이름은 인간이 붙인 이름이 아니라 하나님께서 알려주신 이름입니다. 모세가 하나님의 이름을 알아야 할 이유를 말씀드리고 간곡히 여쭈어 보았을 때, 여호와라는 이름을 알려주셨습니다.

"모세가 하나님께 고하되 내가 이스라엘 자손에게 가서 이르기를 너희 조상의 하나님이 나를 너희에게 보내셨다 하면 그들이 내게 묻기를 그의 이름이 무엇이냐 하리니 내가 무엇이라고 그들에게 말하리이까 하나님이 모세에게 이르시되 나는 스스로 있는 자니라 또 이르시되 너는 이스라엘 자손에게 이같이 이르기를 스스로 있는 자가 나를 너희에게 보내셨다 하라 하나님이 또 모세에게 이르시되 너는 이스라엘 자손에게 이같이 이르기를 나를 너희에게 보내신 이는 너희 조상의 하나님 곧 아브라

함의 하나님, 이삭의 하나님, 야곱의 하나님 여호와라 하라 이
는 나의 영원한 이름이요 대대로 기억할 나의 표호니라"(출
3:13~15).

스스로 존재하시는 분은 아브라함의 하나님, 이삭의 하나님, 야
곱의 하나님이라고 정체를 알려주셨지만, 정체가 온전히 파악되는
이름은 아니었습니다. 시간이란 피조물에 갇힐 수 없으신, 시간을
초월하여 계신 역사(歷史)의 주관자이심을 말씀하고 있습니다.

하나님께서는 여호와란 이름을 알려주셨습니다. 여호와란 이름
을 알려주셨지만, 모든 정체가 파악될 수 없는 거룩하신 창조주 하
나님이기 때문에 하나님을 전부 아는 척하거나, 그 이름을 함부로
망령되이 부르지 못하게 명령을 하셨습니다.
"너는 너의 하나님 여호와의 이름을 망령되이 일컫지 말라 나
여호와는 나의 이름을 망령되이 일컫는 자를 죄 없다 하지 아
니하리라"(출 20:7).

계시된 말씀의 하나님은 거룩하신 창조주 하나님이시며, 오직 한
분 하나님으로 삼위일체로 계신 참 하나님이시고, 살아 계시고 활
동하시는 인격적인 하나님이십니다. 이런 하나님이시지만 그러나
후일 예수 그리스도를 통하여 하나님을 더 많이 계시하여 주셨기
때문에 구원의 하나님으로서 육신을 입고 오신 하나님을 볼 수 있
고 어떤 분이신지를 더 잘 알 수 있게 해 주셨습니다.
예수 그리스도를 보면 하나님이 어떤 하나님이신지를 잘 알 수
있습니다. 예수 그리스도는 창조주 하나님의 사명을 받고 인간을
거룩하게 재창조하시는 하나님의 독생자이시고, "진리를 알지니

진리가 너희를 자유케 하리라"(요 8:32) 라고 말씀하시며 인간을 자신으로부터 그리고 타인들로부터 그 어떤 대상으로부터도 자유롭게 만들어 주시는 분이십니다.

하나님은 우리들 자신은 물론이요 타인으로부터 즉 형제나 자매나 부모나 아내나 자식이나 친구나 어떤 모든 피조물로부터도, 예속되지 않게 하시며 자유롭게 만들어 주십니다. 우상 신을 숭배하는 것이 문제가 되는 것은 하나님께서 계시며 통치하시는 하나님의 나라에 사단이 통치자로 군림하고, 하나님의 사랑을 받아야 할 인간을 억압하고 자유를 빼앗고 고통을 주기 때문입니다.

인간의 생활하는 모습에서 사랑의 하나님께서 활동하고 일하는 모습이 반영되어야 옳은데, 우상 신이 군림하고 활동하면서 인간의 생활을 비참하게 만듭니다. 사랑의 하나님이 함께 하지 않는 사람의 생활 모습은 사단의 정체를 반영하는 생활이 되기 때문에 문제입니다.

사단에 예속된 인간은 자유를 잃게 되어 갇힌 자의 생활을 하게 되기 때문에, 고통 속에서 살게 되는 것은 물론이요 절대로 자유롭게 자신을 초월할 수 있는 생활을 할 수 없게 됩니다. 인간은 하나님을 믿지 않으면 자신 안에 갇힌 자가 되어 자신을 초월할 수가 없기 때문에 자유로운 삶을 누릴 수 없습니다. 우상은 인간의 창조물로 인간의 사고 속에서 태어났기 때문입니다.

하나님께서 우상을 섬기지 못하게 하는 이유는 여러 가지가 있지만 요약하자면 다음과 같습니다.

- 우상은 고통의 산물입니다.
- 우상은 무능한 존재입니다.
- 우상은 부패한 존재입니다.

2) 우상은 고통의 산물

우상은 인간이 자신의 고통스러운 삶에서 자신을 구원시키기 위하여 만든 존재입니다. 고통 속에서 사는 사람이 고통을 벗어나고 싶은 열망이 생기는 것은 당연합니다. 더욱이 그 고통이 견딜 수 없는 것이라면, 더욱 더 벗어나고자 하는 열망이 강렬하게 상승되는 것도 필연적입니다.

사람이 자신의 힘으로 이런 어려운 처지를 해결할 수 없을 때, 다른 사람의 도움도 받고자 하지만, 다른 사람들도 할 수 없는 일이라는 것을 알게 되면 전지전능한 신을 찾게 되기도 하고, 물에 빠진 사람이 지푸라기라도 잡으려는 심정이 되어 몸부림치게 되는 것은 당연합니다.

우상은 이런 인간의 내면에서 일어나는 열망을 해결해 주리라 믿고 만들게 된 존재입니다. 우상 신의 지배 하에서 이런 일을 하게 됩니다. 즉 재산이나 권력이나 명예 등 자신이 현재 가지고 있는 고통의 문제는 이것들이 없기 때문이라고 생각한 사람이 재산이나 권력 명예 등을 자신의 문제 해결에 최고의 가치 있는 것으로 보고, 사랑하고, 이상으로 삼고 얻어내려 합니다.

우상은 흙으로 만든 것들도 있고 나무나 돌로 쇠로 만든 것들도 있지만, 국가의 지도자나 단체의 지도자나 인기 연예인이나 인기 스포츠 선수나 할 것 없이 자신의 선망의 대상이거나 열망의 대상이 모두 우상이 될 수 있습니다. 저런 사람이 되면 내가 얼마나 행복할까 하고 그 대상을 선망하게 되면, 그 대상이 곧 그 사람의 우상이 됩니다.

사람은 자신의 고통을 해결할 수 없다는, 자신의 무능을 알면 알

수록 자신은 아무것도 아니라고 생각하게 됩니다. 그리고 자신의 환상 속에서 보고, 상상하고 있는 전능한 구원의 대상은 더욱 능력 있게 부각되어 영원한 행복을 가져다 줄 것 같은 이상(理想)으로 여겨지게 됩니다. 물론, 그 대상이 그렇게 해 줄 수는 없지만 자신도 모르게 그런 착각에 빠져 들어가게 됩니다. 한 마디로 우상은 약한 자가 꿈꾸는 이상(理想)을 형상화하여 만든 허구요 거짓된 것입니다.

옛날, 어떤 사람이 가진 기술이라고는 조각을 만드는 재주뿐이었기에 식솔을 먹여 살리는데 어려움이 많았습니다. 그래서 신상을 만들어 장사하면 식솔들을 먹여 살리는데 도움이 될 것이라고 생각하고 신상을 만들어 시장에 나아가 선전하며 팔았습니다.

생활이 어려워 고생하는 사람들을 상대로 선전하며 사기 판매 행위를 하였습니다. 이 신상을 사서 소원을 빌면 모든 고통의 문제가 해결된다고 선전하며 판촉을 하였습니다.

생활 형편이 어려운 사람들이 그가 선전하는 신상을 가끔씩 사러 왔습니다. 그는 물건을 사러 오는 어려운 처지에 있는 사람들을 속으로 미련한 놈들이라고 조소하면서도 진지한 모습으로 거짓말을 하며 장사를 하였습니다.

어떤 사람이 이 장사꾼의 말을 믿고 신상을 사가지고 집으로 가서 자신의 문제를 가지고 열심히 빌었더니 문제가 해결되었답니다. 그래서 이런 사실을 이웃에게 이야기 하니 이웃의 입을 통하여 소문이 전국에 퍼졌습니다. 많은 사람들은 이 소문을 듣고 장사꾼이 파는 신상을 사러 몰려들었습니다.

너도 나도 이 신상은 신통력이 있다는 말을 하며 신상을 사 가자, 장사꾼은 속으로 무식한 놈들이라고 조소하던 마음이 사라지고 자신도 자신이 한 거짓말을 믿게 되어 자신이 만들어 팔던 신상에 절을 하며 소원을 빌었습니다.

우상은 이렇게 거짓과 사기성에서 나온 산물입니다. 이렇게 만들어진 것을 하나님으로 오해하고, 최고의 선이며 최고의 가치를 지닌 존재로 보고 섬기며 자신과 일치시키고 동화(同化)하여 구원을 얻어내려 하는 것이 우상숭배입니다.

3) 우상은 무능한 존재

우상은 하나님처럼 전지전능하신 거룩한 능력이 없기 때문에, 자신도 구원할 수 없는 무능한 존재입니다. 우상은 하나의 물건이지 살아 일하고 활동하는 인격적인 생명체가 아닙니다. 우상은 원시 종교에서는 토템 신앙이었고 지금도 그 같은 허구의 대상을 신의 형상이라고 합니다.

그러나 하나님은 영원히 살아 계신 하나님이시며, 지금도 살아 계시고 우리와 사랑의 교제를 하고 계신 분임을 알고 우리가 그와 같이 되기를 열망하는 이상의 인격체십니다.

"오직 여호와는 참 하나님이시오 사시는 하나님이시요 …"(렘 10:10)

"내 영혼이 하나님, 곧 생존하시는 하나님을 갈망하나니 …"(시 42:2)

그러나 우상숭배는 유한한 존재인 물건을 가지고 사람들이 자신을 구원할 구원자로 착각하고 환상(幻想)을 가지고 섬기는 것입니다.

"여자가 그 나무를 본즉 먹음직도 하고 보암직도 하고 지혜롭게 할만큼 탐스럽기도 한 나무인지라 여자가 그 실과를 따먹고

…”(창 3:6)

여자가 거짓된 환상에 빠져 하나님의 피조물인 선악을 알게 하는 나무의 열매를 보니, 보암직도 하고 지혜롭게 할만큼 탐스럽기도 한 대상으로 보였습니다. 즉 자신을 구원해 줄 구원자로 보는 모습을 잘 보여주고 있습니다.

우상은 고통 속에 살고 있는 사람이 생각해낸 창조물이므로 구원할 능력이 없는 무능한 존재입니다. 그러므로 우상 신을 섬기고 선망하는 사람은 자신이 우상 신처럼 동화(同化)되기를 바라는 어리석은 사람입니다. 자신을 스스로 유한한 존재의 틀 속에 가두는 사람이요, 스스로 하나님처럼 자유로운 존재가 되는 길을 포기하는 어리석은 사람입니다.

우상을 숭배한다는 것은 자신의 생각을 최고의 가치로 보고 믿는 교만으로 스스로 자신의 사고 안에 갇혀 자신을 초월하며 성장할 수 없게 만듭니다. 어느 정도 성장하다가 자신의 한계에 도달하면 스스로의 한계에 부딪혀 성장을 멈추고 추악하게 죽게 됩니다.

이는 과거에 중국에서 전족을 행하였던 모습과 같습니다. 전족은 자라나는 여자 아이들의 발을 계속 자랄 수 없게 끈으로 발을 동여매여 만듭니다. 여자 아이의 발이 길이로 자라지 못하게, 어린 아이의 발을 그대로 유지하고 위로 휘어져 자라게 만들어 제대로 걸을 수 없게 만들어 놓는 것입니다. 이와 마찬가지가 우상으로서, 인위적(人爲的)으로 가두는 행동을 하는 것과 같습니다.

발은 성장할 수 없어 추악한 모습이 되고 여인은 고통을 당하며 살아가게 되고, 그것을 아름답다고 하는 허구의 미를 자랑하는 것을 보는 것과 같은 것이 우상입니다. 이와 같이 우상 신을 숭배한다는 것은 자신의 발을 스스로 전족을 가진 여인의 발처럼 만드는 것과 같은 것입니다.

또한 이는 둥그런 수박을 육면체의 수박으로 만들기 위하여 육면체 프라스틱 통에 넣어서 만드는 것과 같다고 할 수 있습니다. 프라스틱 통 속에 자라는 수박은 한계에 부딪혀 자신을 변형시켜 육면체를 만들고 더 이상 자라지 못하게 되는 것과 같습니다. 이것은 과일에 불과하나 계속 하나님처럼 성장해야 하는 인간이 작은 육면체에 갇히게 되면 성장을 멈추고 시들거나 죽어 썩게 되고 맙니다.

우상을 믿는 자는 구원할 수 없는 무능한 존재를 믿는 것이라고 경고하는 하나님의 말씀을 여러 곳에서 볼 수 있습니다.

"사람들이 주머니에서 금을 쏟아내며 은을 저울에 달아 장색에게 주고 그것으로 신을 만들게 하고 그것에게 엎드려 경배하고 그것을 들어 어깨에 메어다가 그의 처소에 두면 그것이 서서 있고 거기서 능히 움직이지 못하며 그에게 부르짖어도 능히 응답지 못하며 고난에서 구하여 내지도 못하느니라"(사 46:6~9).
"철공은 철을 숯불에 불리고 메로 치고 강한 팔로 괄리므로 심지어 주려서 기력이 진하며 물을 마시지 아니하여 곤비하며 목공은 줄을 늘여 재고 붓으로 긋고 대패로 밀고 정규(正規)로 그어 사람의 아름다움을 따라 인형을 새겨 집에 두게 하며 그는 혹 백향목을 베이며 혹 디르사나무와 상수리나무를 취하며 혹 삼림 중에 자기를 위하여 한 나무를 택하며 혹 나무를 심고 비에 자라게도 하나니 무릇 이 나무는 사람이 화목을 삼는 것이어늘 그가 그것을 가지고 자기 몸을 더웁게도 하고 그것으로 불을 피워서 떡을 굽기도 하고 그것으로 신상을 만들어 숭배하며 우상을 만들고 그 앞에 부복하기도 하는 구나 그 중에 얼마는 불사르고 얼마는 고기를 삶아 먹기도 하며 고기를 구워 배

불리기도 하며 또 몸을 더웁게 하여 이르기를, 아하, 따뜻하다, 내가 불을 보았구나, 하면서 그 나머지로 신상, 곧 자기의 우상을 만들고 그 앞에 부복하여 경배하며 그것에게 기도하여 이르기를, 너는 나의 신이니 나를 구원하라 하는도다. 그들이 알지도 못하고 깨닫지도 못함은 그 눈이 가리워져서 보지 못하며 그 마음이 어두워져서 깨닫지 못함이라 마음에 생각도 없고 지식도 없고 총명도 없으므로 내가 그 나무의 얼마로 불을 사르고 그 숯불 위에 떡도 굽고 고기도 구워 먹었거늘 내가 어찌 그 나머지로 가증한 물건을 만들겠으며 내가 어찌 그 나무토막 앞에 굴복하리요 말하지 아니하니 그는 재를 먹고 미혹한 마음에 미혹되어서 스스로 그 영혼을 구원하지 못하며 나의 오른 손에 거짓 것이 있지 아니하냐 하지도 못하느니라"(사 44:12~20).
"저희 우상은 은과 금이요 사람의 수공물이라 … 손이 있어도 만지지 못하며 발이 있어도 걷지 못하며 목구멍으로 소리도 못하느니라, 우상을 만드는 자와 그것을 의지하는 자가 다 그와 같으리로다"(시 115:4~8).

거룩하신 하나님은 초월자로서 완전한 자유를 누리게 하시며, 하나님의 정의를 따라 살 수 있게 하고, 진리를 알아 그 속에서 영원한 행복인 영생의 삶을 주시는 분이십니다. 우리가 하나님의 말씀을 믿고 따르면, 천국의 삶의 맛을 이 세상 속에서부터 누리고 살수 있습니다.

이 삶은 이 세상 속에서 살면서 하나님처럼 거룩한 초월적 삶을 사는 것입니다. 예를 들자면, 예수 그리스도를 믿고 자신을 부인하며 말씀을 순종하여 자신에게 큰 잘못을 저지른 사람을 스스로 용서할 수는 없지만 하나님 때문에 용서하면 우리는 말할 수 없는 천국의 맛을 보게 되고 자유로움이 무엇인지를 알게 되며 하나님과 하나님의 통치 그리고 하나님 나라의 생활을 알게 됩니다.

또 다른 예를 들자면, 예수 그리스도를 믿고 섬김의 삶을 실천하는 생활 속에서 힘들고 어려움이 있지만 그러나 천국의 삶이 열리는 것을 체험하게 되는 것입니다. 천국의 삶은 마치 새가 알을 깨고 나와 하늘을 날듯, 사람은 스스로 갇혀있는 틀 속에서 나와 하늘을 나는 것과 같이 살아야 합니다. 이 삶이 천국의 삶이고 참 자유의 삶입니다. 그러나 우상은 그렇게 할 수 없는 무능한 존재입니다.

4) 우상은 부패한 존재

우상 신은 성결하지 못한 부패한 존재이기 때문에 우상 신과 교제하는 사람은 우상 신의 속성을 닮게 되므로 금하고 있습니다. 금하는 이유는 거짓과 탐욕으로 사는 사람을 만들기 때문입니다.

> "대저 이방인의 제사하는 것은 귀신에게 하는 것이요 하나님께 제사하는 것이 아니니 나는 너희가 귀신과 교제하는 자 되기를 원치 아니하노라"(고전 10:20).

> "너희는 너희 아비 마귀에게서 났으니 너희 아비의 욕심을 너희도 행하고자 하느니라 저는 처음부터 살인한 자요 진리가 그 속에 없으므로 진리에 서지 못하고 거짓을 말할 때마다 제 것으로 말하나니 이는 저가 거짓말쟁이요 거짓의 아비가 되었음이니라"(요 8:44).

우상 신과 교제하는 사람은 사랑의 연합을 해치고 지옥의 삶을 만들기 때문에 하나님께서는 우상 신을 섬기는 자를 죽이라고까지 말씀하셨습니다.

> "그 선지자나 꿈꾸는 자는 죽이라 이는 그가 너희로 너희를 애
> 굽 땅에서 인도하여 내시며 종 되었던 집에서 속량하여 취하신
> 너희 하나님 여호와를 배반케 하려 하며 너희 하나님 여호와께
> 서 네게 행하라 명하신 도에서 너를 꾀어 내려고 말하였음이라
> 너는 이같이 하여 너희 중에서 악을 제할지니라"(신 13:5).

구약에서의 이런 말씀을 현대인들은 동의하기가 힘들 것이지만, 사욕에 지배되어 자신만 멸망하는 것이 아니라 공동체를 멸망하게 만들기 때문입니다. 그리고 거룩하신 하나님이 없는 생명은 짐승의 생명과 같이 보기 때문입니다.

5) 우상은 더러운 존재

하나님이 함께 하시지 않는 사람은 죽은 존재로, 하나님의 모습을 하나님의 정의로 나타낼 수 없습니다. 그에게서는 하나님의 가장 작은 정의인 공의 조차 없습니다. 구약에서 하나님의 정의는 공의가 강조되어 나오고 있습니다. 하나님의 가장 작은 정의가 공의이지만 우상은 하나님의 이 가장 작은 공의 조차도 없습니다.

구약을 보면, 하나님께서는 공의를 말씀하며 계명을 지키라고 요구하시고 있습니다.

> "한결 같지 않은 저울 추는 여호와의 미워하시는 것이요 속이는
> 저울은 좋지 못한 것이니라"(잠 20:23).

> "사는 자가 물건이 좋지 못하다 좋지 못하다 하다가 돌아간 후
> 에는 자랑하느니라"(잠 20:14).

하나님의 말씀처럼 공의가 없습니다. 남의 물건을 살 때는 결점을 찾아 후려쳐 사고 돌아와서는 싸게 샀다고 자랑을 한다고 말씀하고 있습니다.

이들의 특징은 자기 중심적인 유치한 생활을 하면서 공의가 없으며 자기 의를 주장합니다. 물론 하나님의 사랑이 없다는 것은 더 말할 필요가 없습니다. 이 상태가 우상 신의 속성인 것입니다.

우상은 창조주 하나님의 정의가 없는 폭군의 정의를 주장하는 부패한 존재이기 때문에 성결한 삶을 줄 수 없으며, 삶의 표준이 될 수 없습니다. 인간의 삶의 표준은 하나님처럼 사는 것이고 결국은 하나님처럼 되는 것입니다. 그러나 우상은 그렇게 할 수 없는 존재입니다.

하나님의 정의는 당신의 사랑으로 우리를 하나님처럼 초월하게 만드는 사랑이 있는 반면, 우상 신에게는 이런 사랑이 없습니다. 부패한 인간의 마음에서 나온 피조물이기 때문입니다.

우상 신이 더러운 존재라는 것은 그의 열매로 그를 안다고 예수 그리스도께서 말씀하셨듯, 우상숭배자는 우상 신의 속된 열매를 맺게 됩니다. 왜냐하면 인간은 자신이 사랑하는 자의 지시를 따르게 되어 있고, 그를 지배하는 자를 섬기고 예배하며 그에게 자신을 동화시키는 존재이기 때문입니다. 그리고 그 동화된 모습이 결과로 나타납니다.

그 섬기는 대상이 거룩하신 하나님이 아니면 결코 성령의 열매를 맺을 수 없습니다. 그러므로 바울 사도는 우상 신과 관계를 맺지 말라고 권면하고 있습니다. 우상을 섬긴다는 것은 창기와 연합하고 자신을 창기로 만드는 것과 같은 것이라고도 말씀하였습니다.

"창기와 합하는 자는 저와 한 몸인 줄을 알지 못하느냐 일렀으되 둘이
한 육체가 된다 하셨나니"(고전 6:16).

창기와 합하는 자는 저와 한 몸이 되듯, 우상을 섬기는 자는 우상
과 한 몸이 되는 것입니다. 그러나 하나님의 아들 예수 그리스도와
합하는 자는 예수 그리스도와 한 몸이 되어 하나님처럼 되는 것이
기 때문에 우상을 섬기지 못하게 합니다.

"너희는 믿지 않는 자와 멍에를 같이 하지 말라 의와 불법이 어
찌 함께 하며 빛과 어두움이 어찌 사귀며 그리스도와 벨리알이
어찌 조화되며 믿는 자와 믿지 않는 자가 어찌 상관하며 하나
님의 성전과 우상이 어찌 일치가 되리요 우리는 살아 계신 하
나님의 성전이라 이와 같이 하나님께서 가라사대 내가 저희 가
운데 거하며 두루 행하여 나는 저희 하나님이 되고 저희는 나
의 백성이 되리라 하셨느니라"(고후 6:14~16).

구약에서 우상이 더러운 존재라는 것은 여러 가지 모습으로 보여
주고 있지만, 그 대표적인 예가 자식을 번제로 드리고 혼음하는 행
위를 지적하며 철저히 금하는 모습에서 볼 수 있습니다.

"여호와께서 모세에게 일러 가라사대 너는 이스라엘 자손에게 또
이르라 무릇 그가 이스라엘 자손이든지 이스라엘에 우거한 타국
인이든지 그 자식을 몰렉에게 주거든 반드시 죽이되 그 지방 사
람이 돌로 칠 것이요 나도 그 사람에게 진노하여 그를 그 백성
중에서 끊으리니 이는 그가 그 자식을 몰렉에게 주어서 내 성소
를 더럽히고 내 성호를 욕되게 하였음이라 그가 그 자식을 몰렉
에게 주는 것을 그 지방 사람이 못본 체하고 그를 죽이지 아니
하면 내가 그 사람과 그 권속에게 진노하여 그와 무릇 그를 본

받아 몰렉을 음란히 섬기는 모든 사람을 그 백성 중에서 끊으리라 음란하듯 신접한 자와 박수를 추종하는 자에게는 내가 진노하여 그를 그 백성 중에서 끊으리니 너희는 스스로 깨끗케 하여 거룩할지어다 나는 너희 하나님 여호와니라 너희는 내 규례를 지켜 행하라 나는 너희를 거룩케 하는 여호와니라"(레 20:1~8).

우상을 섬기는 자는 우상의 속성을 닮아, 자신의 행복을 위하여 다른 사람을 속이고 착취하고, 다른 사람을 존귀하게 대접하는 것이 아니라 물건처럼 이용하는 더러운 존재가 됩니다. 자신의 행복을 위하여 자식도 죽이며 신전의 여사제들과 음란한 행동을 하며 욕정을 해소하는 더러운 짓을 합니다. 이기적인 사랑 밖에는 모르기 때문입니다. 역사 속에서는 자신의 행복을 위하여 전쟁을 하고, 포로를 신전의 제물로 바친 예도 있습니다. 적의 목을 잘라 자신의 문 앞에 전리품과 같이 두고 살았던 사람들도 있었습니다.

이런 생활을 하게 되는 이유는 우상을 섬겼기 때문입니다. 이런 현상은 우상을 섬긴 인간의 내면의 세계를 보여주는 것이고 그 세상의 참혹한 상태가 표출되는 것입니다. 우상을 섬기는 사람의 속에도 소우주가 존재하고 나라가 있습니다. 그러나 혼돈과 고통의 세계요 비정한 나라가 있음을 보여줍니다.

이런 모습이 과거 야만적인 시대의 이야기라고 생각할 수 있겠지만 그렇지 않습니다. 오늘날에도 합법적이라는 이름 아래 자신의 나라의 국법의 정의라는 이름 아래 좀 더 세련되게 숨겨진 은밀한 형태로 포장되어 나타나고 있습니다. 때로 이 모습은 어떤 주의를 주장하고 추종하므로 어떤 지식을 섬기는 형태로도 볼 수 있습니다.

우상이 지배하는 세계의 모습은 어린 아이들이 서로 다투는 모습은 물론이요, 갑남을녀가 서로 자기의 생각이 맞다고 주장하고 다투는 모습에서부터 어떤 논객이 자기 주장을 신문에 떠드는 것과 학계에서는 각각의 학파가 자신들의 이론을 가지고 서로 논쟁하는 모습까지 다양한 형태로 볼 수 있습니다. 이런 우상들은 부패한 존재들이며 한결 같이 모두 자신들의 정의를 주장을 하고 자기가 옳다고 내세웁니다.

오늘날에도 이런 주장을 볼 수 있습니다. 2007.9.19 연합 뉴스에 의하면 미국에서 한 상원의원이 자신의 지역구에서 잇따라 자연 재해를 당하게 되자 주범으로 하나님을 고소했다고 하는 뉴스를 보았습니다. 화제의 주인공은 미국 네브라스카 주의 어니 체임버스 상원의원인데, 최근 하나님이 홍수와 허리케인, 토네이도 등을 일으켜 자신과 지역구민들을 공포에 떨게 하고 수백만 명의 목숨과 보금자리를 앗아갔다며 더글러스 카운티 지방법원에 소송을 제기하였습니다. 그는 "모든 이들이 누구를 상대로든 소송을 제기할 수 있다는 사실을 보여주기 위해 이러한 행동을 했다"며, "이를 경박한 행동이라고 생각하는 사람들도 고소장을 읽어본다면 내가 매우 중요한 문제들을 제기했다는 사실을 알게 될 것"이라고 주장했습니다. 이런 식입니다. 각기 제 법을 주장하며 각기 제 길로 가는 삶을 삽니다. 자기중심적으로 판단을 하고 자기를 합리와 시키는 이런 식의 주장은 우상숭배자들의 모습입니다. 진정으로 옳은 삶의 표준이 되는 하나님이 없기 때문에 이렇게 되는 것입니다. 우상을 섬기는 삶은 올바른 삶이 아닙니다.

6) 우상은 죽은 존재

하나님께서는 생명을 선택하라고 말씀하십니다. "사람이 살아 있다면 생명이 있는 것인데, 어떻게 살아 있는 사람에게 하나님께서는 생명을 선택하라고 할 수 있습니까"라고 반문하는 사람도 있을 것입니다. 성경에서 생명은 육체적인 생명만을 뜻하는 말이 아닙니다.

하나님을 생명 그 자체로 표현하고 있습니다(사 42:8; 27:1; 66:9). 신약에서도 예수님은 생명으로 표현되고 있습니다(요 6:35,28; 10:10; 11:25; 14;6). 예수님은 성육신하신 하나님으로 그를 믿는 자들에게 영원한 생명을 주시는 분이며 진정한 생명이십니다(요 6:33; 14:6).

생명이란 거룩하신 하나님이 내재하시는 사람이 되어, 하나님처럼 성장되어 가는 거룩한 삶을 사는 사람을 의미합니다.

"아들이 있는 자에게는 생명이 있고 하나님의 아들이 없는 자에게는 생명이 없느니라"(요일 5:12).

거룩하신 하나님은 최고의 가치이고 선이고 생명입니다. 예수 그리스도를 믿고 하나님처럼 거룩한 생활을 하는 것은 최고의 가치를 선택한 것이므로, 그 사람은 계속 하나님의 사랑에 반응을 하며 하나님처럼 되는 목표를 향해 끝없이 계속 성장, 발전하는 생활을 하며 더욱 하나님의 모습에 가깝게 다가갑니다.

하나님께서는 당신이 구원한 사람에게 삶의 목적을 알려주시고 (생명의 의미) 그 목적에 도달하는 길을 제시해 주시며, 결국 하나님처럼 완전히 자신을 초월하게 해 주시고, 하나님 나라에서 하나님과 함께 자유와 행복을 누리고 살게 해 주십니다.

하나님을 선택하지 않았다는 것은 생명을 버리고 죽음의 신인 우상 신을 선택한 삶이되었다는 것을 가리킵니다. 하나님을 선택하지 않았다고 해서 우상을 선택했다고 보는 것은 잘못이라고 이의를 제기할 사람도 있겠지만, 성경은 하나님을 선택하지 않았다는 것은 곧 우상을 선택한 것이고 그 삶은 곧 사망이라고 말씀합니다.

사망은 육체적으로 죽어 시체가 되었다는 뜻이 아닙니다. 세포가 살아 있고 심장이 뛰고 생각을 하는 살아 있는 육신이라고 하더라도 하나님이 내재한 존재가 아니면 죽은 사람으로 취급하십니다. 살아계신 하나님을 선택하고 그 말씀을 따르지 않는 사람은, 죽은 사람의 육체가 점점 굳어지 듯이 그 사람의 내면은 점점 경화되어 가게 됩니다.

살아 있는 생명체는 생각이 유연하고 감수성이 풍부한 존재로 새포가 계속 태어나지만, 우상을 선택하게 되면 사고는 경직되고 감수성은 메말라 문둥병자와 같이 감각을 상실하게 됩니다. 지속적으로 성장하여 생각과 마음이 풍성한 삶이 되고 성령이 충만한 삶이 되는 것이 아니라, 성장의 길이 막혀 질식해 죽어가는 사람과 같이 사고와 감성은 메마르고 황폐하게 되어 갑니다.

나이를 먹으면 사고가 자유롭지 못하고 경직되며 감성이 사라져 따스한 온기를 느낄 수 없는 차가운 늙은이가 되어 갑니다. 어린 시절에 가졌던 많은 호기심, 조그마한 몸짓에도 반응을 보이던 감수성은 사라지고 어떤 사물이던 또 어떤 사람이던 전혀 관심이 없어져 냉담해져 갑니다.

우상은 자신을 초월할 수 없는 피조물이기 때문에 자신을 믿는 인간이 자신을 넘어 계속 성장할 수 없게 만들 뿐더러, 죽은 열매를 거두게 만드는 존재입니다. 이런 사실을 보여주는 사람들이 우상 신을 섬기면서도 광명의 천사로 가장한 서기관들과 바리새인들입니다.

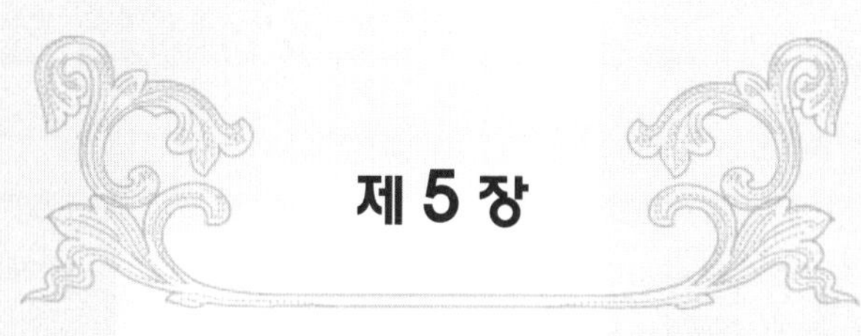

제 5 장

서기관들과 바리새인들이란 어떤 사람들인가

　네 권의 복음서를 보면 서기관들과 바리새인들이라는 말이 빈번히 나오는데, 이들이 예수 그리스도를 시험하며, 시비를 걸고 충돌하는 것을 볼 수 있습니다. 서기관들과 바리새인들은 유대교의 전통을 따라 자력구원을 시도하던 율법주의자들이었습니다. 이들은 하나님께서 거룩하라고 주신 율법을 준수하여, 하나님처럼 온전히 거룩한 사람이 되고자 한 사람들이었습니다.

　그런데 성경을 보게 되면, 이들과 예수 그리스도를 어두움과 빛으로, 사단의 세력과 하나님의 갈등으로 보여줍니다. 요한복음을 보면 쉽게 확인할 수 있습니다. 한 마디로, 그들은 사도들을 참소하는 자의 모습을 보여주었습니다.

　요한은 요한계시록에서 이 사실을 이렇게 말씀하였습니다.

　　"… 이제 우리 하나님의 구원과 능력과 나라와 또 그의 그리스도의 권세가 이루었으니 우리 형제들을 참소하던 자 곧 우리하나님 앞에서 밤낮 참소하던 자가 쫓겨났고"(계 12:10).

　이들과 하나님의 아들 예수 그리스도께서 부딪치는 구체적인 이유는 새로운 구원의 길을 제시하고, 그가 하나님의 아들이기 때문에 죄를 용서받고, 주님을 믿음으로 구원을 얻을 수 있다고 길을 제시하였기 때문이었습니다. 충돌의 이유는 한 마디로 구원문제였습니다.

　　"유대인들이 대답하되 선한 일을 인하여 우리가 너를 돌로 치려는 것이 아니라 참람함을 인함이니 네가 사람이 되어 자칭 하나님이라 함이로라 예수께서 가라사대 너희 율법에 기록한바

내가 너희를 신이라 하였노라 하지 아니하였느냐 성경은 폐하
지 못하나니 하나님의 말씀을 받은 사람들을 신이라 하셨거든
하물며 아버지께서 거룩하게 하사 세상에 보내신 자가 나는 하
나님 아들이라 하는 것으로 너희가 어찌 참람하다 하느냐 만일
내가 내 아버지의 일을 행치 아니하거든 나를 믿지 말려니와
내가 행하거든 나를 믿지 아니할지라도 그 일은 믿으라 그러면
너희가 아버지께서 내 안에 계시고 내가 아버지 안에 있음을
깨달아 알리라 하신대"(요 10:33~38).

진실은 말보다도 그가 행한 행위와 결과를 보라고 말씀하셨습니
다. 예수 그리스도는 하나님의 아들로서 예수 그리스도 안에는 아
버지 하나님이 계시고 활동하심을 표출하셨습니다. 그는 우상 신을
멸하고 우상 신의 지배 하에 고통을 당하고 있는 사람들을 구원하
셨습니다. 하나님께서 주신 거룩한 율법을 온전히 지키며 선하신
(거룩한) 일을 하신 것은 물론입니다.

예수 그리스도께서는 우상 신의 압제로 고통을 받으며, 각종 질
병이 나타나 신음하는 이스라엘 백성들을 보고 불쌍히 여겨 구원하
셨습니다. 서기관들과 바리새인들은 이런 모습을 보고서 바알세불
의 일을 한다고 하였습니다. 주님께서는 서기관들과 바리새인들의
주장에 정면으로 반박하셨습니다.
　"그 중에 더러는 말하기를 저가 귀신의 왕 바알세불을 힘입어
　귀신을 쫓아낸다 하고 또 더러는 예수를 시험하여 하늘로서 오
　는 표적을 구하니 예수께서 저희 생각을 아시고 이르시되 스스
　로 분쟁하는 나라마다 황폐하여지며 스스로 분쟁하는 집은 무
　너지느니라 너희 말이 내가 바알세불을 힘입어 귀신을 쫓아낸

다 하니 만일 사단이 스스로 분쟁하면 저의 나라가 어떻게 서
겠느냐 내가 바알세불을 힘입어 귀신을 쫓아내면 너희 아들들
은 누구를 힘입어 쫓아내느냐 그러므로 저희가 너희 재판관이
되리라 그러나 내가 만일 하나님의 손을 힘입어 귀신을 쫓아내
는 것이면 하나님의 나라가 이미 너희에게 임하였느니라”(눅
11:15~20).

예수 그리스도께서는 율법을 지킴으로 구원을 받았던 것은 하나님
의 아들이 이 땅에 오시기 전까지로, 그때는 아버지 하나님께서 받아
주었지만, 이제 이후부터는 하나님의 아들이 오셨기 때문에 과거와
같은 방법으로는 불가능하므로 받아주지 않는다고 하셨습니다.
　지금부터는 예수 그리스도를 믿고 영접하므로 구원을 받을 수 있
을 뿐이지, 다른 길은 없다고 말씀을 하시고 새롭게 가르치셨습니다.
　　“율법과 선지자는 요한의 때까지요 그 후부터는 하나님 나라의
　　복음이 전파되어 사람마다 그리로 침입하느니라 그러나 율법의
　　한 획이 떨어짐보다 천지의 없어짐이 쉬우리라”(눅 16:16~17).

　그렇다고 새로운 시대가 도래하였기 때문에 율법이 필요 없다는
뜻은 절대로 아닙니다. 새로운 시대가 도래하였기 때문에 하나님
아버지께서 받아 주시는 거룩함은 온전히 거룩한 마음을 가지고 거
룩한 행동을 해야만 한다는 뜻입니다.
　거룩하신 하나님께서 이렇게 거룩한 상태를 요구하시면, 인간은
구제불능의 부패한 존재이기 때문에 절망스러운 일이요 불가능합
니다. 하지만 하나님께서는 직접 하나님의 아들을 통하여 원죄를
용서받을 수 있게 하시고, 거룩한 자가 되어 거룩한 길을 갈 수 있
는 길을 열어 주셨습니다.

자신의 힘으로 구원을 성취하려는 방법은 불가능합니다. 이제부터는 완전히 율법을 성취하신 하나님의 아들인 예수 그리스도를 믿고 죄를 용서받아야 합니다. 그리고 주님과 함께 생활하면서 거룩함에의 길을 가면, 하나님의 자녀가 되고 하나님의 아들 예수 그리스도처럼 거룩하게 성장하게 됩니다.

그러나 서기관들과 바리새인들은 이 길을 부정하고 예수 그리스도를 비판하며 일반 백성들에게 잘못된 영향력을 보이고 가르쳤기 때문에 충돌하였습니다. 즉 자신들도 거룩한 길을 가지 않고 다른 사람도 거룩한 길로 가는 것을 방해하였기 때문에 충돌하였습니다.

이렇게 되자, 하나님의 아들 예수 그리스도께서는 이들을 회개시키기 위하여 잘못을 지적하며 최후의 경고를 하시며, 사랑을 베푸셨습니다(마 23장의 말씀).

예수 그리스도와 충돌하고 결국 예수 그리스도를 십자가에 못을 박아 처형을 시킨 주도적인 역할을 한 이들은 어떤 사람들인가? 이들의 배경을 잠깐 살펴보기로 하겠습니다.

먼저, 서기기관들은 성경사전에 의하면 국가의 문서를 기록하고 관리하는 직무를 담당한 사람, 글자 그대로 필사자요 비서와 같은 역할을 한 사람들이었습니다. 이들은 계약서를 베껴 쓰거나 문서나 편지를 작성하고, 구술 등을 받아 적는 일을 하였습니다.

후대에 가서는 율법을 필사하고 보존하며, 해석하고 가르치는 역할도 하게 되었습니다. 서기관들의 이런 역할 때문에 서기관들은 성경을 연구하고 가르치는 학사, 학자로도 불렸습니다(스 7:6; 사 50:4). 에스라가 이러한 역할을 한 대표적인 인물이었습니다(스 7:10).

왕의 서기관들은 왕의 비서역할을 감당하며 왕실 내의 모든 사건을 기록하며 보관하는 일을 하였습니다. 히스기야 때의 서기관 셉

나는 히스기야의 명을 받고 앗수르 사람들과 협상하기 위해 파송되는 중요한 일을 맡았습니다. 요시아 왕 때의 서기관 사반은 일종의 회계역할을 감당하기도 하였고, 왕 앞에서 발견된 율법책을 낭송하였습니다.

포로기 이후에 이들은 한 계급을 이루었습니다. 신약시대에 와서는 서기관, 율법사, 랍비, 교법사, 선비 등으로 불렸습니다.

다음은 바리새인들로서 바리새인들이라는 말은 바리새파 사람들이라는 뜻입니다. 바리새란 분리된 자라는 의미의 히브리어 페루쉼(perushim)에서 나온 말입니다. 율법에서 깨끗하지 않다고 하는 것들로부터 자신을 분리하려는 태도에서 유래된 말입니다.

이들은 하나님이 거룩하시기 때문에 자신들 또한 거룩한 사람으로 그렇게 말씀에 따른 행동을 한 사람들입니다. 바리새인들이란 말은 마키비 시대(BC 135년경)에 최초로 등장한 것으로 보고 있습니다. 여러 설이 있어서 정확하지는 않지만, 일반적으로 바리새 주의는 마카비 시대(BC 167~63)에 시작된 것으로 보고 있습니다.

이들이 출현하게 된 이유는, 일반인들이 하나님 중심으로 살지 못한 점을 회개하며 바벨론 포로기 동안에 성경으로 돌아가자는 말씀 주의(主義) 운동이 있었는데, 이 운동의 결과가 이어져 발생한 것으로 보고 있습니다. 그러므로 바리새파 사람들은 제사장이나 레위인들보다는 주로 일반 유대인들로 구성되어 있고, 성전보다는 회당 중심으로 펼쳐졌던 활동을 한 사람들이었습니다.

바리새인들은 에세네파, 사두개파와 함께 유대의 3대 분파 중의 하나로, 신약시대에서 가장 큰 세력을 지니고 영향력을 발휘하였습니다. 이들은 율법을 엄격히 지키는 사람들이며, 또 산헤드린 공회의 일원이라는 점에서 일반 유대인들의 존경을 받았습니다. 이들

중에는 대율법학자나 경건한 지도자들도 많았습니다. 바리새주의
는 계속 유지되어 정통 유대주의의 근간이 되었습니다.

바리새인들은 구약을 정경으로 여겼으며, 풍유법을 사용하여 성
경을 해석하였습니다. 이들은 형식이나 관습을 중요시하였고(마 23:23;
눅 8:11) 철저히 금식을 규정대로 지켰습니다(눅 18:12). 율법을 잘
알고 있었던(행 26:5; 빌 3:5) 바리새인들은 모세의 율법을 잘 연구
했고, 레위기의 청결의식(레 11장)도 철저하게 지키려고 노력하였습
니다. 하지만 점차 전통이나 장로들의 유전을 중요하게 여겨(마 15:2;막
7:3,5~8) 후일에는 하나님의 말씀처럼 거의 동등하게 생각하였습
니다.

복음서에는 예수님과 바리새인 간의 갈등이 자주 등장하고 있습
니다. 이 갈등은 산상수훈(마 7:28~29), 안식일의 논쟁(마 12:1~14),
바리새인들의 외식적인 삶에 대한 꾸짖음(마 23:23~24) 등을 통해
볼 수 있습니다.

하지만 모든 바리새인들이 예수님에 대해 적대적인 것은 아니었
습니다. 중생에 대해 물었던 니고데모는 예수님을 잡으려는 바리새
인들에 대해 항변했고(요 7:50~51), 후에 아리마대 요셉과 함께
예수님을 장사지내기도 했습니다(요 19:38~42). 예수님을 대적했
으나 후에 예수님을 전하는 복음전도자가 된 바울 같은 사람도 있
습니다(행 9:1~30; 빌 3:3~21). 이로 볼 때, 서기관들과 바리새인
들은 모두 철저히 율법을 준수하고자 노력하였던 배경을 가지고 있
는 사람들이었습니다.

그러나 이들이 철저히 율법준수에 중점을 두게 된 이유는 언약관
계를 생각하게 되면 쉽게 추측해 볼 수 있습니다. 하나님과의 언약
관계는 이스라엘이 하나님의 말씀을 따라 율법을 철저히 지키면,

하나님께서는 이들을 복을 주고 외적으로부터 보호할 의무가 있는 관계입니다. 그러므로 하나님께서는 일찍이 선지자들을 보내어 언약을 위반하였다고 경고하셨습니다.

그러므로 이들이, 이스라엘이 멸망한 이유는 자신들이 율법을 어기고 하나님이 기뻐하시는 거룩한 삶을 살지 않았기 때문에 앗수르와 바벨론에게 망하게 되고 바벨론 포로로 잡혀가게 되었다고 생각했을 것이라고 하는 것은 분명한 일입니다. 율법을 철저히 지키지 않았기 때문에 당하게 된 매로 보았기 때문에, 율법을 더욱 철지히 지키기 위하여 장로들의 유전도 만들게 되어 죄를 세분화하여 확실히 하고자 하였습니다.

서기관들과 바리새인들의 죄에 대한 견해는 역사적인 배경을 좀 더 생각해 볼 필요가 있습니다. 전통적으로 이스라엘의 죄는 연대책임으로 보고 있었습니다. 하나님과 언약을 맺을 때에 하나님께서는 이스라엘 회중과 언약을 맺으셨습니다. 반대하는 사람이 없이 회중 모두가 한 사람 한 사람 각 사람이 동의하고 하나님과의 언약을 맺었습니다.

"너는 이스라엘 자손의 온 회중에게 고하여 이르라 너희는 거룩하라 나 여호와 너희 하나님이 거룩함이니라"(레 19:2).

죄는 연대책임이 있는 것이고, 이스라엘 국가 공동체 모두의 책임입니다. 그러나 특별히 문제가 되는 것은 국가 공동체의 구성원 각자 각자의 모두 책임이지만 공동체를 대표하는 지도자의 죄가 문제가 되었습니다. 지도자는 한 공동체(community)를 대표하는 사람이기 때문입니다.

하나님께서는 이스라엘을 한 공동체로서 한 인격으로 보셨습니다. 그러므로 형식상으로 지도자는 공동체의 머리였습니다(형식상으로라고 한 뜻은 실제로 이스라엘의 왕은 하나님이시고, 인간인 왕은 하나님의 대리자였습니다.).

나아가 지도자의 언행은 한 공동체의 얼굴이며 인격이었습니다. 하나님께서는 이렇게 이스라엘을 보셨습니다. 아브라함을 부족 공동체의 대표로 보고 아브라함을 구원하셨을 때는 부족 모두가 구원을 받았던 것입니다.

이런 모습은 아담의 죄를 인류의 대표자로서의 죄로 보는 것으로부터 또 다윗 왕의 죄를 이스라엘의 모든 백성이 같이 죄를 범한 것으로 보고 전쟁의 고통을 겪게 되는 경우에서 볼 수 있습니다.

"… 칼이 네 집에 영영히 떠나지 아니하리라"(삼하 12:10).

원칙적으로, 이스라엘의 지도자는 하나님이십니다. 이스라엘의 왕은 하나님이시며 다윗과 같은 왕은 하나님을 대리한 청지기이고 또 반대 측면에서 왕은 이스라엘 백성을 대표하는 사람이었습니다. 다윗과 같은 인간의 왕은 이스라엘 백성들의 대표자로서 하나님께 범죄하지 않고 하나님의 명령을 준행할 의무가 있었습니다. 이런 생각은 하나님께 대하여 왕은 물론이요 모든 지도자들 그리고 이스라엘 백성들이 다 같이 하나라는 연대의식을 가지게 되고 연대책임을 져야만 한다는 생각을 가지게 만들었습니다.

그러나 이스라엘의 왕들은 물론이요 지도층에 있는 사람들이, 계속 범죄를 하고 고난을 겪게 되는 일이 빈번해졌습니다. 결국 이스라엘이 앗수르와 바벨론의 침략으로 도탄에 빠지자, 일반 백성들이 지도층의 죄로 자신들이 고난을 당한다고 생각하고 억울한 생각에 불평이 생겨나게 되었다는 것을 쉽게 추측할 수 있습니다.

지도자들의 죄 때문에 어려움을 당한다고 남 탓하고 비판한다는 것은 우리 주위에서도 쉽게 볼 수 있습니다. 가정에서부터 사회나 국가 공동체까지 얼마든지 쉽게 볼 수 있습니다. 지도자들이 죄를 지었기 때문에 자신들이 고통을 당하고 어려운 처지가 되었다는 남 탓하는 분위기 속에서 하나님께서는 개개인들이 각자 각자 자신들을 돌아 보게 하는 말씀으로 개인의 죄를 지적하셨습니다.

하나님께서는 남 탓하고 비난하는 일로 공동체의 결속이 약화되는 것을 걱정하시고, 예레미야나 에스겔 선지자를 통하여 공동체를 결속(연합)시키고자 개개인의 죄를 지적하셨습니다. 개인적인 죄 때문에 그 개인이 어려움을 당하는 것이라고 개인적인 죄의 문제로 말씀하시고 각자 각자가 하나님 앞에 온전할 것을 요구하셨습니다.

"그 때에 그들이 다시는 이르기를 아비개(지도자를 지칭하는 말)신 포도를 먹었으므로 아들들의 이가 시다 하지 아니하겠고 신 포도를 먹는 자마다 그 이가 심같이 각기 자기 죄악으로만 죽으리라"(렘 31:29~30).

"모든 영혼이 다 내게 속한지라 아비의 영혼이 내게 속함같이 아들의 영혼도 내게 속하였나니 범죄하는 그 영혼이 죽으리라"(겔 18:4).

에스겔서 33장에서 하나님은 에스겔에게 파수꾼의 비유로 말씀하시고 의로운 자가 범죄하게 되면 그가 의로워도 죽는 것이요 죄인이 돌이켜 선을 행하면 죄인이라도 그 회개하고 선한 일로 인하여 살리라 말씀하셨습니다. 그들은 각기 행한대로 복을 받게 되던지 아니면 심판을 받게 될 것이라고 하셨습니다.

"그러나 너희가 이르기를 주의 길이 공평치 않다 하는도다 이스라엘 족속아 내가 너희의 각기 행한대로 심판하리라 하시니라"(겔 33:20).

하나님께서는 죄에 대한 문제를 지도자의 문제에서 각 개인의 문제로 말씀하기 시작하셨습니다. 이는 마치 예수 그리스도께서 갈릴리 사람들이 성전에서 제사를 지내다가 빌라도의 병사들의 손에 살육을 당한 일을 가지고 죄가 많아서 그렇게 죽게 되었다고 생각한 것과 실로암의 망대를 건설하던 중 압사한 사람들을 보고 죄가 많아 죽었다고 생각하였을 때 하신 경고의 말씀과 같습니다.

> "… 예루살렘에 거한 모든 사람보다 죄가 더 있는 줄 아느냐 너희에게 이르노니 아니라 너희도 만일 회개치 아니하면 다 이와 같이 망하리라"(눅 13:4~5).

죄는 개인의 문제로 강조되었습니다. 이 문제는 포로생활 속에서 그리고 계속되는 어려움 속에서 경고를 해도 듣지 않고 범죄하는 사람이 계속 증가하게 되자, 변질되어 개인적인 문제로 굳어지게 되었습니다.

하나님께서는 이스라엘 공동체를 더욱 공고히 연합을 시키고자 하시는 의도를 가지고 개개인들이 죄를 짓지 않도록 하신 것이었지만, 도리어 연합을 해치는 왕따 문제로 변질되었습니다. 결국 각 개인의 죄의 문제가 공동체의 연합과는 상관이 없는 단순히 개인적인 문제로 굳어져 갔습니다.

상도, 벌도 자신이 한 행위로 받게 되는 것이라고 믿기 시작하였기 때문에 서기관들과 바리새인들은 죄에 대한 문제를 개인적인 문제로만 생각을 하게 되고, 자신이 죄를 짓지 않는 문제로만 보고 몰두하였습니다. 이는 전통적인 연대의식에 대한 반작용으로 개인주의적인 죄에 대한 의식이 강조된 것이라고 할 수 있습니다.

서기관들과 바리새인들은 죄를 짓지 않도록 몰두하고, 엄정하게 실천하기 위하여 장로들의 유전까지 만들어 지키고 자신들의 어려운 문제를 해결하려 하였습니다. 죄는 하나님과 각 개인 간의 바른 관계를 해치는 믿음이 먼저 문제였지만, 변질되어 율법의 조문을 범하는 것이 먼저 중요한 문제와 같이 되어 본말이 전도되게 되었다는 것을 추측할 수 있습니다(바리새인들이 율법의 조문에 매달려 범법을 주장하며 안식일에 선을 행하는 것이나 사도들을 정죄하는 모습에서 본말이 전도된 모습을 볼 수 있습니다.).

하여간 이스라엘은 죄로 망하였기 때문에 죄를 회개하며 70년간의 포로로 고난의 삶을 살았습니다. 고통스러운 삶 속에서 바르게 살지 못한 자신의 삶을 회개하고, 마음에 다짐을 하며 율법을 철저히 준수하는 생활을 하였을 것이고 후손들에게도 가르쳤다는 것은 보지 않아도 명확한 사실입니다.

이들의 후손들 또한 부모 세대로부터 이런 교육을 받고 자랐기 때문에 포로에서 해방되어 돌아왔을 때는 율법을 철저히 준수하고 거룩한 삶을 살겠다고 회개를 하고 실천하는 모습을 에스라서에서 볼 수 있습니다. 포로생활에서 해방되어 귀환한 후 첫 예배를 드리고 성전 재건을 시작하며 생활을 정리하였습니다.

이들의 율법을 철저히 준수하는 생활모습은 이방 민족들과의 결혼을 무효화시키는 것을 통해서 볼 수 있습니다. 제사장겸 서기관인 에스라는(스 7:1~6; 느 8:1) 방백들로부터 이스라엘의 남아있던 사람들이 이방인들과 혼인을 하였다는 보고를 받았습니다.

> "… 애굽 사람과 아모리 사람의 가증한 일(우상숭배을 가리키는 말임)을 행하여 그들의 딸을 취하여 아내와 며느리를 삼아 거룩한 자손으로 이방 족속과 서로 섞이게 하는데 방백들과 두목들이 이 죄에 더욱 으뜸이 되었다 하는지라"(스 9:1~2).

에스라는 이스라엘 백성들이 하나님의 계명을 따르지 않고, 이방인들과 결혼한 문제를 알았을 때, 그들의 죄를 하나님께 회개하였습니다.

> "이스라엘 하나님 여호와여 주는 의롭도소이다 우리가 남아 피한 것이 오늘날과 같사옵거늘 도리어 주께 범죄하였사오니 이로 인하여 주 앞에 한 사람도 감히 서지 못하겠나이다"(스 9:15).

그는 엘람 자손 중 여히엘의 아들 스가냐가 제안한 제안을 받아들여서 율법을 온전히 지키기로 맹세하고, 이방인과의 결혼을 파기시켰습니다.

> "엘람 자손 중 여히엘의 아들 스가냐가 에스라에게 이르되 우리가 우리 하나님께 범죄하여 이 땅 이방 여자를 취하여 아내를 삼았으나 이스라엘에게 오히려 소망이 있나니 곧 내 주의 교훈을 좇으며 우리 하나님의 명령을 떨며 준행하는 자의 의논을 좇아 이 모든 아내와 그 소생을 다 내어 보내기로 우리 하나님과 언약을 세우고 율법대로 행할 것이라 이는 당신의 주장할 일이니 일어나소서 우리가 도우리니 힘써 행하소서"(스 10:2~4).

현대인들이 생각할 때, 이 모습은 경직되고 가혹하기만 한 것으로 생각할 수 있겠지만, 이들이 이렇게 행한 이유는 하나님의 거룩함 때문이었습니다. 거룩하신 하나님을 모르는 이방 죄인과는 함께 할 수 없다는 생각 때문이었습니다.

하나님은 거룩하시기 때문에 자신의 피조물과 성별하여 분리하셨습니다. 따라서 거룩한 이스라엘은 하나님처럼 다른 민족과 혼합을 용납하지 않고 분리되어, 성별된 상태로 존재해야만 했습니다. 그래서 강제로 이혼을 시킨 것입니다. 한 마디로 하나님이 거룩하시기 때문에 자신들도 하나님처럼 거룩해야 하므로 이렇게 한 것입니다.

　이스라엘 백성들이 계속되는 생활고 속에서 거룩함을 드러내고 생활하기는 말과 같이 쉬운 일이 아니었습니다. 그들은 바벨론으로부터 해방된 이 후에도 강대국의 속국으로 어려운 생활을 하였습니다. 후일, 다시 강대국들과 전쟁을 피할 수 없게 되어 전쟁을 하고 패전하여 그리스와 로마의 지배를 받게 되었고, 어려운 생활은 계속 되었습니다. 이들의 이런 고난의 생활은 애굽의 노예생활과 마찬가지로 우상의 통치 속에서 고통당하고 사는 삶의 모습을 또 다시 보여주었습니다. 생활고가 일반적으로 사람들의 삶을 황폐케 만들고 준법생활을 하지 못하게 만든다는 것은 물론이요, 민족의 정체성까지 흔든다는 것은 쉽게 알 수 있는 일입니다.

　너무나 많은 사람들이 생활고로 인하여 율법을 지키지 않았기 때문에 전통을 보수(保守)하려는 율법주의자들이 바라볼 때 자신들이 겪고 있는 생활고의 의미는 자신들이 하나님의 말씀대로 살지 않았기 때문에 어려운 상황이 계속되고 풀리지 않고 있다고 생각했을 것이라는 것은 얼마든지 쉽게 추측할 수 있습니다.

　그러므로 문제의식을 가지고 있던 사람들 속에서 이런 현실을 보고 위기의식을 느끼고, 사회의 기강을 바로 잡고, 정체성을 견지하기 위해 반작용으로 계명을 철저히 지키자는 회개운동이 거세게 일어날 수 밖에 없었을 것입니다.

　예수 그리스도께서 장로들의 유전이라고 거부하고, 바리새인들을 향하여 자기들의 정의라고 받아들이지 않았던, 바리새파 사람들의 규율이 왜 생기게 되었는지는 쉽게 짐작할 수 있습니다. 또한 이들이 극심한 생활고 가운데서 자신들을 구원해 줄 메시야를 기다리게 되었다는 것도 당연한 일입니다.

중요한 문제는, 이 모든 사실이 말하는 것은 서기관들과 바리새파 사람들이 자신들이 당하는 고통의 의미를 잘못 판단하였기 때문에 대응을 잘못하였다는 것을 보여주고 있다는 점입니다. 하나님의 뜻을 깨닫고 전적으로 믿음으로 자신들을 의탁하지 않은 점이 문제이지 율법의 조문대로 정확히 지키지 않았기 때문은 아닌 것입니다.

또한 고통의 문제는 신비한 측면이라 율법을 범한 죄 때문만은 아닙니다. 그것은 욥기와 요한복음 9장을 보면 알 수 있습니다. 예수 그리스도께서 서기관들과 바리새인들의 잘못을 지적하실 때, 이들의 행동이 본말이 전도되었다고 지적하시는 것을 보면 잘 알 수 있습니다.

하나님의 사랑으로 생활하며 공동체를 결속시키고 하나님을 기쁘시게 해드리지 않았기 때문이고, 하나님의 뜻에 따라 외세에 대응하지 못하였기 때문입니다. 예레미야의 경고를 보면 알 수 있습니다. 물론, 율법에는 하나님의 사랑의 뜻이 나타나 있는 것이기 때문에 지켜야 하는 것이지만, 그러나 하나님께 자신을 전적으로 의탁하는 믿음의 생활, 즉 하나님의 사랑을 실천하는 것이 먼저 중요한 문제였습니다. 서기관들과 바리새인들이 문제의 사람들로 출현하게 된 배경은 이렇게 고난에 대응하는 문제 때문이었다고 할 수 있습니다.

여기에서 우리는 서기관들과 바리새인들이 어떻게 출현하게 되었나, 또는 장로들의 유전은 어떻게 해서 만들어지게 되었는가 하는 것에 너무 지나치게 중요한 관심사로 기울어져서는 안 됩니다. 성경이 하나님이 어떻게 존재하시게 되었느냐 또 사단이 어떻게 존재하게 되었느냐 하는 것을 중요한 관심사로 생각하지 않고 있는 것과 마찬가지라고 할 수 있습니다. 이미 존재하는 현실은 확실히 알고 있는 문제이기 때문에 이 문제를 풀기 위하여 바르게 대응하는 것은 아주 더 중요한 문제입니다.

마찬가지로, 문제는 이런 사람들이 어떻게 나오게 되었으며, 이들의 신앙적 배경이 어떻게 생기게 되었느냐가 아니고 이들이 현실에서 고통의 문제를 어떻게 해결하려고 하였느냐 하는 것과 다른 사람들에게 어떤 영향력을 행사하였느냐 하는 문제를 알고 대응하는 것입니다. 물론 바른 대응을 하고 길을 열어주신 분은 하나님의 아들 예수 그리스도 입니다.

문제를 해결하는 방법에는 결과를 일으킨 원인을 알고 그것을 바로 잡는 방법도 있지만, 모든 일들을 그렇게 해야 하는 것은 아닙니다. 어떤 문제는 원인이 중요한 것이 아니라 결과에 대한 대응(처리)이 중요할 경우도 있기 때문입니다. 원인은 무시하고 도전에 대한 응전방법이 중요한 경우도 있습니다.

예를 들자면, 어떤 사람의 자동차가 접촉사고로 차량의 앞 범버와 본넷트가 찌그러져 정비소에 들어갔다면 정비사는 호기심에 어째서 이렇게 됐느냐고 물을 수는 있지만 정비사는 이 원인을 반드시 알 필요가 있어서 묻는 것이 아닙니다. 부딪쳤으니까 찌그러진 것이지 뭐 더 알 필요가 있겠습니까?

정비사에게 중요한 일은 원인이 아니라 결과에 대한 대처방법입니다. 정비사는 어떻게 찌그러진 범퍼와 본넷트를 바로 잡을 것인가를 생각하고, 망치를 들고 자신이 알고 있는 수리 방법의 순서를 따라 조치를 취하고 결과를 바로 잡으면 되는 것입니다.

서기관들과 바리새인들이 어떻게 문제를 해결하려고 대처하였느냐 하는 것이 더 중요한 문제라고 할 수 있습니다. 이들이 문제를 해결할 수 있도록 대처한 것이 아니기 때문에 하나님의 아들이 이 땅에 오신 것이고, 오신 예수 그리스도께서는 이들과 부딪쳤던 것입니다.

이들은 율법을 온전히 실천하여 자신들의 구원을 성취시키려 시
도하였고, 다른 사람들에게도 그렇게 하도록 영향력을 행사하였습
니다. 물론, 이들의 방법은 잘못된 방법이었습니다. 이들은 잘못된
방법으로 자신들만 고통을 당하게 만들었던 것이 아니고 다른 사람
들에게 소경된 인도자로서 고통을 당하게 만드는 큰 잘못을 범한
사람들이었습니다.

"화 있을진저 외식하는 서기관들과 바리새인들이여 너희는 천국
　문을 사람들 앞에서 닫고 너희도 들어가지 않고 들어가려 하는
　자도 들어가지 못하게 하는도다"(마 23:13).

하나님 아버지께서는 서기관들과 바리새인들의 이런 잘못과 생
활로 인하여 고통을 받고, 또 강대국들에 의한 노예생활과 다를 것
이 없는 식민지 통치 하의 고통의 삶에서 이스라엘 백성들을 구원
하시기 위하여 하나님의 아들 예수 그리스도를 직접 보내주셨습니
다. 그러나 서기관들과 바리새인들은 그렇게 오랫동안 메시야를 기
다리면서도 정작 하나님의 아들이 직접 오셨을 때는 영접하지 않았
을 뿐만 아니라 구원사업을 대적하고 훼방하였습니다.

1. 서기관들과 바리새인들은 우상숭배자

서기관들과 바리새인들을 우상 신을 겸하여 섬겼기 때문에 우상
숭배자였습니다. 하나님의 구원을 받고, 계명의 말씀을 준행한 사

람들인데 어떻게 우상 숭배자라고 할 수 있나 하겠지만 우상 숭배
자입니다. 그 이유는 하나님은 거룩하신 하나님이시기 때문입니다.

　이는 마치 이스라엘이 출애굽 후에 광야에 나와 있는 상태와 같
은 것이라고 할 수 있습니다. 이스라엘은 출애굽 후에 시내산 밑에
서 언약을 맺었으면서도 애굽의 생활을 잊지 못하고 생활하였습니
다. 이 당시의 모습은 두 주인을 섬기는 모습이었습니다.

　이스라엘이 두 주인을 섬기는 모습이었지만, 하나님께서는 언약
을 맺으시고 거룩한 율법을 주셨으며 지키고 거룩하라고 요구하셨
습니다. 언약을 맺고 율법을 지키는 행동을 하였을 때는 그 행동을
받아 구원하여 주셨습니다. 하나님께서는 이들이 완악하였기 때문
이라고 말씀하셨습니다. 그러나 때가 되어 하나님의 아들 예수 그
리스도께서 오시고 우상 신을 물리치신 후에는 천국을 선포하시며
회개를 촉구하시며 새로운 구원의 법을 선포하셨습니다.

　하나님 아버지께서 본래 요구하시는 것은 하나님이 함께 할 수
있는 성결하고 거룩한 마음에서 나오는 거룩한 행동입니다. 우상
신과 겸하여 섬기는 즉 두 주인을 겸하여 섬기는 생활을 거룩하신
하나님은 용납하지 않으십니다.

　사람이 하나님을 믿고 거룩한 계명을 지켜야 하지만, 두 주인을
섬기는 상태에서 그 계명을 완벽히 실천하여 자신을 계명과 일치한
거룩한 사람을 만들려고 하는 사람은 도리어 거짓말쟁이와 위선자
로 전락하게 되어 있습니다. 왜냐하면 하나님을 떠난 상태이고, 우
상 신의 통치를 받게 되기 때문입니다. 우상 신의 지배 하에서는
율법을 알면 도리어 그 율법을 이용하여 더 악한 짓을 하는 것이
인간입니다.

　이들이 우상숭배자들이라는 사실은 바울 사도가 로마서 7장에서

자신에게 있는 탐심을 이야기 하는데 서도 볼 수 있습니다. 그는 과거 바리새파 사람으로서 율법을 지키고 싶은 마음과 자신의 탐심이 서로 싸우고 있는 내면의 갈등의 모습을 보여주고 있습니다. 즉 자신의 내면 세계에서 자신과 우상 신과의 싸움으로 묘사하고, 우상 신에게 항상 패배하고 끌려가는 자신을 어떻게 구원할 수 있겠느냐고, 오호라 나는 곤고한 사람이라고 절규하는 모습에서 볼 수 있습니다.

과거에, 사울이라고 부르던 그 때는 자신의 마음에는 선한 것이 없다 즉 하나님이 없었다고 고백하고 있습니다. 이 고백은 곧 우상 숭배를 뜻하는 말입니다. 자신과 탐심이 전쟁을 하고 자신은 탐심에 패배하는 자라는 것을 자기 입으로 고백을 하고, 스스로 우상의 지배를 받고 있는 사람이라는 것을 간접적으로 인정하는 모습입니다.

우상 신에게 통치를 받으면서 전지전능하시고 거룩하신 하나님을 믿는다는 것은 자신을 속이는 생활을 하는 것입니다. 거룩한 율법이 이 점을 지적하고 알려 주는 기능을 합니다. 거룩한 율법은 죄를 깨닫게 하는 것이라고 성경은 말씀하고 있습니다.

이스라엘은 오랜 세월을 여러 민족의 식민지가 되어 살아 왔고 예수 그리스도 당시에는 로마의 식민지 치하에서 착취을 당하고 살수 밖에 없던 처지였기 때문에 의식주의 형편은 절대 빈곤이라고 말을 해도 과언이 아니었을 것입니다. 그러므로 대부분의 사람들은 매일 같이 오늘은 무엇을 먹을 수 있을까를 생각해야만 했고, 무엇을 입을까도 걱정이 되었던 사람들이었습니다.

이런 형편에서, 배운 사람이나 못 배운 사람이나, 가진 자나 못 가진 자에게 돈의 위력이라는 것은 생존을 위하여 절대로 필요한 것이 될 수밖에 없으므로 보통 사람들이 돈을 먼저 생각했다는 것은 당연한 일이었습니다.

　서기관들과 바리새인들은 배운 사람들이며, 가진 자들이고, 지도
층에 있는 사람들이라서 돈의 위력을 더 잘 알았을 것입니다. 그들
은 자신들의 지능을 이용하여 돈을 더 추구하였을 것입니다. 열악
한 환경 속에서 더 타격을 받는 것은 약자들일 수밖에 없다는 것은
당연합니다.

　서기관들과 바리새인들은 상대적으로 부유한 생활을 하고 있었
습니다. 그러면서도 이들은 자신들이 잘 믿었기 때문에 부유하고
고통이 없는 생활을 한다고 믿었고, 절대적으로 도움이 필요했던
사람들을 외면했습니다. 약자에 대한 관심이 전혀 없었기 때문에,
주님은 이들을 향하여 책망하셨습니다. 이 점이 하나님을 믿는 사
람이 아니라, 우상의 지배를 받는 사람이라고 할 수 있습니다.

　서기관들과 바리새인들은 자신들이 우상숭배를 하는 이런 생활
을 하면서도, 자신들은 하나님께 대하여 자신의 사랑의 책임을 다
하고 하나님의 말씀을 준행하고 있기 때문에 복을 누리고 사는 것
이고, 그렇지 못한 가난한 사람들, 사회적인 약자들은 하나님의 말
씀을 믿고 사랑하며 준행하지 않기 때문이라고 보고 살았다는 것은
하나님의 약속을 생각하면 쉽게 추측할 수 있습니다.

　요즈음도, 이렇게 믿고 이런 말을 하고 사는 사람들을 믿는 사람
들 가운데서 가끔씩 볼 수 있습니다. 자신들은 잘 믿고 있기 때문
에 복을 누리고 살고, 못 사는 사람은 믿음이 좋지 않기 때문이라
고 생각하는 것입니다.

　예수 그리스도께서는 서기관들과 바리새인들을 악한 청지기 보
다 못한 생활을 하는 사람들이요, 거지 나사로처럼 어려운 처지에
있던 사람들을 외면하고 산다고 책망을 하셨습니다.

　예수 그리스도께서는 이들에게 악한 청지기의 비유를 통하여 악
한 청지기 보다 더 나쁜 사람이라고 지적하시고 회개를 간접적으로

촉구하는 말씀도 하셨습니다.

> "주인이 이 옳지 않은 청지기가 일을 지혜 있게 하였으므로 칭
> 찬하였으니 이 세대의 아들들이 자기 시대에 있어서는 빛의 아
> 들들보다 더 지혜로움이니라 내가 너희에게 말하노니 불의의
> 재물로 친구를 사귀라 그리하면 없어질 때에 저희가 영원한 처
> 소로 너희를 영접하리라"(눅 16:8~9).

또한 이들에게 하나님께 순종하라고 말씀하셨습니다. 하나님께
순종하여 가난한 자를 도우라는 암시의 말씀을 하셨습니다.

> "집 하인이 두 주인을 섬길 수 없나니 혹 이를 미워하고 저를
> 사랑하거나 혹 이를 중히 여기고 저를 경히 여길 것임이니라
> 너희가 하나님과 재물을 겸하여 섬길 수 없느니라(눅 16:13).

그러나 "바리새인들은 돈을 좋아하는 자라 이 모든 것을 듣고 비
웃거늘"(눅 16:14)하는 말씀이 나오고 있습니다. 비웃는 이들이 하
나님이 함께 하는 사람들이었다면, 비웃을 수는 없었을 것입니다.
그러므로 이들은 돈을 숭배하는 맘몬 우상 신을 믿는 사람들이지,
하나님을 믿는 사람들은 아니었습니다. 그러므로 예수님께서는 우
상 신을 섬기고 있다고 또 다시 지적하셨습니다.

> "예수께서 이르시되 너희는 사람 앞에서 스스로 옳다 하는 자이
> 나 너희 마음을 하나님께서 아시나니 사람 중에 높임을 받는
> 그것은 하나님 앞에 미움을 받는 것이니라"(눅 16:15).

우상 신을 숭배하였다는 것은 이들이 거룩한 율법을 실천하였지
만, 악한 열매를 맺었다는 것입니다.

> "이와 같이 좋은 나무마다 아름다운 열매를 맺고 못된 나무가

나쁜 열매를 맺나니 좋은 나무가 나쁜 열매를 맺을 수 없고 못
된 나무가 아름다운 열매를 맺을 수 없느니라"(마 7:17~18).

예수 그리스도께서 이들이 하나님을 믿는 사람들이 아니라 우상
숭배자라고 간접적으로 지적하신 말씀은 또 있습니다.

"이에 예수께서 무리와 제자들에게 말씀하여 가라사대 서기관들
과 바리새인들이 모세의 자리에 앉았으니 그러므로 무엇이든지
저희의 말하는 바는 행하고 지키되 저희의 하는 행위는 본받지
말라 저희는 말만 하고 행치 아니하며 또 무거운 짐을 묶어 사
람의 어깨에 지우되 자기는 이것을 한 손가락으로도 움직이려
하지 아니하며 저희 모든 행위를 사람에게 보이고자 하여 하나
니 곧 그 차는 경문을 넓게 하며 옷술을 크게 하고 잔치의 상
석과 회당의 상좌와 시장에서 문안 받는 것과 사람에게 랍비라
칭함을 받는 것을 좋아하느니라 그러나 너희는 랍비라 칭함을
받지 말라 너희 선생은 하나이요 너희는 다 형제니라 땅에 있
는 자를 아비라 하지 말라 너희 아버지는 하나이시니 곧 하늘
에 계신 자시니라 또한 지도자라 칭함을 받지 말라 너희 지도
자는 하나이니 곧 그리스도니라 너희 중에 큰 자는 너희를 섬
기는 자가 되어야 하리라 누구든지 자기를 높이는 자는 낮아지
고 누구든지 자기를 낮추는 자는 높아지리라"(마 23:1~12).

하나님보다 자신을 높이는 자들의 모습, 이 점이 우상 숭배자라
는 것입니다.

서기관들과 바리새인들은 자신들의 행위를 표준으로 보는 사람
들이었습니다. 자신들의 행위가 표준이며 의로운 것이라고 주장하
는 자기 의를 주장하는 사람들이었습니다.

그러므로 예수 그리스도께서는 이들이 가지고 있는 이런 판단 기준을 가리켜, 하나님의 정의는 보다 차원이 더 높은 신적인 것이기 때문에 제자들에게 그들의 정의가 이들의 정의보다 더 거룩하여야 할 것을 말씀하셨습니다. 그들의 정의(正義)가 서기관들과 바리새인들의 정의와 같이 되어서는 안 되고 하나님의 아들이 요구하는 정의가 되어야 한다는 뜻으로 말씀하셨습니다(마 5:20;6:1).

바울 사도는 서기관들과 바리새인들의 정의를 자기의(自己義)(롬 10:3)라고 말씀하셨습니다. 자기의(自己義)를 주장하는 것은 자신을 섬기는 것입니다. 이는 자신을 우상 신으로 섬기는 우상숭배이기 때문에 물론 하나님의 정의가 될 수 없습니다.

서기관들과 바리새인들의 이런 주장은 자신들의 행동을 하나님이 말씀하신 표준이라고 믿고 있기 때문에 나오는 것입니다. 이런 모습은 바리새인 문둥이 시몬의 집에서 일어난 사건 속에서 볼 수 있습니다.

시몬의 집에 예수 그리스도께서 초청을 받아 들어가셨을 때, 그 소문을 듣고 창기가 들어와 예수 그리스도께 향유를 부었을 때 시몬은 못마땅해 하였습니다. 이런 시몬의 표정을 보고 속마음을 읽으신 예수 그리스도께서 지적하신 말씀을 보면 알 수 있습니다.

"예수를 청한 바리새인이 이것을 보고 마음에 이르되 이 사람이
만일 선지자더면 자기를 만지는 이 여자가 누구며 어떠한 자
곧 죄인인 줄을 알았으리라 하거늘"(눅 7:39).

바리새인 시몬은 자신의 생각과 같이 배척하지 않는 예수 그리스도의 행동을 틀린 것으로 보고 불평하였습니다.

또한 예수 그리스도께서 여리고의 세리장인 삭개오의 집에 들어가셨을 때 "뭇사람이 보고 수군거려 가로되 저가 죄인의 집에 유하

러 들어갔도다 하더라"(눅 19:7)는 말씀 속에서 자기의 정의로 판단하는 모습을 볼 수 있습니다. 서기관들과 바리새인들은 자신들의 행동을 표준으로 놓고 보면서 자기 의를 주장하고 자신들과 똑같이 행동하지 않은 사람들을 잘못되었다고 비난하고 분리시켰습니다.

> "세례 요한이 와서 떡도 먹지 아니하며 포도주도 마시지 아니하
> 매 너희 말이 귀신이 들렸다 하더니 인자는 와서 먹고 마시매
> 너희 말이 보라 먹기를 탐하고 포도주를 즐기는 사람이요 세리
> 와 죄인의 친구로다 하니"(눅 7:33~34).

이런 모습은 성결 의식문제로 비난하는 모습 속에서도 잘 나타나 있습니다.

예수 그리스도께서는 이들을 향하여 우상 신을 숭배하는 사람들이라고 직접적이고 결정적인 말씀을 이렇게 하셨습니다. "너희는 너희 아비 마귀에게서 났으니 너희 아비의 욕심을 너희도 행하고자 하느니라 저는 처음부터 살인한 자요 진리가 그 속에 없으므로 진리에 서지 못하고 거짓을 말할 때마다 제 것으로 말하나니 이는 저가 거짓말쟁이요 거짓의 아비가 되었음이니라"(요 8:44).

2. 서기관들과 바리새인들의 신앙관

예수 그리스도께서 서기관들, 바리새인들과 충돌하셨던 이유는 신앙관이 달랐기 때문입니다. 서기관들과 바리새인들은 예수 그리스도를 거짓 선지자이며, 이단자로 보았습니다.

그러나 누가 옳은가는, 하나님의 편에 서 있는 사람이 옳은 것입니다. 사람들을 고통의 삶에서 구원하고 하나님처럼 거룩한 사람으로 만들 수 있는 사람이 옳은 사람입니다. 그리고 공동체를 천국으로 만드는 사람이 옳은 사람입니다. 양측이 충돌한 이유는 자기 주장을 하며 자신들이 하나님 편에 서 있고 진리라고 주장하였지만 하나님 아버지는 예수 그리스도의 말씀과 생활이 옳다는 것을 사람들을 통하여 말씀하시고 인정하셨습니다.

서기관들과 바리새인들도 사람이 고통 속에서 구원을 받으려면 하나님처럼 거룩한 새 사람이 되어야 하고 거룩함을 성취시켜야 하는 목표를 가지고 있었습니다. 그렇다고 해도 추구하는 방법이 잘못되어 있으면 목표에 도달할 수 없습니다.

예수 그리스도께서는 목표에 올바르게 도달할 수 있는 길을 열어주셨지만, 서기관들과 바리새인들은 받아들이지 않았을 뿐만 아니라 다른 사람들도 가는 길을 막았습니다. 그러므로 충돌하게 되었습니다.

1) 구원에 대한 이해

이스라엘 백성들은 애굽의 노예생활 가운데서 전적인 하나님의 은혜로 구원을 받았습니다. 구원은 전적인 하나님의 은혜로 이루어진 것입니다. 또한 구원받은 사람이 구원의 길을 가면서 구원을 성취하게 되는 거룩함도 하나님을 믿고 자신을 의탁하는 생활 속에서 은혜로 이루어집니다.

하나님의 거룩하라는 부름을 받고, 거룩한 생활을 하게 된 것도 거룩이 성숙하게 자라가는 것도 모두 하나님의 은혜로 이루어집니다. 자신이 열심히 행동하고 실천하였기 때문에 거룩하게 되고 거룩하게 자라가는 것이 아닙니다.

자신이 열심히 실천하고 살아야 할 필요가 없다는 것이 아닙니다. 하나님을 기쁘시게 해 드리기 위하여 그렇게 하나님의 명령에 순종하는 생활을 해야만 합니다. 그러나 이 생활은 종과 같이 주인의 명령을 순종하는 생활로서 당연한 것이기 때문에 그렇게 생활하였다고 공로가 될 수 없습니다.

어떤 사람이 무거운 짐을 가득 싣고 언덕을 오르고 있었습니다. 지나가던 사람이 보고 도움을 준다고 자신의 엄지 손가락을 내밀어 수레를 밀어주었습니다. 이 사람은 자신의 역할을 생각하며 착한 일을 하고 있다고 만족하고 자신의 힘으로 이 수레가 올가라고 있다고 즐거워했습니다.

인간의 역할을 주장하는 것은 한 손가락으로 수레를 밀면서 나의 힘으로 이 수레가 지금 언덕을 오른다고 즐거워 한 이 사람과 똑같은 것입니다.

나무를 자라게 하려면, 나무를 심고 물을 주고 거름도 주고 또 가지치기도 해 주어야 하지만, 가장 중요한 일은 자라게 하는 일입니다. 자라게 하시는 하나님의 일이 가장 큰 역할입니다. 인간이 아무리 심고 가꾸어도 죽고 자랄 수 없다면 아무 소용도 없습니다.

공로에 대한 평가는 언제나 수고했다고 생각하는 당사자가 평가하고 보상을 요구할 수 없습니다. 공로에 대한 평가는 하나님이 하시는 것이고 도움을 받은 사람들이 평가하는 것입니다.

성도가 구원을 받고 구원의 길을 가며, 거룩하게 성화되는 것도 그리고 구원의 전(全) 과정(過程)도 모두 전적인 하나님의 은혜로 이루어집니다. 믿음도 하나님이 택정한 사람에게 하나님께서 주시는 것이며 회개도 하나님이 그에게 은혜를 베풀어서 주시는 것입니다. 칭의도 하나님이 주시는 은혜입니다. 하나님의 자녀가 되어 거룩하게 성장되는 것은 모두 하나님의 은혜입니다.

인간은 구원에 관한 한 주도적인 역할을 할 수 있는 존재가 결코 못됩니다. 왜냐하면 우상 신의 통치를 받고 있는 사람은 이런 일을 절대로 할 수 없기 때문입니다.

이런 뜻의 말씀은 구약과 신약의 모든 성경 속에서 볼 수 있습니다. 그러나 이스라엘 사람들은 특히 서기관들과 바리새인들은 하나님을 신뢰하는 일과 거룩하게 되는 모든 과정의 일을 자신들의 행동에 중점을 두고 있었습니다. 자신의 행위를 중요하게 생각한 이런 사고가 자리 잡는 데는 언약의 관계 때문이었습니다.

언약의 관계를 맺게 된 것도 전적으로 하나님의 은혜로 성립된 것이지만 이스라엘이 어린 아이 수준이고 완악하였기 때문에 형편을 아시는 하나님께서는 거룩한 행동을 하는 것 같은 몸짓을 받아 주셨기 때문입니다. 실제로 하나님이 원하시는 본래의 뜻대로 제대로 하였기 때문에 받아 주신 것은 아니었습니다. 하나님께서 본래 원하시는 것은 거룩한 마음에서 나오는 거룩한 행동입니다.

서기관들과 바리새인들은 전통적인 유대교인들로서 조상들이 해 온대로 실천에만 중점을 두고 있었습니다.

"모세가 하나님 앞에 올라가니 여호와께서 산에서 그를 불러 가
라사대 너는 이같이 야곱 족속에게 이르고 이스라엘 자손에게
고하라 나의 애굽 사람에게 어떻게 행하였음과 내가 어떻게 독
수리 날개로 너희를 업어 내게로 인도하였음을 너희가 보았느
니라 세계가 다 내게 속하였나니 너희가 내 말을 잘 듣고 내

언약을 지키면 너희는 열국 중에서 내 소유가 되겠고 너희가
내게 대하여 제사장 나라가 되며 거룩한 백성이 되리라 너는
이 말을 이스라엘 자손에게 고할지니라(출 19:3~6).
"… 너희는 거룩하라 나 여호와 너희 하나님이 거룩함이니라"
(레 19:2).

하나님께서는 만일, 이들이 명령한 대로 지킬 시에는 이들을 외
적으로부터 보호하시는 것은 물론이요 복을 누리고 살 수 있게 해
주시겠다고 약속하셨습니다. 그러나 그렇지 않을 때는 화를 당하게
될 것도 말씀해 주셨습니다.

이런 약속이 있었기 때문에 이들은 이 거룩한 계명을 온전히 지
키므로 자신들이 하나님처럼 온전히 거룩해지고, 고통의 문제를 해
결하려고 시도했습니다. 즉 구원의 성취를 위하여 계명을 지키는
생활에 몰두하였던 사람들이었습니다. 서기관들과 바리새인들의
잘못은 여기에 있었습니다.

이들은 하나님께서 요구하신 이 명령에 중점을 두고 하나님과의
올바른 관계를 유지하는 것은 명령을 실천하는 생활이라고 보았습
니다. 즉 율법의 법 조문을 따라 규례와 법도를 철저히 지키는 것
으로 보았습니다. 올바른 관계를 유지하는 것은 하나님을 믿는 것
즉 하나님을 신뢰하고 자신을 모두 던져 맡기고 순종하는 것입니
다. 그러나 서기관들과 바리새인들이 본말이 전도된 생각을 하게
된 것이 잘못이었습니다.

하나님을 믿는 사람들이 하나님의 명령을 실천하여야 하는 일은
당연한 일이지만, 실천이 하나님과의 정의로운 관계를 형성하고 나
아가 계속 하나님과의 바른 관계를 유지하고 살 수 있게 만드는 것
은 아닙니다. 이 점이 잘못되어 있기 때문에 사도 바울은 아브라함

의 예를 들어서 행위냐, 믿음이냐, 무엇이 먼저이냐의 문제를 이렇게 말씀하였습니다.

“그런즉 이를 어떻게 여기셨느뇨 할례시냐 무할례시냐 할례시가 아니라 무할례시니라 저가 할례의 표를 받은 것은 무할례시에 믿음으로 된 의를 인친 것이니… ”(롬 4:10~11)

“기록된바 내가 너를 많은 민족의 조상으로 세웠다 하심과 같으니 그의 믿은 바 하나님은 죽은 자를 살리시며 없는 것을 있는 것같이 부르시는 이시니라 아브라함이 바랄 수 없는 중에 바라고 믿었으니 이는 … 믿음이 없어 하나님의 약속을 의심치 않고 믿음에 견고하여져서 하나님께 영광을 돌리며 약속하신 그것을 또한 능히 이루실 줄을 확신하였으니 그러므로 이것을 저에게 의로 여기셨느리라”(롬 4:17~22).

계명의 실천보다 더 앞서 하나님을 철저히 믿는 문제가 더 중요한 문제입니다. 하나님의 아들을 믿는 사람은 실천을 잘못할 수도 있습니다. 완성된 존재가 아니기 때문에 잘못할 수도 있습니다. 하나님의 뜻이라고 잘못 판단하고, 잘못된 행동을 할 수도 있습니다. 그러나 이런 행동으로 말미암아 하나님은 거룩하지 못하다고, 의롭지 못하다고 소외시키고 하나님과의 관계를 단절하시지는 않으십니다.

후일, 예수 그리스도 안에서 모든 것이 밝혀집니다. 인간의 연약함을 아시는 하나님은 이런 점을 간과하시고 심판하지 않으십니다. 초창기에 보면 순종하지 않았을 때는 분리시키는 모습이 보이지만, 이것은 하나님을 잘 믿고 순종하게 만들기 위하여 엄한 태도를 보이며 가르치시는 모습입니다. 가정에서도 자녀에게 반드시 행하라고 가르치고 잘 지키게 하기 위하여 처음에는 자녀를 위하여 엄한 태도를 보이며 가르치는 것과 마찬가지 입니다.

예수 그리스도께서는 겟세마네 동산에서 깨어서 기도하라고 하였지만 잠들어 있는 제자들에게 이렇게 말씀하셨습니다.

"제자들에게 오사 그 자는 것을 보시고 베드로에게 말씀하시되 너희가 나와 함께 한시 동안도 이렇게 깨어 있을 수 없더냐 시험에 들지 않게 깨어 있어 기도하라 마음에는 원이로되 육신이 약하도다 하시고"(마 26:40~41).

주님께서는 제자들을 버리지 않으셨습니다. 베드로가 주님을 세 번 부인하여도, 제자들이 믿음을 저버리고 각기 제 길로 갔다고 하여도 주님은 이들을 찾아오시고 관계를 단절시키지 않으셨습니다.

서기관들과 바리새인들은 하나님과의 관계를 맺고 또 유지하는 것은 자신들의 노력과 실천에 있다고 믿었습니다. 특별히 이렇게 잘못 믿었던 이유는 구약의 말씀을 잘못 이해하였기 때문이었습니다. 그리고 또 바벨론 포로에서 그리고 계속되는 고난의 삶 속에서 고난의 문제를 해결하고자 율법을 더 완전하게 지켜 복을 누리고자 했기 때문에 행동에 중점을 두게 되었다는 것을 생각해 볼 수 있습니다.

2) 거룩에 대한 이해

서기관들과 바리새인들은 율법주의자들로서 이들은 하나님은 거룩하시기 때문에 하늘에 계시고, 거룩한 성전에 계신 것으로만 믿었습니다. 하나님을 이 세상과는 분리되어 계신 분으로 믿었습니다.

사마리아 여자가 "우리 조상들은 이 산에서 예배하였는데 당신들

의 말은 예배할 곳이 예루살렘에 있다 하더이다. 예수께서 가라사
대 여자여 내 말을 믿으라 이 산에서도 말고 예루살렘에서도 말고
너희가 아버지께 예배할 때가 이르리라 너희는 알지 못하는 것을
예배하고 우리는 아는 것을 예배하노니 이는 구원이 유대인에게서
남이니라"(요 4:20~22) 라고 하시는 말씀 속에서 사마리아 사람은
하나님이 계신 곳을 그리심산으로, 이스라엘 사람들은 예루살렘 성
전으로 보고 있었음을 알 수 있습니다.

이처럼 하나님은 죄인들로부터는 자신을 분리시키시고 당신은 따
로 떨어져 성결한 상태로 계시는 분이라고 생각했습니다. 이렇게
거룩하신 하나님을 알고 있었기 때문에, 하나님께서 인간의 육신을
입고 인간 세상에 오실 수 있다는 생각은 전혀 꿈도 꿀 수 없는 일
이었습니다. 그러면서도 메시아를 기다리고 있었습니다.

이러한 서기관들과 바리새인들의 생각을 넘어서 하나님의 아들
예수 그리스도께서는 성령으로 잉태되어, 인간의 육신을 입고 구원
사업을 실천하기 위하여 오셨습니다. 예수 그리스도는 육신을 입은
하나님이십니다. 육신을 입은 인간이 하나님처럼 될 수 있다는 것
을 간접적으로 계시하시는 것입니다. 육신을 입은 예수 그리스도
안에는 아버지 하나님이 계셨습니다.

"예수께서 외쳐 가라사대 나를 믿는 자는 나를 믿는 것이 아니
요 나를 보내신 이를 믿는 것이며 나를 보는 자는 나를 보내신
이를 보는 것이니라 나는 빛으로 세상에 왔나니 무릇 나를 믿
는 자로 어두움에 거하지 않게 하려 함이로라 사람이 내 말을
듣고 지키지 아니할지라도 내가 저를 심판하지 아니하노라 내
가 온 것은 세상을 심판하려 함이 아니요 세상을 구원하려 함
이로라 나를 저버리고 내 말을 받지 아니하는 자를 심판할 이
가 있으니 곧 나의 한 그 말이 마지막 날에 저를 심판하리라

내가 내 자의로 말한 것이 아니요 나를 보내신 아버지께서 나
의 말할 것과 이를 것을 친히 명령하여 주셨으니 나는 그의 명
령이 영생인 줄 아노라 그러므로 나의 이르는 것은 내 아버지
께서 내게 말씀하신 그대로 이르노라 하시니라"(요 12:44~50).

하나님의 아들이 육신을 입고 오셨기 때문에 예수 그리스도께서
는 다음과 같은 약속의 말씀을 하실 수 있으셨습니다.
"내가 진실로 진실로 너희에게 이르노니 나를 믿는 자는 나의
하는 일을 저도 할 것이요 또한 이보다 큰 것도 하리니 이는
내가 아버지께로 감이니라 너희가 내 이름으로 무엇을 구하든
지 내가 시행하리니 이는 아버지로 하여금 아들을 인하여 영광
을 얻으시게 하려 함이라 내 이름으로 무엇이든지 내게 구하면
내가 시행하리라"(요 14:12~14).

믿는 사람이 먼저 구해야 할 것은 하나님처럼 되는 것이고, 성령
의 인도입니다. 하나님의 아들 예수 그리스도께서는 진실로 거룩한
삶에 대해서 이렇게 말씀하셨습니다.
"아버지께 참으로 예배하는 자들은 신령과 진정으로 예배할 때
가 오나니 곧 이때라 아버지께서는 이렇게 자기에게 예배하는
자들을 찾으시느니라"(요4:23).

예수 그리스도께서는 자기를 통하여 신령과 진정으로 드리는 예
배 즉 예루살렘 성전과 같이 눈으로 볼 수 있는 성전이 아니라 성
령 하나님을 육신 안에 모시고 있는 마음의 성전(고전 3:16)에서
말씀하시는 하나님을 알고 생활 전체로 예배드리는 것이 참 예배라
고 말씀하시고 거룩한 삶을 살도록 해주셨습니다. 하나님이 함께

하시는 거룩한 사람 즉 온전한 사람으로 만들어 주셨습니다.

하나님의 아들은 세리장 삭개오를 받아들이고 그의 집에 들어가 같이 식사를 하시고 어울리셨으며, 구원하시고 거룩한 사람으로 만들어 주셨습니다. 창기의 수종을 받으시고 죄를 용서하시고 거룩한 사람으로 만들어 주셨습니다.

예수 그리스도께서는 죄인들을 배척하지 않으시고, 불러서 용서의 은혜를 베푸시고 죄인들과 먹고 마시고 어울리셨고, 이들을 거룩한 사람으로 만들어 주시고 삶의 본을 보이시고 가르치셨습니다. 그러나 서기관들과 바리새인들은 하나님께서 죄인과는 분리되어 계시는 것처럼 자신들도 성별된 사람이기 때문에 죄인들을 소외시키고 분리되어 살아야 하는 것으로 알았습니다.

하나님처럼 거룩하기 위하여 엄격히 율법을 지키는 행동을 하며 살았고, 자신들의 거룩함을 지키기 위하여 죄인들을 소외시키고 죄인들과 식사를 같이 하지 않는 것은 물론이고, 전혀 어울리지 않는 행동을 했습니다. 그러면서도 자신과 함께 하는 하나님이 없는 사람들이었습니다.

서기관들과 바리새인들의 믿음은 거룩함이 나타나는 것이 아닙니다. 거룩한 척하는 것으로 거짓으로 외식일 뿐이었습니다. 그들에게는 하나님의 아들이 없기 때문입니다(요일 5:12).

하나님이 없는 사람이 하나님의 거룩한 계명을 실천하였다고 하여, 거룩한 생활을 한다고 하거나 거룩한 사람이라고 할 수 없습니다. 거룩하지 않기 때문입니다. 이런 사람들은 하나님을 모르는 사람들처럼 사람들이 안 보는 곳에서는 자신의 뜻을 따라 생활을 하고 사람들이 보는 곳에서는 척하는 이중생활을 하는 사람들이라고 할 수 있습니다.

예수 그리스도를 믿는 사람들이 거룩한 생활을 할 수 있고, 거룩한 사람들이라고 하는 성도라는 말을 들을 수 있는 것은 전적으로 예수 그리스도의 은혜 때문에 가능하게 됩니다.

> "너희는 하나님께로부터 나서 그리스도 예수 안에 있고 예수는
> 하나님께로서 나와서 우리에게 지혜와 의로움과 거룩함과 구속
> 함이 되셨으니"(고전 1:30).

이런 이유로 거룩하게 될 수 있게 되었습니다.

거룩한 생활은 하나님이 주시는 은혜로 이 사업에 동참한 사람에게는 누구나 다같이 하나님처럼 되게 해 주시는 은혜를 베풀어 주십니다. 그러나 서기관들과 바리새인들은 그렇게 생각하지 않았습니다.

예수 그리스도께서는 마태복음 20장에서 천국에 불러들이는 사람들을 포도원 품꾼으로 그리고 부르시는 분은 하나님으로 비유하여 이렇게 말씀하셨습니다.

이른 아침에 품꾼을 불러서 한 데나리온의 품삯을 약속하고 포도원에 들어가 일하게 들여보내고 또 제 3시에 장터에서 놀고 섰는 사람들에게도 일한 것에 걸맞게 품삯을 지불하겠다고 약속하고 들여보냈고, 제 6시에도 일한 것에 걸맞게 품삯을 지불하겠다고 같은 약속을 하고 들여 보내고 그리고 마지막 11시에도 놀고 있는 사람들을 불러서 포도원에 들어가 일하라고 같은 약속을 하고 불렀습니다.

> "저물매 포도원 주인이 청지기에게 이르되 품꾼들을 불러 나중
> 온 자로부터 시작하여 먼저 온 자까지 삯을 주라 하니 제 11시
> 에 온 자들이 와서 한 데나리온씩을 받거늘 먼저 온 자들이 와
> 서 더 받을 줄 알았더니 저희도 한 데나리온씩 받은지라 받은
> 후 집 주인을 원망하여 가로되 나중 온 이 사람들은 한 시간만
> 일하였거늘 저희를 종일 수고와 더위를 견딘 우리와 같게 하였

나이다. 주인이 그 중의 한 사람에게 대답하여 가로되 친구여
내가 네게 잘못한 것이 없노라 네가 나와 한 데나리온의 약속
을 하지 아니하였느냐 네 것이나 가지고 가라 나중 온 이 사람
에게 너와 같이 주는 것이 내 뜻이니라 내 것을 가지고 내 뜻
대로 할 것이 아니냐 내가 선하므로 네가 악하게 보느냐 이와
같이 나중된 자로서 먼저 되고 먼저 된 자로서 나중 되리라"
(마 20:8~16).

구원을 받고 천국(포도원)에 들어가 하나님의 자녀가(품삯) 되는
거룩한 사업을 하는 것은 다 같은 품삯을 받는 것입니다. 주님께서
는 이른 아침에 불러들인 품꾼을 서기관들과 바리새인들로 비유하
고 나중에 불러들인 품꾼은 죄인들로 비유하셨습니다. 그러나 서기
관들과 바리새인들은 거룩함에 대한 인식이 잘못되어 있었기 때문
에 예수 그리스도께서는 이렇게 말씀하셨습니다.
"… 나중 된 자로서 먼저 되고 먼저 된 자로서 나중 되리라"(마
20:16).

거룩의 길을 가면 기쁜 일만 있는 것이 아닙니다. 때로는 힘들고
어려운 경우를 만날 수 있습니다. 그러나 그 어려움 중에도 하나님
으로 말미암아 그 어려운 경우의 의미를 알게 되기 때문에 풍성한
가치를 얻게 되고, 순종하는 생활 속에서 하나님을 더 알게 되고
하나님처럼 되는 행복을 누립니다.
거룩한 길로 가는 생활은 가치있는 생활입니다. 설령, 어려운 일
이 있다고 하여도 삶의 의미가 있기 때문에 가치를 느끼고, 고난을
받아 들이고, 이길 수 있는 생활이 됩니다. 그러나 하나님이 없는
상태에서 거룩한 계명을 지키는 생활을 한다는 것은 아무런 의미도

가치도 찾을 수 없고 고통이 될 수밖에 없습니다.

　이런 사실을 보여주는 실예는 부자 청년에 대한 말씀에 있습니다.이 청년은 부자이며 관원이었습니다. 이 사람은 생활모습이 전형적인 바리새인의 모습의 일면을 잘 보여주는 사람이라고 할 수 있습니다.

> "예수께서 길에 나가실새 한 사람이 달려와서 꿇어 앉아 묻자오되 선한 선생님이여 내가 무엇을 하여야 영생을 얻으리이까 예수께서 이르시되 네가 어찌하여 나를 선하다 일컫느냐 하나님 한분 외에는 선한 이가 없느니라 네가 계명을 아나니 살인하지 말라, 간음하지 말라, 도적질하지 말라, 거짓 증거하지 말라, 속여 취하지 말라, 네 부모를 공경하라 하였느니라 여짜오되 선생님이여 이것은 내가 어려서부터 다 지키었나이다 예수께서 그를 보시고 사랑하사 가라사대 네게 오히려 한 가지 부족한 것이 있으니 가서 네 있는 것을 다 팔아 가난한 자들을 주라 그리하면 하늘에서 보화가 네게 있으리라 그리고 와서 나를 좇으라 하시니 그 사람은 재물이 많은 고로 이 말씀을 인하여 슬픈 기색을 띠고 근심하며 가니라"(막 10:17~22).

　위의 말씀에서 돈을 좋아하여, 돈에 의존한 생활을 하는 두 주인을 섬기는 서기관들과 바리새인들의 일면을 볼 수 있습니다. 그러면서도 바리새인들과 서기관들 같이 어려서부터 계명을 잘 지키고 살았다고 하였습니다. 이런 말씀이 이 청년이 서기관이나 바리새인들 중의 한 사람일 것이라는 생각을 해 봅니다.

　그러나 이 청년에게는 함께 하시는 하나님이 없기 때문에, 계명을 지키고 산다는 것의 바른 의미는 몰라서, 무거운 짐을 지고 살아가는 것과 같이 힘겨운 생활이 되고 즐겁지 않았습니다. 하나님을 기쁘시게 해드리는 생활은 힘이 들어도 보람을 가져오는 생활이 되고 거룩한 사람으로서 더욱 성숙하게 됩니다.

예수 그리스도께서는 하나님이 내재하시고 계신 하나님으로서 거룩한 계명의 멍에를 지고 힘든 생활을 하는 이들에게 당신께서 사는 것처럼 살 수 있는 길을 열어주시기 위하여 말씀하셨습니다.
"수고하고 무거운 짐진 자들아 다 내게로 오라 내가 너희를 쉬게 하리라 나는 마음이 온유하고 겸손하니 나의 멍에를 메고 내게 배우라 그러면 너희 마음이 쉼을 얻으리니 이는 내 멍에는 쉽고 내 짐은 가벼움이라 하시니라"(마 11:28~29).

하나님이 없는 사람이 단순히 계명을 철저히 지키는 생활을 한다는 것은 무거운 짐을 지고 사는 것과 같은 고통의 삶이 될 수밖에 없습니다. 이 생활은 도덕주의자가 도덕을 지키서 자신을 양심적인 사람으로 만들고자 하는 생활과 마찬가지로, 힘겨운 생활이며 거짓말쟁이가 되고 위선자가 되는 길입니다. 거룩한 삶을 성숙시키는 것이 아니라 우상을 섬기는 고통스러운 삶으로 우상 신의 자식들로 그 아비를 닮게 되어 있습니다.

3) 죄에 대한 이해

하나님께 대한 죄는 원칙적으로 하나님의 창조목적을 배반하고 우상 신을 섬기는 것입니다. 하나님을 믿지 않는 것이 죄이며, 이것은 바른 관계를 해치는 가장 중대한 문제가 됩니다. 물론 모든 죄는 하나님을 나타내지 않는 것이지만 하나님께 가장 큰 죄는 하나님과의 바른 관계를 끊어 놓고 믿음의 관계를 단절시키는 우상숭배입니다.

창세기의 아담의 원죄는 이 문제를 보여줍니다. 그리고 죄가 어떻게 세상에 퍼져나가 혼돈의 세상을 만들게 되었는지를 창세기 4장부터 11장까지에서 보여줍니다. 구약에서 불순종은 언약을 깨는 죄로 하나님과의 관계를 단절시키는 결과를 가져왔습니다(민 20:12).

거룩하라고 주신 계명을 지키지 않는 행위는 단순히 계명의 한 조문을 범하는 문제가 아니었습니다. 계명을 범하는 죄는 언약을 깨는 행위로 하나님을 거역하는 죄이고, 혼돈과 어둠의 세상으로 만드는 죄입니다. 구원을 받아 거룩하게 된 백성들은 이 혼돈의 세상을 하나님의 통치를 받으며, 천국으로 만들 의무를 부여받은 사람들입니다.

이스라엘은 하나님과 언약을 맺게 되었기 때문에 계명을 지켜 하나님께서 살아 활동하시는 모습을 반영하며 천국을 만들 의무가 있었습니다. 이러한 전통적인 죄에 대한 이해는 서기관들과 바리새인들의 죄에 대한 이해이기도 하였습니다. 물론 거룩함에 대한 이해이기도 합니다.

이스라엘 백성들이 이런 믿음을 가졌기 때문에 금 송아지를 만들어 섬기는 북 왕국을 법통으로 받아들이지 않고 우상숭배자로 배격하고 있으며, 남 왕국을 법통으로 받아들이는 이유입니다. 그리고 북 왕국이 남 왕국 보다 풍요를 누리고 있었지만, 우상숭배로 풍요가 더욱 이들을 타락하게 만들었습니다. 아모스 선지가가 북 왕국에가서 공의를 외치는 이유를 이해할 수 있게 합니다.

우상숭배로 얻게 되는 풍요는 시한폭탄을 끼고 누리는 기쁨입니다. 우상숭배로 죄를 짓게 되는 것은 가난하기 때문에 죄를 짓게 되는 것만이 아니라, 풍요로워도 죄를 짓게 됨을 보여줍니다. 가장 큰 죄는 우상 신을 섬기는 죄로 이 죄는 인간이 자신의 힘으로 용서받을 수 있는 방법이 없습니다. 그러나 하나님께서는 모세를 통하여 하나님을 섬기는 거룩한 백성으로 만드시고, 계명을 범하였을 때는 회개의 길을 열어 주셨습니다. 속죄제나 속건제로 용서받을 수 있는 길을 열어 주었습니다. 여기에서 원죄의식은 사라지게 되고, 자신들의 죄를 모두 자범죄로만 생각을 했습니다.

서기관들과 바리새인들이 사도들이 죄를 지었다고 예수 그리스도께 항의를 하였을 때 예수 그리스도께서는 이 점을 지적하시고 그들을 내치셨습니다.

"그 때에 바리새인과 서기관들이 예루살렘으로부터 예수께 나아와 가로되 당신의 제자들이 어찌하여 장로들의 유전을 범하나이까 떡 먹을 때에 손을 씻지 아니하나이다 대답하여 가라사대 너희는 어찌하여 너희 유전으로 하나님의 계명을 범하느뇨 하나님이 이르셨으되 네 부모를 공경하라 하시고 또 아비나 어미를 훼방하는 자는 반드시 죽으리라 하셨거늘 너희는 가로되 누구든지 아비에게나 어미에게 말하기를 내가 드려 유익하게 할 것이 하나님께 드림이 되었다고 하기만 하면 그 부모를 공경할 것이 없다 하여 너희 유전으로 하나님의 말씀을 폐하는도다 외식하는 자들아 이사야가 너희에게 대하여 잘 예언하였도다 일렀으되 이 백성이 입술로는 나를 존경하되 마음은 내게서 멀도다 사람의 계명으로 교훈을 삼아 가르치니 나를 헛되이 경배하는도다 하였느니라 하시고 무리를 불러 이르시되 듣고 깨달으라 입에 들어가는 것이 사람을 더럽게 하는 것이 아니라 입에서 나오는 그것이 사람을 더럽게 하는 것이니라 이에 제자들이 나아와 가로되

바리새인들이 이 말씀을 듣고 걸림이 된줄 아시나이까 예수께서
대답하여 가라사대 심은 것마다 내 천부께서 심으시지 않은 것
은 뽑힐 것이니 그냥 두어라 저희는 소경이 되어 소경을 인도하
는 자로다 만일 소경이 소경을 인도하면 둘이 다 구덩이에 빠지
리라 하신대 베드로가 대답하여 가로되 이 비유를 우리에게 설
명하여 주옵소서 예수께서 가라사대 너희도 아직까지 깨달음이
없느냐 입으로 들어가는 모든 것은 배로 들어가서 뒤로 내어버
려지는 줄을 알지 못하느냐 입에서 나오는 것들은 마음에서 나
오나니 이것이야말로 사람을 더럽게 하느니라 마음에서 나오는
것은 악한 생각과 살인과 간음과 음란과 도적질과 거짓 증거와
훼방이니 이런 것들이 사람을 더럽게 하는 것이요 씻지 않은 손
으로 먹는 것은 사람을 더럽게 하지 못하느니라"(마 15:1〜20).

이 말씀은 똑같이 마가복음 7장에서 볼 수 있습니다. 제자들 중
몇 사람이 씻지 않은 손으로 음식을 먹는 것을 서기관들과 바리새
인들이 보고 죄를 짓는다고 예수 그리스도께 항의를 할 때, 예수
그리스도께서는 장로들의 유전을 인정하지 않으시며(장로들의 유
전은 하나님과 언약을 맺은 내용이 아님) 이들에게 부모를 공경하
지 않고 고르반이라고 피해 불효를 한다고 질책을 하시는 것을 볼
수 있습니다.

"너희는 가로되 사람이 아비에게나 어미에게나 말하기를 내가
드려 유익하게 할 것이 고르반 곧 하나님께 드림이 되었다고
하기만 하면 그만이라 하고 제 아비나 어미에게 다시 아무것이
라도 하여 드리기를 허하지 아니하여 너희의 전한 유전으로 하
나님의 말씀을 폐하며 또 이같은 일을 많이 행하느니라 하시
고"(막 7:11〜13).

예수 그리스도께서는 장로들의 유전을 범하는 것은 죄로 보지 않으셨습니다. 그리고 우상숭배의 죄를 짓고 사는 것과 하나님의 백성으로 율법의 일부 조항을 범하는 것을 질적으로 달리 생각하셨습니다. 서기관들과 바리새인들의 마음 속에는 우상 신이 있고, 우상의 통치를 받고 있다는 말씀입니다. "마음에서 나오는 것은 악한 생각과 살인과 간음과 음란과 도적질과 거짓 증거와 훼방이니"(마 15:19)하는 말씀이 원죄를 지적하는 말씀입니다.

> "비판을 받지 아니하려거든 비판하지 말라 너희의 비판하는 그 비판으로 너희가 비판을 받을 것이요 너희의 헤아리는 그 헤아림으로 너희가 헤아림을 받을 것이니라 어찌하여 형제의 눈 속에 있는 티는 보고 네 눈 속에 있는 들보는 깨닫지 못하느냐 보라 네 눈 속에 들보가 있는데 어찌하여 형제에게 말하기를 나로 네 눈 속에 있는 티를 빼게 하라 하겠느냐 외식하는 자여 먼저 네 눈 속에서 들보를 빼어라 그 후에야 밝히 보고 형제의 눈 속에서 티를 빼리라"(마 7:1~5).

여기에서 들보는 우상숭배를 지적하는 말씀입니다.

물론 우상숭배도 하지 말아야 하고, 하나님의 거룩한 율법도 범하지 말아야 합니다. 예수 그리스도께서는 서기관들과 바리새인들을 우상숭배자요 계명을 범하는 사람으로 보셨기 때문에, "그냥 두어라 저희는 소경이 되어 소경을 인도하는 자로다 만일 소경이 소경을 인도하면 둘이 다 구덩이에 빠지리라 하신대"(마 15:14)라고 말씀하셨습니다.

또한 "소경된 인도자여 하루살이는 걸러 내고 약대는 삼키는도다"(마 23:24)라고 말씀하셨습니다. 그리고 마태복음 12장에 보면 무엇이 더 중요한 것인지를 알려 주시는 말씀이 있습니다.

"그 때에 예수께서 안식일에 밀밭 사이로 가실새 제자들이 시장
하여 이삭을 잘라 먹으니 바리새인들이 보고 예수께 고하되 보
시오 당신의 제자들이 안식일에 하지 못할 일을 하나이다. 예
수께서 가라사대 다윗이 자기와 그 함께한 자들이 시장할 때에
한 일을 읽지 못하였느냐 그가 하나님의 전에 들어가서 제사장
외에는 자기나 그 함께한 자들이 먹지 못하는 진설병을 먹지
아니하였느냐 또 안식일에 제사장들이 성전 안에서 안식을 범
하여도 죄가 없음을 너희가 율법에서 읽지 못하였느냐 내가 너
희에게 이르노니 성전보다 더 큰이가 여기 있느니라 나는 자비
를 원하고 제사를 원치 아니하노라 하신 뜻을 너희가 알았더면
무죄한 자를 죄로 정치 아니하였으리라"(마 12:1~7).

서기관들과 바리새인들이 무죄한 자를 참소하는 자라고 책망을
하셨습니다. 우상 신의 종이 하나님의 사람을 참소하는 말도 안 되
는 행동을 한다는 뜻입니다.

거룩한 계명은 하나님이 원하시는 행동을 알려 주는 것으로 즉
죄가 무엇인지를 알려 주는 것이므로 예수 그리스도를 믿고, 온전
히 원죄를 씻은 후에, 하나님의 통치를 받으며 하나님을 기쁘시게
해 드리고 하나님을 드러내는 생활을 하라는 것입니다. 거룩한 계
명의 실천은 예수 그리스도로부터 전적인 사랑과 은혜로 구원을 받
고 하나님의 사랑과 은혜에 대한 반응으로 지키는 것입니다.
이스라엘 백성들은 언약의 백성들이기 때문에, 거룩한 계명을 온
전히 잘 지켜야 하였으나 원죄 때문에 그렇게 지킬 수가 없다는 것
이 문제였습니다. 이런 이유 때문에 서기관들과 바리새인들이 거룩
한 계명을 잘 지켜서 자신들의 문제를 해결하고자 하는데, 거룩하

게 성장하는 것이 아니라 더욱 더 나빠졌습니다.

그런데도 이 사실을 모르고 열심히 지키려고 하였고 실천에 몰두하였습니다. 실천에 몰두한 결과는 거짓말쟁이가 되고 위선자만 되는 것뿐만 아니라 잃는 것이 너무나 많았습니다. 지나칠 정도로 자신의 관심을 한 곳에 집중하고 몰두하는 생활은 당연히 시야를 좁게 만들었고, 또 다른 문제를 만들어냈습니다. 지나친 몰두는 등잔 밑이 어둡다는 사실을 모르게 하는 것입니다.

장자라는 사람의 예화에는 이런 이야기가 있습니다.

벌레를 잡아먹기 위하여 당랑은 온 신경을 집중을 하고 벌레에게 다가가고 있었답니다. 그러나 당랑은 벌레에 집중하였기 때문에 자신을 잡아먹으려고 노려보고 있는 새가 있다는 것을 볼 수가 없었습니다. 또한 새는 당랑을 잡아먹으려고 온 신경을 집중하고 노려보고 기회를 기다리고 있었습니다. 그러나 그 새도 당랑에 온 신경을 집중하고 있었기 때문에 자신을 노려보고 활을 겨눈 포수를 발견하지 못했습니다. 포수는 새를 잡기 위하여 정신을 집중하다가 자신의 발 밑에 있는 구덩이를 보지 못하여 넘어지고 말았습니다.

목표에 집중하는 일은 필요한 일이긴 하여도 때로는 다른 잘못을 하게 만듭니다. 때로는 자신과 자신의 주의를 돌아보아야 하는데, 이들은 죄를 짓지 않겠다고 계명의 성취에 몰두하였던 것이 도리어 자신이 다른 죄를 짓게 하는 것도 모르게 하였습니다.

서기관들과 바리새인들은 자신들이 거룩한 사람이 되고자 거룩의 실천에 몰두하였기 때문에 자신들과 똑같이 행동하지 못하는, 죄인이라고 하는 사람들은 자신들의 시야에 들어올 수가 없었으며, 관심이 없었습니다. 이들은 죄인을 멸시하고 분리시키므로 살인죄를 짓고 사랑할 줄 모르는, 연대의식이 없는 사람이 되었습니다.

　　"그 형제를 미워하는 자마다 살인하는 자니 살인하는 자마다 영
　　생이 그 속에 거하지 아니하는 것을 너희가 아는 바라"(요일
　　3:15).

사랑은 애착으로 연대의식입니다. 예수 그리스도께서도 이 점을 지적하셨고 사도 요한도 이 점을 가지고 말씀하셨습니다. 서기관들과 바리새인들은 실천에 관심을 기울였기 때문에 계명의 틀에 맞지 않으면 세리와 창기 같은 죄인들이 자신들과 똑같은 죄인들인데도 배척을 하는 모순된 사고를 하였습니다.

이들은 본질을 먼저 보려고 하지 않고 언제나 형식적인 틀에 맞추어 보고 "죄다 아니다" 하는 사고를 하였습니다. 마치 자신이 가지고 있는 금고가 사각형이므로 사각형이 아닌 물건은 넣을 수 없다고 거부하는 사람처럼 어리석은 판단을 하는 사람들과 같습니다.

금고 안에 들어갈 물건이 사각형이든 아니든 그것이 무슨 상관이 있겠습니까? 금고는 중요한 물건을 보관하는 곳으로, 그 곳에 넣을 수 있는 중요한 것이라면 넣어 두는 것인데도 이들은 금고가 사각형이기 때문에 사각형이 아닌 물건은 넣어서는 안 된다고 거부하고 배척하는 사람과 같다 할 수 있습니다.

이런 모습은 예수 그리스도의 말씀을 듣고 예수가 그리스도(메시아)라고 하였을 때 그의 말과 행동이 "진리냐 아니냐"로 판단하기보다는 형식을 먼저 찾는 모습에서도 볼 수 있습니다.

물론 예수 그리스도는 다윗의 자손으로 오셨지만, 이들은 먼저 진실을 보아야할 때 틀을 먼저 생각하고 갖다가 맞추어 보는 사고를 가지고 있었습니다. 물론 여기에는 약속의 말씀으로 하나님께서 하신 말씀이 있었기 때문이기도 하였지만 언제나 기계적인 사고를

했던 것입니다.

> "이 말씀을 들은 무리 중에서 혹은 이가 참으로 그 선지자라 하
> 며 혹은 그리스도라 하며 어떤 이들은 그리스도가 어찌 갈릴리
> 에서 나오겠느냐 성경에 이르기를 그리스도는 다윗의 씨로 또
> 다윗의 살던 촌 베들레헴에서 나오리라 하지 아니하였느냐 하며
> 예수를 인하여 무리 중에서 쟁론이 되니 그 중에는 그를 잡고자
> 하는 자들도 있으나 손을 대는 자가 없었더라"(요 7:40~44).

이 말씀을 볼 때, 그리스도가 "어찌 갈릴리에서 나오겠느냐"고 부인하는 사람들은 아마도 서기관들과 바리새인들이었을 것입니다.

또한 서기관들과 바리새인들의 비판을 잘 보여주는 구절은 "율법을 알지 못하는 이 무리는 저주를 받은 자로다.(하고 정죄를 하였을 때) 그 중에 한 사람 곧 전에 예수께 왔던 니고데모가 저희에게 말하되 우리 율법은 사람의 말을 듣고 그 행한 것을 알기 전에 판결하느냐.(하니) 저희가 대답하여 가로되 너도 갈릴리에서 왔느냐 상고하여 보라… "(요 7:49~52)고 반발하는 모습에서도 진리를 가지고 판단하려는 자세가 결여된 경직된 사고를 보게 됩니다.

이들의 사고는 자신의 개념의 틀 속에 맞지 않으면, 진실을 보려하는 것이 아니라 외형을 보고 틀에 맞지 않는다고 부정하는 것이었습니다.

서기관들과 바리새인들은 죄를 짓지 않겠다는 실천에 온 신경을 집중하고, 거룩함을 성취하려고 했던 생활을 했기 때문에 항상 팽팽하고 긴장된 생활을 하였습니다. 이 생활이 과도하게 긴장된 생활을 만들 수밖에 없는 이유는 자신들이 이해관계 앞에서 잠깐 망각을 했을 때는 온전히 실천하지 못하고 죄를 범했던 경험을 하게

되어 있기 때문이었을 것입니다.

이들은 이런 경험들을 생각하며 회개하였을 것이고, 다시는 죄를 범하지 않겠다고 다짐하고 온전한 실천에 몰두하는 생활을 하였습니다. 죄를 범하지 않겠다고 여기에 눈을 맞추고 사는 생활은 반드시 긴장을 가져올 수밖에 없습니다. 이런 긴장된 생활은 사고의 경직은 물론이고, 육체의 질병을 가져오고, 감정에는 감수성을 잃어버린 문둥이와 같이 감각이 마비된 사람으로 변화시킵니다.

도덕주의자들의 굳은 얼굴 표정과 경직된 사고는 무엇 때문이겠습니까? 왜 사람이 그렇게 되겠습니까? 이들의 사고와 얼굴 표정이 굳은 이유는 도덕을 엄격히 지키려고 하는 긴장된 생활 속에서 얻게 된 것들이라고 할 수 있습니다.

즐거운 일을 보고도 오로지 도덕적인 견지에서만 판단하여 옳으냐, 틀리냐로 가려 보기 때문에 즐거움 그 자체를 받아들이지 못하는 것입니다. 감성을 스스로 죽이고 문둥이처럼 자신의 감성을 잃어버리는 훈련을 하고 사는 사람이라고 할 수 있습니다.

율법주의자들의 사고도 마찬가지로 경직되어 유연성을 잃을 수밖에 없습니다. 사람을 보는데, 율법을 범한 사람들은 영원히 나쁜 사람으로 보고, 그렇지 않은 사람은 영원한 좋은 사람으로 봅니다. 현실에 맞지 않는 사고를 가지고 현실을 보고 또 사람들도 그렇게 보기 때문입니다.

사람은 회개하고 변할 수도 그렇지 않으면 타락할 수도 있다는 것 그리고 성장하지 못하면 퇴보한다는 변화를 인정할 수 없는 마음을 가지고 있습니다. 그래서 사람을 볼 때도 고정된 틀 속에서 보는, 현실에 맞지 않는 경직된 사고를 하게 됩니다.

하나님주의자가 아닌 율법주의자나 도덕주의자들 그리고 나아가 무슨 주의자들은 모두 다 같이 본질적으로 같은 결과를 가져오게 되어 있는 사람들입니다. 그래서 서기관들과 바리새인들 역시 감정은 굳어져 문둥병자와 같이 되고, 얼굴 표정도 굳어져 웃음을 모르는 무표정한 사람이 되고, 사고는 경직되어 틀에 박힌 경직된 사고를 하게 되었습니다.

예수 그리스도께는 이런 모습을 볼 수 없습니다. 그는 군중 속에서도 자신의 옷자락을 만지는 사람을 알 수 있을 만큼 놀라운 감각을 지니고 계셨습니다.

"예수께서 그 능력이 자기에게서 나간 줄을 곧 스스로 아시고
무리 가운데서 돌이켜 말씀하시되 누가 내 옷에 손을 대었느냐
하시니" 하는 말씀을 볼 수가 있습니다(막 5:30).

예수 그리스도께서는 병마에 시달리는 사람들을 그리고 이스라엘 사람들을 불쌍히 생각하시고 울었다고 하는 모습 속에서, 주님의 감성을 볼 수 있습니다. 예수 그리스도께서는 웃었다는 말씀이 없지만 그러나 가진 것이 없는 사람으로서 삶을 즐기는 모습이 나오고 있습니다.

서기관들과 바리새인들이 삶을 즐기는 예수 그리스도를 보고 비난하였을 때 예수 그리스도께서 말씀하셨습니다.

"인자는 와서 먹고 마시매 너희 말이 보라 먹기를 탐하고 포도
주를 즐기는 사람이요 세리와 죄인의 친구로다 하니 지혜는 자
기의 모든 자녀로 인하여 옳다 함을 얻느니라"(눅 7:34~35).

서기관들과 바리새인들의 죄를 미워한다고 하며 선을 향한 집중이 죄인을 멸시하고 우월감을 가지고 죄된 짓을 하는 자신은 발견하지 못하게 하였습니다.

사복음서에는 이런 모습을 쉽게 볼 수 있게 합니다. 이런 생활모

습은 예수 그리스도께서 성전에 올라가 기도하는 바리새인의 비유
로 말씀하신 가운데서 볼 수 있습니다.

"또 자기를 의롭다고 믿고 다른 사람을 멸시하는 자들에게 이
비유로 말씀하시되 두 사람이 기도하러 성전에 올라가니 하나
는 바리새인이요 하나는 세리라 바리새인은 서서 따로 기도하
여 가로되 하나님이여 나는 다른 사람들 곧 토색, 불의, 간음을
하는 자들과 같지 아니하고 이 세리와도 같지 아니함을 감사하
나이다. 나는 이레에 두 번씩 금식하고 또 소득의 십일조를 드
리나이다 하고 세리는 멀리 서서 감히 눈을 들어 하늘을 우러
러보지도 못하고 다만 가슴을 치며 가로되 하나님이여 불쌍히
여기옵소서 나는 죄인이로소이다 하였느니라 내가 너희에게 이
르노니 이 사람이 저보다 의롭다 하심을 받고 집에 내려갔느니
라 무릇 자기를 높이는 자는 낮아지고 자기를 낮추는 자는 높
아지리라 하시니라"(눅 18:9~14).

같은 죄인이면서도 세리와 창기 같은 사람에게 우월감을 느끼고
멸시하며 배척하였습니다. 그러나 더욱 큰 문제는 거룩하신 하나님
의 말씀을 잘 받들어 지키고 죄를 짓지 않는 성결한 생활을 한다면
이들의 생활이 즐겁고 행복해야만 하지만 그렇지 않았다는 것입니
다. 죄를 짓지 않겠다고 몰두한 삶이 도리어 다른 무거운 짐을 지
는 것과 같이 스트레스가 되고, 고통이었기 때문에 불만이 쌓이고
있었습니다.

이 모습은 예수 그리스도께서 세리와 창기들 같은 죄인과 어울린
다고 불평하고 바리새인 시몬의 집에 초대를 받아 들어갔을 때, 한
죄인인 여자가 향유가 들어있는 옥합을 가지고 와서 예수 그리스도
의 발을 눈물로 적시고 자기 머리털로 씻고 그 발에 입맞추고 향유

를 부으니 "바리새인 시몬은 이것을 보고 마음에 이르되 이 사람이 만일 선지자더면 자기를 만지는 이 여자가 누구며 어떠한 자 곧 죄인인줄을 알았으리라" 라고 하면서 같이 어울린다고 불평하며 비난하는 태도에서 볼 수 있습니다.

이는 서기관들과 바리새인들이 자기의 인생에 대해서 근본적 잘못을 저지른 행동에서 오는 불만을 가지고 있다는 것을 보여주는 말씀입니다. 하나님과의 교제가 단절되어 있기 때문에 타인과의 교제가 단절되어 오는 불만이라고 할 수 있습니다.

사람은 자신이 행복으로 충만해지면 세상이 아름답게 보이고, 잘못한 사람에 대해서도 불쌍한 마음이 생기게 되어 관용의 마음이 됩니다. 그렇지 못하면 관용의 마음도 사라지고 심판의 마음이 가득하게 되어 상대를 정죄하려고만 하게 됩니다.

예수 그리스도께서는 원죄의 문제와 자범죄의 문제를 해결해 주셨습니다. 우리의 원죄를 용서하고 예수 그리스도의 의로 구원을 받고 예수 그리스도의 의 속에서 거룩함을 추구할 수 있게 해 주셨습니다.

4) 하나님의 정의(正義)에 대한 이해

정의란 옳은 것, 바르게 사는 것을 뜻합니다. 어떻게 사는 것이 바르게 사는 것이고 바른 행동인가요? 경제학자들은 분배의 정의를 말하고 법치주의자들에게는 준법이 정의라고 말 할 것입니다.

서기관들과 바리새인들에게 정의가 무엇이냐고 묻는다면 똑같이 율법을 준수하는 것이 정의라고 말할 것입니다. 율법이 정의이기 때문에, 율법을 준수하기 위하여 율법에 규정되어 있는 조문들을 지키는 것은 정의를 실천하는 것으로 당연한 행동입니다. 율법은 하나님의 법으로 하나님이 원하시고 기뻐하시는 기준입니다.

율법에는 무엇은 먹을 수 있고, 무엇은 먹어서는 안 되고 하는 규정된 말씀과 결례의식 그리고 제사의식도 있습니다. 레위기를 보면 쉽게 볼 수 있습니다. 서기관들과 바리새인들은 이 규정들을 글자 그대로 철저히 지키는 것이 하나님의 정의이고 거룩한 행동이라고 믿었습니다.

사도 바울은 예수 그리스도와 충돌했던 과거 바리새파 사람이었으나, 예수 그리스도의 말씀을 듣고 후일 누구보다도 하나님의 아들 예수 그리스도의 뜻을 더 잘 이해하게 되었습니다. 그는 로마서에서 먹고 마시는 문제에 대하여 이렇게 말씀하였습니다.

> "하나님의 나라는 먹는 것과 마시는 것이 아니요(율법의 규례와 법도에 있는 것이 아니요) 오직 성령 안에서 의와 평강과 희락이라"(롬 14:17).

그는 율법의 정신 즉 하나님의 본래의 뜻을 중시하는 말씀을 이해한 사람이었기 때문에 이렇게 말씀하였습니다.

하나님의 정의는 율법의 조문을 그대로 실천하는 것만이 모든 것이 아닙니다. 하나님의 정의는 하나님이십니다. 하나님의 삶입니다. 하나님의 정의는 하나님과 함께 동행할 수 있는 거룩한 사람이 되어(즉 하나님이 내재하시는 사람이 되어) 하나님을 드러내고 사는 것이 하나님의 정의입니다.

하나님이 내재하시는 사람에게, 하나님께서 거룩한 계명의 말씀을 명령하시기 때문에 지키고 사는 것입니다. 그러므로 예수 그리스도께서 말씀하셨습니다.

"… 너희가 박하와 회향과 근채의 십일조를 드리되 율법의 더
중한 바 의와 인과 신은 버렸도다 그러나 이것도 행하고 저것
도 버리지 말아야 할지니라"(마 23:23).

하나님의 정의는 하나님의 사랑에 비중을 두고 있습니다. 그렇지
만 하나님의 말씀은 모두 다 중요한 것이기 때문에 다 지켜야 한다
는 말씀입니다. 그러나 서기관들과 바리새인들은 하나님의 정의를
형평의 원리로만 보고 있었습니다.

"또 눈은 눈으로 이는 이로 갚으라 하였다는 것을 너희가 들었으
나"(마 5:38)하시면서 시작하는 말씀에서 볼 수 있습니다. 이 지적
은 구약의 율법의 형평의 원리를 서기관들과 바리새인들이 하나님
의 정의로 보았다는 것을 지적하고 있는 말씀입니다.

예수 그리스도께서는 이것을 바로 잡아 주셨습니다. 하나님의 정
의는 먼저 공의에 있는 것이 아니라, 하나님이 보내신 이를 믿는
것입니다.

"영생은 곧 유일하신 참 하나님과 그의 보내신 자 예수 그리스
도를 아는 것이니이다"(요 17:3).

하나님의 정의는 하나님 자신이 정의이기 때문입니다. 하나님의
정의는 하나님에게 있습니다.

"인자는 안식일의 주인이니라 하시니라"(마 12:8).

사람은 하나님을 믿음으로 구원을 받고, 정의로운 사람이 되며
거룩한 사람이 됩니다. 인간은 의롭지 못한 존재이지만 예수 그리
스도를 믿음으로 하나님의 정의가 전가되어 의인이요 거룩한 사람
이 됩니다. 본래, 진실로 하나님께서 원하시는 하나님의 정의는 형

평의 원리가 아니고, 더 수준 높고 큰 것으로 하나님의 사랑이 곧 하나님의 정의라고 말씀하셨습니다.

> "나는 너희에게 이르노니 악한 자를 대적지 말라 누구든지 네 오른 편 뺨을 치거든 왼편도 돌려 대며 또 너를 송사하여 속옷을 가지고자 하는 자에게 겉옷까지도 가지게 하며 또 누구든지 너로 억지로 오리를 가게 하거든 그 사람과 십리를 동행하고 네게 구하는 자에게 주며 네게 꾸고자 하는 자에게 거절하지 말라 또 네 이웃을 사랑하고 네 원수를 미워하라 하였다는 것을 너희가 들었으나 나는 너희에게 이르노니 너희 원수를 사랑하며 너희를 핍박하는 자를 위하여 기도하라 이같이 한즉 하늘에 계신 너희 아버지의 아들이 되리니 이는 하나님이 그 해를 악인과 선인에게 비취게 하시며 비를 의로운 자와 불의한 자에게 내리우심이니라 너희가 너희를 사랑하는 자를 사랑하면 무슨 상이 있으리요 세리도 이같이 아니하느냐 또 너희가 너희 형제에게만 문안하면 남보다 더 하는 것이 무엇이냐 이방인들도 이같이 아니하느냐 그러므로 하늘에 계신 너희 아버지의 온전하심과 같이 너희도 온전하라"(마 5:39~48).

이런 사랑의 행위가 하나님의 정의이고 바르게 사는 것입니다. 이 뜻은 곧 거룩한 삶이 하나님의 정의라는 말씀이고, 하나님의 행위인 거룩함이 하나님의 정의이며, 바르게 사는 잘 사는 생활입니다.

하나님의 정의는 내가 대접받은 대로 그렇게 돌려주는 것이 아닙니다. 즉 거래관계와 같은 것이 아니요, 옳고 그른 것을 가려 정죄하고 심판하는 것도 아닙니다. 하나님의 정의는 사랑이고 죄인이 회개하는 것입니다. 예수 그리스도께서는 율법의 정의를 부정하시지 않고, 본래 하나님이 진심으로 원하셨던 뜻으로 바로 잡아 주셨습니다. 서기관들과 바리새인들은 하나님의 정의를 율법의 공의와 심판에 두었습니다. 죄인을 배척하고 타인을 비판하는 이들의 모습이 이 사실을 말해 줍니다. 서기관들과 바리새인들은 율법을 잘 익혔기 때문에 무엇이 옳고 그른 것인지는 잘 알면서도 사랑을 모르는 사람들입니다.

산상수훈에서 예수 그리스도께서 아래의 말씀을 하신 것이 서기관들과 바리새인들을 향한 말씀으로 보입니다.

> "비판을 받지 아니하려거든 비판하지 말라 너희의 비판하는 그 비판으로 너희가 비판을 받을 것이요 너희의 헤아리는 그 헤아림으로 너희가 헤아림을 받을 것이니라 어찌하여 형제의 눈 속에 있는 티는 보고 네 눈 속에 있는 들보는 깨닫지 못하느냐 보라 네 눈 속에 들보가 있는데 어찌하여 형제에게 말하기를 나로 네 눈 속에 있는 티를 빼게 하라 하겠느냐 외식하는 자여 먼저 네 눈 속에서 들보를 빼어라 그 후에야 밝히 보고 형제의 눈 속에서 티를 빼리라"(마 7:1∼5).

율법을 통하여 옳고 그른 것을 배웠기 때문에 비판을 하게 되는 것입니다. 옳고 그른 것을 자기 나름대로 믿고 있기 때문에 자기의 잣대로 비판하는 것이 세상의 비판입니다. 옳고 그른 것을 모르는 사람은 비판을 할 수 없습니다.

서기관들과 바리새인들은 옳고 그름만 알고, 용서의 사랑이 더 큰 하나님의 정의라는 것 즉 사람을 더 거룩한 사람으로 만들고 고통의 문제를 해결하는데 더 유익함이 있고 행복을 누리고 살 수 있도록하는 것이라는 것을 모르는 사람들이었습니다.

서기관들과 바리새인들은 옳고 그름을 알기 때문에, 자신의 이익을 위하여 상대를 비난하고 심판을 주장하며 공동체의 분열을 조장해서 자신의 이익을 취하였습니다. 예수 그리스도께서 이들을 마귀의 자식이라고 하는 말씀하신 뜻은 이런 이유 때문입니다.

막스 레닌주의자들이 자신들의 이익을 위하여 약자를 대변하는 사람으로 자처하며 집권을 한 후, 더 가혹한 행동을 하는 것과 같습니다. 가룟 유다와 같이 광명의 천사로 위장한 사람들입니다(요 12:4~6). 사도 바울도 이런 형태의 외식에 대하여 말씀하였습니다.

> "이것이 이상한 일이 아니라 사단도 자기를 광명의 천사로 가장
> 하나니"(고후 11:14).

사랑은 여러 가지로 정의할 수 있겠지만, 기독교의 사랑은 연합을 이루는 사랑을 말하고 있습니다. 애착이라고 할 수 있습니다. 애착은 집착과 다릅니다. 그 연합은 사랑의 연합이 아니기 때문입니다.

연합을 이루는 사랑은 새로운 가치를 창출하게 만들고 모두를 만족시킬 수 없습니다. 그러므로 야고보 사도는 "긍휼을 행하지 아니하는 자에게는 긍휼 없는 심판이 있으리라 긍휼은 심판을 이기고 자랑하느니라"(약 2:13)는 말씀을 하셨습니다. 사랑은 율법의 심판을 이기고 온전히 율법을 완성시키는 것이라는 뜻입니다.

서기관들과 바리새인들은 율법의 심판은 알고, 용서의 사랑을 잘 모르는 공의의 사람들로, 구약의 요나 선지자와 같은 사람이라고 할 수 있습니다. 요나 선지자는 하나님의 정의를 형평의 원리로 생각한 사람이었습니다. 그는 행한 대로 심판을 받아야 한다는 신앙의 사람이라고 할 수 있습니다.

하나님께서 요나에게 자신의 나라, 이스라엘의 원수인 니느웨성에 가서 회개하라는 말씀을 전하라고 하였을 때, 그는 불법을 저지

른 이스라엘의 원수가 하나님의 정의로 심판을 받아 멸망하기를 원하였습니다. 그런데 하나님의 말씀이 회개하라는 말을 전하라 하시므로, 자신이 명령을 순종하고 회개하라고 전했을 때 만약 그들이 회개한다면 하나님께서 그들을 사랑하고 용서할 것이기 때문에, 이들이 망하지 않게 될 것이라고 생각하여 하나님의 명령을 받아들일 수가 없었습니다.

이렇게 되는 것은 자신이 바라는 것이 아니었습니다. 요나는 하나님께서 정의를 집행하여 그들이 행위대로 갚아 주시기를 원했습니다. 그러므로 그는 하나님의 명령을 거부하고 하나님의 손길에서 벗어나고자 니느웨성의 반대 방향에 있는 다시스로 도망쳤습니다.

그러나 하나님의 손을 어떻게 피할 수 있겠습니까? 요나는 죽을 고생을 통해서 회개를 하고 니느웨 성에 가서 하나님께 회개하지 않으면 망하게 될 것이라고 전했습니다. 요나의 말을 듣고 니느웨 성의 왕과 대신들과 온 백성들이 회개를 하매, 하나님께서는 진노를 거두시고 이들을 용서하셨습니다. 요나는 이런 상황을 보고 하나님께 항의 했습니다.

> "요나가 심히 싫어하고 노하여 여호와께 기도하여 가로되 여호와여 내가 고국에 있을 때에 이러하겠다고 말씀하지 아니하였나이까 그러므로 내가 빨리 다시스로 도망하였사오니 주께서는 은혜로우시며 자비로우시며 노하기를 더디하시며 인애가 크시사 뜻을 돌이켜 재앙을 내리지 아니하시는 하나님이신 줄을 내가 알았음이니이다"(욘 4:1~2).

나아가 심판를 주장하는 요나는 제 마음에 맞지 않는 심판을 하였다고 하나님께 "여호와여 원컨대 이제 내 생명을 취하소서 사는 것보다 죽는 것이 내게 나음이니이다"(욘4:3)고 불평하였습니다.

하나님께서는 형평의 원리만을 원칙으로 삼고 주장하는 요나의 어리석음을 박넝쿨을 이용하여 지적하시며 깨닫게 하셨습니다.

> "여호와께서 가라사대 네가 수고도 아니하였고 배양도 아니하였고 하룻밤에 났다가 하룻밤에 망한 이 박넝쿨을 네가 아꼈거든 하물며 이 큰 성읍 니느웨에는 좌우를 분변치 못하는 자가 십이만여 명이요 육축도 많이 있나니 내가 아끼는 것이 어찌 합당치 아니하냐"(욘 4:10~11).

하나님의 정의를 공의로 보고 하나님을 의로우신 재판장으로서 율법에 비추어 평등하게 심판하신다는 서기관들과 바리새인들의 생각은 그래도 당시의 세상을 볼 때에 분명히 훨씬 앞서 가는 생각이었습니다.

하나님께서는 하나님의 정의가 사랑이라는 것을 호세아를 통하여 보여주셨습니다. 우상을 섬기는 이스라엘 백성을 사랑하시며 당신의 아픈 마음을 깨닫게 하셨습니다. 하나님께서는 하나님의 정의를 실천하시며 이스라엘을 사랑하는 하나님의 마음을 보여주셨습니다. 이런 모습은 언약을 신실하게 지키시는 모습으로 곧 하나님의 의로우심 보여주는 것입니다.

하나님의 정의는 심판에 있는 것이 아니라 사랑에 있습니다.

> "나 여호와가 말하노라 너희를 향한 나의 생각은 내가 아나니 재앙이 아니라 곧 평안이요 너희 장래에 소망을 주려 하는 생각이라 너희는 내게 부르짖으며 와서 내게 기도하면 내가 너희를 들을 것이요 너희가 전심으로 나를 찾고 찾으면 나를 만나리라"(렘 29:11~13).

하나님의 사랑은 연합을 만들어 내고 더 큰 유익을 창출하고 행복을 누리게 합니다. 바울 사도께서는 고린도전서 12장에서 은사 문제로 서로 자신의 은사가 더 우수한 것이라 주장하는 문제에 대하여 "모든 은사가 각기 소중한 것이다, 그러나 사랑으로 연합을 하여 더 큰 가치를 창출하게 만드는 사랑의 은사가 중요하다고 고린도전서 13장으로 이어가며 말씀하였습니다. 다른 은사를 부정하며 사랑만이 최고라고 말씀하는 것이 아닙니다.

교만과 자랑과 비판 등은 분열을 만들어 내고 공동체가 가지고 있는 유익도 못 쓰게 만들고 불행을 겪게 만드는 것이나, 사랑은 개개의 은사를 단순히 합친 것보다 더 큰 유익을 창출하기 때문에 사랑하라고 하였습니다.

하나님의 정의는 사랑으로 즉 나에게 잘 못한 사람이라도 그렇게 돌려주지 말고 선대하는 것이요 죄인을 용서하는 것이요 나그네를 선대하는 것이요 자신을 돌볼 수 없는 고아와 과부 같은 사회적 약자를 불쌍히 생각하고 돌보는 것이요 세속에 물들지 않는 것입니다.

"하나님 아버지 앞에서 정결하고 더러움이 없는(거룩한) 경건은
곧 고아와 과부를 그 환난 중에 돌아보고 또 자기를 지켜 세속
에 물들지 아니하는 이것이니라"(약 1:27).

하나님의 정의는 사랑으로 불쌍히 생각하는 마음을 가지고 도움이 필요한 사람에게 도움을 주는 것입니다. 누가복음 10장에서 "내 이웃이 누구오니이까" 라고 질문하는 서기관에게 예수 그리스도께서는 원수도 내 이웃이고 사랑해야 할 사람으로 도움이 필요하면 도움을 주어야 한다고 말씀하셨습니다. 긍휼히 여기는 자는 긍휼이 여김을 받습니다.

"긍휼히 여기는 자는 복이 있나니 저희가 긍휼히 여김을 받을
것임이요"(마 5:7).

하나님 아버지께서는 예수 그리스도를 통하여 하나님의 정의와
하나님의 거룩한 삶이 서기관들과 바리새인들의 정의라고 하는 거
룩한 삶과 어떻게 다른지 분명히 보여주십니다. 서기관들과 바리새
인들이 믿고 있는 형평의 원리로 율법을 지킨다는 것은 가장 작은
사랑으로 자신을 초월하는 하나님의 거룩한 삶을 만들어 줄 수 없
으며, 또 자유를 줄 수 없습니다(당시 주변 국가의 법에 비교하면
높은 수준의 정의임이 틀림없었지만).

예수 그리스도께서 말씀하신 하나님의 정의는 하나님을 신뢰하
고 실천하는 사람에게 온전히 자신을 초월하여 하나님처럼 살게 만
들어 주십니다. 참 자유와 행복(희락과 평강) 즉 천국의 삶을 누리
게 만들어주며 정의로운 삶을 체험하게 해 주십니다.

5) 하나님의 사랑에 대한 책임의 이해

사랑에는 책임있는 반응이 반드시 따릅니다. 그것이 없는 사람은
무책임한 사람이요 배반자입니다. 사랑은 감정만이 아닙니다. 하
나님의 사랑을 받고 알기 때문에 하나님께 내 모든 것을 다하여 자
발적인 사랑의 반응을 보여야 합니다. 하나님께서는 모든 것을 다
한 사랑을 먼저 보여 주시고 사랑하셨기 때문에, 모든 것을 다한
이런 사랑을 받기 원하십니다.

이 사랑은 먼저 출애굽 사건을 말씀하고, 불가능한 상황에서 구
원하셨음을 말씀하고 있습니다. 그리고 광야 생활의 체험에 어떻게

돌보아 주셨는지를 말씀하며, 하나님께서 보여 주신 사랑의 기초를 일깨우고 있습니다. 하나님께서는 이 사랑을 먼저 하시고 이스라엘 백성들에게 잊지 말라고, "기억하라, 기억하라"는 말씀을 되풀이 하십니다.

신약에서는 우상 신의 손에서 아버지 하나님이 하나님의 아들을 바꾼 속량을 말씀하고 있습니다. 예수 그리스도께서 십자가에서 대속의 죽음을 죽으심과 부활에 사랑의 기초를 두고 말씀하셨습니다. 그러므로 하나님은 어떤 상태에서 구원을 받게 되었는지를 알고 감사하는 자발적인 사랑의 응답을 요구하십니다.

하나님과의 언약을 맺은 그 언약은 하나님께서 하나님의 사랑을 먼저 보여 주시고 응답의 행동으로 요구하십니다. 거룩한 계명으로 생활하는 것은 하나님의 사랑에 대한 응답입니다. 거룩한 율법을 실천하는 것은 하나님께 대한 사랑의 표현입니다. 물론 인간은 아직 어린 아이와 같이 수준이 낮기 때문에 낮은 차원의 거룩한 율법을 통하여 사랑의 표현을 받아 주셨습니다.

이 사랑의 반응은 결혼관계와 같은 것입니다. 애착으로 만드는 연합입니다. 신랑은 신부를 사랑하고 선택하여 결혼을 하고 사랑을 보여 주었기 때문에, 아내가 남편을 사랑하는 것이 마땅한 것과 같은 관계입니다.

그러나 이스라엘은 이런 부부간의 사랑의 응답으로 보여야할 반응을, 언약을 깨고 우상을 섬기는 간음을 하고 신랑 되신 하나님을 배반하였습니다. 호세아 선지자를 통하여 음란한 아내, 고멜을 거듭 용서하며 사랑하라는 명령은 이스라엘을 사랑하는 하나님의 괴로운 마음을 보여주기 위함이었습니다. 예레미야 선지자는 이스라엘의 우상숭배의 간음을 한 죄를 예레미야서 2장에서 지적하고 있습니다. 예레미야 2장은 우상숭배의 내용으로 가득 차 있습니다.

그들의 우상숭배의 죄의 문제는 이스라엘을 대표하는 지도자들이 죄를 진 것을 문제로 삼았습니다. 초기에 죄는 이스라엘을 대표하는 지도자들의 죄가 문제로, 이 죄로 인하여 이스라엘 백성 모두가 연대책임으로 고통을 당하게 되는 모습을 보여 줍니다.

예레미야 선지자와 에스겔 선지자는 지도자의 죄로 연대책임을 당한다고 억울하게 생각한 이스라엘 백성들에게 개개인의 책임을 강조하였습니다. 이스라엘 지도자들의 죄 때문만이 아니라 개인들이 죄를 지었기 때문이라고, 개인 각자가 하나님 앞에 성결할 것을 요구하였습니다.

이스라엘과 유다가 앗수르와 바벨론의 침략으로 멸망을 당하고 포로 생활을 하였을 때, 이들의 생활은 지극히 어려웠기 때문에 거룩한 율법을 준행하고 사는 생활은 쉬운 일이 아니었습니다. 그래도 하나님께서는 거룩한 율법을 지키고 살 것을 요구하고 경고를 하셨지만, 많은 사람들이 듣지 않았습니다. 이런 형편이었으므로 경고하였는데도 듣지 않았을 때는 개인의 책임이라는 말씀을 하신 것입니다(겔 33:1~9).

이런 개인적인 책임의식 문제를 서기관들과 바리새인들은 오해하고, 율법의 준수를 개인적인 책임으로만 국한시켜서 자신의 행동만 중요시하였습니다. 그래서 자신과 하나님과의 관계에서 자신의 행동만 바르게 하면 모든 것이 다 끝나는 것으로 생각하였습니다. 서기관들과 바리새인들의 연대의식의 그 범위가 협소하게 된 것은 이렇기 때문이 이라고 생각합니다.

서기관들과 바리새인들은 죄인들을 배척하고 의인이라고 자처하는 사람들끼리만 어울리고 또 자신만 보이고, 죄인들인 이웃은 무시하는 생활을 하였습니다. 하나님을 사랑하고 하나님께 책임을 다한다고 하는 생활을 협소하게 잡아서 자신과 하나님의 문제로만 보았기 때문에 심지어는 부모도 보이지 않았습니다. "고르반"이라고 하는 말로서 모든 것이 끝나는 것입니다.

서기관들과 바리새인들은 하나님의 사랑에 대한 책임은 하나님 먼저 그리고 인간은 그 다음이라고 생각했습니다. 그리고 하나님께 대한 자신의 책임을 다하기 위하여 몰두하였기 때문에 부모도, 이웃도, 타인도 제대로 보이지 않았던 것입니다. 자신의 책임을 협소하게 보았기 때문에 이방인들이나 사마리아인들이 보이지 않았고 죄인들도 마찬가지로, 관심 밖의 사람들이 되었습니다.

결과적으로 이들은 사랑으로 연합할 줄 모르게 되었습니다. 사랑으로 연합할 줄 모르는 이들의 어리석은 생활 모습을 예수 그리스도께서는 악한 청지기의 비유로 말씀하시며, 세상 사람들 보다 못하다고 말씀하셨습니다.

> "… 이 세대의 아들들이 자기 시대에 있어서는 빛의 아들들보다
> 더 지혜로움이니라"(눅 16:8).

나아가 같이 어울리며 연합하지 못하는, 친화력이 결여된 사람의 모습을 보여주었기 때문에, 이들을 책망하셨습니다.

> "이 세대를 무엇으로 비유할꼬 비유컨대 아이들이 장터에 앉아
> 제 동무를 불러 가로되 우리가 너희를 향하여 피리를 불어도
> 너희가 춤추지 않고 우리가 애곡하여도 너희가 가슴을 치지 아
> 니하였다 함과 같도다"(마 11:16~17).

이런 이들의 모습을 가장 잘 보여주는 사건은 누가복음 7장의 바

리새인 시몬의 집에서 일어난 사건입니다. 손님을 초청하고 선대하는 것은 하나님의 사랑이고 정의로운, 바른 하나님의 행위입니다. 그러나 주님을 선대하는 것이 아니라, 관심이 부족하여 씻을 물도 안 주고, 입맞춤도 하지 않았고, 향유도 뿌려 주지 않았다고 주님은 지적하시며 하나님의 죄 사함을 받은 그 은혜를 모르는 사람은 사랑을 모르는 사람이란 뜻으로 말씀하셨습니다.

적게 사랑(용서)을 받은 사람은 적게 남을 사랑하고, 하나님으로부터 큰 사랑을 받은 줄 아는 사람은 남을 크게 사랑할 줄 안다고 말씀(눅 7:47)을 하시는 가운데서 사랑이 연합의 뜻을 가지고 있다는 것을 볼 수 있습니다. 물론, 하나님의 사랑과 이웃을 사랑하는 것, 하나님께 대한 책임과 이웃에 대한 책임을 같이 보는 말씀입니다. 악한 청지기의 비유에서 주인(하나님)이 어떤 뜻을 가지고 있는지 잘 보여주고 있습니다.

하나님의 이 뜻은 새 계명을 통하여 분명히 말씀하셨습니다.

"새 계명을 너희에게 주노니 서로 사랑하라 내가 너희를 사랑한 것같이 너희도 서로 사랑하라"(요 13:34).

본질적으로 하나님에 대한 사랑과 사람을 사랑하는 것은 같다고 하시는 말씀입니다. 예수 그리스도께서 심판의 날 의인에게 칭찬을 하셨을 때에 하신 말씀을 보면 잘 알 수 있습니다.

"내가 주릴 때에 너희가 먹을 것을 주었고 목마를 때에 마시게 하였고 나그네 되었을 때에 영접하였고 벗었을 때에 옷을 입혔고 병들었을 때에 돌아보았고 옥에 갇혔을 때에 와서 보았느니라 이에 의인들이 대답하여 가로되 주여 우리가 어느 때에 주의 주리신 것을 보고 공궤하였으며 목마르신 것을 보고 마시게 하였나이까 어느 때에 나그네 되신 것을 보고 영접하였으며 벗

으신 것을 보고 옷 입혔나이까 어느 때에 병드신 것이나 옥에
갇히신 것을 보고 가서 뵈었나이까 하리니 임금이 대답하여 가
라사대 내가 진실로 너희에게 이르노니 너희가 여기 내 형제
중에 지극히 작은 자 하나에게 한 것이 곧 내게 한 것이니라
하시고"(마 25:35~40).

하나님께 대한 사랑은 힘든 처지에 있는 사람들을 돕는 것으로
본질적으로 같은 것이라는 뜻입니다.

톨스토이는 이런 모습을 그의 단편 소설『사랑이 있는 곳에 신도
있다』에서 예수 그리스도는 가난하고 어려운 처지에 있는 도움이
필요한 사람으로 변장하고 오신다는 뜻으로 썼습니다. 자신을 돌볼
수 없는 약한 사람을 돌보아 주고 환대하는 것은 곧 예수 그리스도
를 섬기고 환대한 것입니다. 그리고 이 행위는 하나님의 사랑에 대
한 책임을 자발적으로 기쁜 마음으로 행하는 것입니다.
요한 사도도 같은 말씀을 요한일서에서 하였습니다.
"사랑하는 자들아 하나님이 이같이 우리를 사랑하셨은즉 우리도
서로 사랑하는 것이 마땅하도다"(요일 4:11).

제 6 장

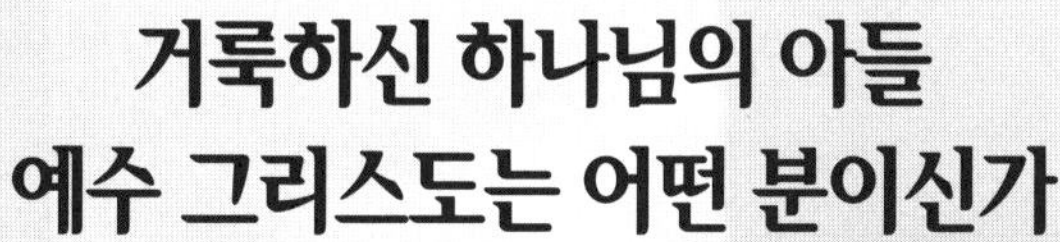

거룩하신 하나님의 아들
예수 그리스도는 어떤 분이신가

예수 그리스도는 우상 신의 지배 하에서 고통을 받고 사는 하나님의 백성을 구원하고 재창조 하시기 위해 하나님께서 이 땅에 보내 주신 하나님의 아들이며, 구세주이십니다. 그는 하나님이신 동시에 인간입니다.

예수 그리스도는 글자 그대로 한다면 성인(聖人)입니다. 그러나 성경에서 성인이란 말은 세간에서 쓰고 있는 성품이 뛰어나고 위대한 사람이라는 말과는 다른 뜻입니다. 이미 언급하였듯이, 거룩하다는 성(聖)이 창조주이신 하나님을 가리키는 말이기 때문입니다.

예수 그리스도는 하나님의 아들로서 인간의 육신을 입고 오신 하나님이십니다. 예수 그리스도께서는 성인의 모습으로 오셔서 인간을 성인(聖人)으로, 즉 하나님의 사람으로 하나님처럼 만들기 위해서 오신 분이십니다.

1. 예수 그리스도는 하나님의 아들

성경은 예수 그리스도를 하나님의 아들이라고 말씀하였습니다. 그는 동정녀 마리아에게서 성령으로 잉태되어 탄생하셨고, 하나님께서는 예수라고 이름을 짓게 하셨습니다.

"아들을 낳으리니 이름을 예수라 하라 이는 그가 자기 백성을 저희 죄에서 구원할 자이심이라 하니라"(마 1:21).

이름은 그 사람의 존재의 의미를 표견(表見)하는 말입니다. 그 사람의 얼굴이요, 그 사람의 인격을 대변하는 말이요, 그 사람의 인생의 의미를 한 마디로 보여주는 말입니다. 그 사람의 이름을 말하거나 듣게 되면, 떠오르는 형상이 있습니다. 무엇을 하며 무엇을 지향하고. 또 어느 곳으로 가고 있는 사람인지를 생각나게 하는 것이 이름입니다. 그 사람에게서 나는 그 사람만의 향기와 반응이 연상되는 것이 곧 그 사람의 이름입니다.

예수라는 이름은 "자기 백성을 저희 죄에서 구원할 자"라는 뜻을 가지고 있습니다. 예수님께서는 이름 그대로 하나님의 아들로서 이스라엘을 구원할 메시아의 사명을 부여 받고 이 땅에 오셨습니다.

예수님이 공생애의 첫 발을 내 디딜 때에 하나님께서는 구세주(메시아)라고 말씀하셨습니다.

"예수께서 세례를 받으시고 곧 물에서 올라오실새 하늘이 열리고 하나님의 성령이 비둘기같이 내려 자기 위에 임하심을 보시더니 하늘로서 소리가 있어 말씀하시되 이는 내 사랑하는 아들이요 내 기뻐하는 자라 하시니라"(마 3:16~17).

예수 그리스도께서는 성령에게 이끌리어 광야로 나아가, 마귀에게 시험을 받으시고 하나님의 아들임을 증명하신 후에, 이스라엘을 구원하시기 위하여 구세주로서 첫 사명을 수행하셨습니다.

예수님은 모세와 같은 인간으로서 위대한 능력을 가지고 이스라엘을 구원한 메시아가 아십니다. 주님께서는 하나님으로서, 하나님의 거룩하신 능력을 가지고 세상을 구원하시고 재창조하시고자 오신 창조주 하나님이십니다. 예수님은 하나님의 독생자이시고, 그리스도이십니다.

지금까지 이야기한 이 사실을 믿을 수 없다 해도, 예수 그리스도께서 하신 일을 알게 되면 믿을 수 있습니다. 예수 그리스도의 삶의 행적과 생활모습은 인간의 성정을 가진 사람이지만, 인간의 모습이 없는 거룩하신 하나님의 모습만 있기 때문에 볼 수 있는 눈을 가지고 있는 사람은 이 분이 하나님이라는 것을 믿고 고백하게 됩니다(요 14:8~11).

예수 그리스도께서는 빌립에게, 믿지를 못하겠거든 당신께서 하신 그 일을 보고 나를 믿으라고 말씀하셨습니다. 그리고 "나를 보는 자는 나를 보내신 이를 보는 것이니라"(요 12:45)는 말씀도 하셨습니다.

예수 그리스도의 생활은 말씀에서 볼 수 있듯이, 자신의 생각을 표현하고 사시는 생활은 전혀 없으셨습니다. 오직 아버지 하나님이 생각하고 말씀하시고 활동하시는 생활 모습을 보여주는 것이 곧 주님의 생활이었습니다.

예수 그리스도의 모든 생활은 하나님 아버지를 보여주시는 생활이었기 때문에, 주님은 하나님의 아들이십니다. 아버지 하나님과 완전히 합일되었고 자기가 없는 사람이기 때문에 거룩하신 하나님의 아들이십니다.

> "무릇 하나님의 영으로 인도함을 받는 그들은 곧 하나님의 아들이라"(롬 8:14).

그의 육신의 생활 모습에는 인간의 삶의 모습인 자기를 기쁘게 하는 삶의 모습이 전혀 없으셨습니다. 하나님 아버지를 기쁘시게 하는 삶의 모습만을 보여 주시며, 하나님을 드러내는 생활을 하셨습니다.

예수 그리스도는 당신 안에 계신 아버지 하나님께서, 지시하시는 말씀에 순종하셨습니다. 다른 사람을, 즉 이웃을 기쁘게 해주는 삶을 명령하실 때, 철저히 순종하고 이웃을 기쁘게 하셨습니다. 사람들은 자신을 기쁘게 하는 삶을 살고 있지만, 예수 그리스도께는 자신을 기쁘게 하는 삶이 없었습니다.

예수 그리스도께서는 우는 이웃과 만나면 우셨고, 웃는 이웃과 만나면 웃으셨습니다. 자기 기분이 기쁘다고 우는 이웃 앞에서 웃지 않으셨으며, 자기 기분이 슬프다고 웃는 이웃 앞에서 슬퍼하지 않으셨습니다. 주님께는 자기가 없었습니다. 모두 아버지 하나님이 지시하시는 말씀을 따라 순종하는 생활뿐이었습니다.

성경은 예수 그리스도는 인간이며 동시에 하나님으로서 자기가 없이 하나님께 끝까지 순종하는 생활뿐이라고 말씀하였습니다.

> "그는 근본 하나님의 본체시나 하나님과 동등됨을 취할 것으로 여기지 아니하시고 오히려 자기를 비어 종의 형체를 가져 사람들과 같이 되었고 사람의 모양으로 나타나셨으매 자기를 낮추시고 죽기까지 복종하셨으니 곧 십자가에 죽으심이라"(빌 2:6~8).

자기가 없는 생활을 하며, 옛 언약의 모든 말씀을 성취시키고 온전히 거룩한 율법과 일치된 생활을 하셨습니다. 이 뜻은 글자 그대로의 의미도 있지만, 하나님의 사랑으로 완전히 일치하는 생활을 하셨다는 뜻입니다.

> "사랑은 이웃에게 악을 행치 아니하나니 그러므로 사랑은 율법의 완성이니라"(롬 13:10).

그는 율법을 온전히 실천하시고 완전한 거룩을 보여주시는 전무후무한 사람이셨습니다. 율법의 정신인 사랑으로 처음부터 끝까지 철저히 생활하셨습니다. 그래서 "… 그리스도는 하나님의 형상"(고

후 4:4; 골 1:15)이라고 하였습니다.

하나님은 거룩하신 영이시기 때문에 인간의 육안으로는 보고 알 수 없는 분이지만, 육신을 입고 오신 예수 그리스도를 보게 되면 하나님을 보게 되고 알 수 있습니다. 예수 그리스도는 하나님이시기 때문에 예수 그리스도를 보면 아버지 하나님의 형상(모양)인 거룩함이 어떤 모습인지를 알 수 있다는 뜻입니다.

우리는 예수 그리스도처럼(하나님처럼) 되기를 원하는 사람들입니다. 예수 그리스도를 통하여, 내가 없고 하나님만이 있는 거룩한 사람이 되기를 원하는 사람들입니다. 여기에서 우리는 그 밖에 것으로 우리가 원하는 고통의 삶에서 해방되고 영원한 행복을 누리고 살고자 하는, 이 목적을 달성시킬 수 있습니다. 이 믿음은 문제해결을 위한 정곡을 찌르게 합니다.

세속적으로, 즉 피조물을 추구하여 문제를 해결하려고 하는 것은 문제해결이 될 수 없을 뿐만 아니라, 도리어 고통의 문제를 대량생산(大量生産)하게 합니다. 행복을 만들어 내는 것이 아니라 고통을 만들어 내고 불행을 생산합니다. 이 삶의 종착점은 멸망입니다. 그러므로 우리의 구원이 될 수 없다고 하나님께서는 피조물을 섬기지 못하게 하셨습니다.

하나님께서는 피조물을 섬기는 것을 얼마나 역겨워하시는지 가증한 것이라는 말씀으로 우상을 지칭하셨습니다. 예수 그리스도께서는 서기관들과 바리새인들에게 두 주인을 섬길 수 없다고 강력하게 말씀하셨습니다. 종으로서 자기의 주인이 결코 둘일 수는 없는 것에 비유하여 강력하게 거부하시는 말씀을 하신 것입니다.

"… 너희가 하나님과 재물을 겸하여 섬기지 못하느니라"(마 6:24)

는 이 문제는 지금 우리의 문제라고 할 수 있습니다.

인간에게는 육신을 영위(營爲)하기 위하여 재물이 필요합니다. 생존을 위해서 필요한 재물이 없다면 고통이 되고, 일반적으로는 불행을 느낄 수밖에 없습니다. 그렇다고 재물로 자신의 고통의 문제를 해결하려고 하는 것은 현명하지 못한 잘못된 일입니다.

재화를 섬기지는 않지만 하나님을 위하여 재화(財貨)를 풍족하게 만들줄 알고 만들어야만 합니다. 하나님을 기쁘시게 해드리기 위하여, 자신은 물론이요 필요한 이웃에게 쓸 재화까지 만들 수 있어야 합니다. 재화를 풍족하게 하려는 것은, 하나님을 사랑하고 하나님의 뜻을 받들어 섬기기 위한, 즉 사람을 사랑하기 위한 물건으로 필요한 것이기 때문입니다.

예수 그리스도께서는 재물이 우리의 삶의 문제를 해결하는 구원의 목표가 될 수 없기 때문에, 방향을 돌리고 하나님을 믿고 기쁘시게 해드리기 위하여 자신이 가신 그 길을 따라오라고 말씀하셨습니다.

어떻게 인간이 하나님처럼 될 수 있는가

인간은 하나님의 피조물이므로 그 무엇으로도 하나님처럼 될 수 없는 존재이고, 또 스스로도 될 수 없습니다. 그러나 하나님만은 인간을 하나님처럼 성인(聖人)의 모습으로 창조하셨고, 상실된 거룩한 상태를 원상회복시키시고 재창조하실 수 있는 분이십니다.

아담은 하나님의 창조목적을 배반하고 우상 신을 믿었기 때문에 하나님의 거룩을 상실하게 만들었지만, 하나님께서는 하나님의 아들 예수 그리스도를 둘째 아담의 모습으로, 즉 성인의 모습으로 이 땅에 보내 주시고 거룩을 상실한 인간을 재창조하여 예수 그리스도처럼 만들고자 하시는 구원계획을 시행하셨습니다.

예수 그리스도께서는 우리를 구원하여 하나님의 자녀로서 하나님의 삶을 살게 해 주셨습니다. 우상을 섬기던 죄를 용서받게 해 주시고 하나님의 삶을 사는 거룩한 사람이 되게 해 주셨습니다. 이것이 구원입니다.

성인의 모습으로 오신 하나님의 아들은 인간을 하나님의 아들처럼 성인의 모습이 되도록 재창조의 구원사역을 시행하셨습니다. 이런 사실을 성경은 첫째 아담은 살아 있는 영이었고 둘째 아담인 예수 그리스도께서는 하나님이시면서 구원자의 역할을 하시는 살려 주는 영이시라고 말씀하셨습니다.

　　"기록된바 첫 사람 아담은 산 영이 되었다 함과 같이 마지막 아담은 살려 주는 영이 되었나니"(고전 15:45).

아담의 죄로 그 후손들은 거룩함을 잃은 사람들이 되었지만 때가 차매, 하나님께서는 예수 그리스도를 통하여 거룩함을 상실하여 고통 속에 힘든 생활을 할 수 밖에 없는 사람들을 구원하기 위하여, 선택하시고 잃어버린 하나님의 형상을 회복하시고, 하나님처럼 거룩한 사람으로 다시 만들어 주고자 재 창조의 구원사업을 실행하셨습니다. 그러므로 인간은 하나님에 의하여 하나님처럼 될 수 있습니다.

예수 그리스도께서는 "성경은 폐하지 못하나니 하나님의 말씀을 받은 사람들을 신이라 하셨거든"(요 10:35)이란 말씀을 하시며 시편의 말씀을 인용하여 인간이 하나님처럼 될 수 있다고 말씀하셨습니다.

　　"내가 말하기를 너희는 신들이며 다 지존자의 아들들이라 …"
　　(시 82:6)

하나님의 아들 예수 그리스도께서는 당신을 믿는 사람들을 예수 그리스도처럼 거룩한 사람으로 재창조하시고 하나님의 자녀로, 후사가 되게 하셨습니다.

"자녀이면 또한 후사 곧 하나님의 후사요 그리스도와 함께한 후사니 우리가 그와 함께 영광을 받기 위하여 고난도 함께 받아야 될 것이니라"(롬 8:17).

"이는 이방인들이 복음으로 말미암아 그리스도 예수 안에서 함께 후사가 되고 함께 지체가 되고 함께 약속에 참여하는 자가 됨이라"(엡 3:6).

"우리로 저의 은혜를 힘입어 의롭다 하심을 얻어 영생의 소망을 따라 후사가 되게 하려 하심이라"(딛 3:7).

"너희가 아들인고로 하나님이 그 아들의 영을 우리 마음 가운데 보내사 아바 아버지라 부르게 하셨느니라 그러므로 네가 이후로는 종이 아니요 아들이니 아들이면 하나님으로 말미암아 유업을 이을 자니라"(갈 4:6~7).

이렇게 하나님의 자녀로 삼으신 후에는 이렇게 말씀하셨습니다.

"내가 진실로 진실로 너희에게 이르노니 나를 믿는 자는 나의 하는 일을 저도 할 것이요 또한 이보다 큰 것도 하리니 이는 내가 아버지께로 감이니라 너희가 내 이름으로 무엇을 구하든지 내가 시행하리니 이는 아버지로 하여금 아들을 인하여 영광을 얻으시게 하려 함이라 내 이름으로 무엇이든지 내게 구하면 내가 시행하리라 너희가 나를 사랑하면 나의 계명을 지키리라"(요 14:12~15).

이 말씀은 우리가 하나님의 자녀가 된 후에, 다른 사람을 재창조하는 일을 할 수 있다는 말씀입니다. 즉 전도하고 예수 그리스도의 제자(하나님의 자녀)로 만들 수 있다는 말씀입니다. 이렇게 사는 사람은 잘 사는 사람입니다.

지금, 여기에서부터 물론 고통의 문제를 해결하고 있고, 미래에는 모든 문제가 하나님에 의하여 완전히 해결될 것입니다. 미완의 상태로 흙으로 만든 육체를 입고 하나님처럼 살면서, 되어 가고 있지만 미래에는 하나님에 의하여 신령한 육체를 입고 완전히 하나님처럼 될 것입니다. 이 완성이 우리의 소망입니다.

우리는 예수 그리스도께서 우리의 소망을 이루어 주실 것을 믿고 생활을 합니다. 이 가르침을 따르는 생활은 이 세상에서 고통의 문제를 정리하며 사는 삶이기 때문에 잘 사는 생활입니다.

어느날 어떤 사람이 길을 지나가다가 쓰레기 치우는 청소부 앞에서 담배 꽁초를 길에 버리고 지나갔답니다. 곁에 쓰레기 리어카가 있는데도 길에 버리고 가니까 이 청소부가 혼자 말로 "쓰레기만 만드는 인간"이라고 혼자 말로 욕을 했다고 합니다. 이 말을 뒤를 따라 가다가 들은 목사 친구는 우리에게, 쓰레기를 치우지만 철학을 가지고 있고, 쓰레기에도 철학이 담겨 있다고 이야기를 하여 웃었습니다.

인간은 정말이지 쓰레기만 만드는 인생이 될 수 있습니다. 자신이 편하자고 하는 일이 자신과 타인을 힘들게 하고 고통만 만들어 주고 가는 사람이 될 수 있습니다.

예수 그리스도를 따르는 사람들은 쓰레기를 정리하고 천국을 만드는 생활을 하는 사람들입니다. 살기 좋은 천국은 완성이 되지 않았지만, 믿음으로 첫 발을 내 디딘 것이고 완성을 향하여 나아가는 사람들입니다. 바울 사도의 말씀과 같이 지금 여기에서는 푯대를 향하여 달려가는 사람들일 뿐입니다.

"내가 이미 얻었다 함도 아니요 온전히 이루었다 함도 아니라 오직 내가 그리스도 예수께 잡힌바 된 그것을 잡으려고 좇아가 노라 형제들아 나는 아직 내가 잡은 줄로 여기지 아니하고 오직 한 일 즉 뒤에 있는 것은 잊어버리고 앞에 있는 것을 잡으려고 푯대를 향하여 그리스도 예수 안에서 하나님이 위에서 부르신 부름의 상을 위하여 좇아가노라"(빌 3:12~14).

2. 우상 신을 멸망시키고 하나님께서 통치하는 세상을 만듦

이 땅에 오신 예수 그리스도께서는 인간을 하나님처럼 만들기 위하여 근본적인 문제를 해결하셨습니다. 근본적인 문제는 하나님만이 하실 수 있는 우상 신을 멸망시키시고, 원죄의 문제를 해결하시고 하나님께서 통치하시는 천국을 만들어 주심입니다. 이 사실을 복음이라는 말씀으로 선포하셨습니다.

예수 그리스도께서 하신 모든 일을 한 단어로 일컬을 수 있는 말씀은 복음이지만, 구체적인 내용은 세상을 천국으로 만들고, 믿음의 사람들을 천국에 들어가 살 수 있는 거룩한 사람으로 만드는 일입니다. 만드는 방법은 내가 만들려고 하면 안 되고, 오직 예수 그리스도를 믿고 따르는 생활을 할 때, 하나님께서 은혜를 베풀고 만들어 주십니다.

예수 그리스도께서 하신 모든 일을 한 마디로 일컬을 수 있는 말씀은 믿음의 사람들을 새로운 피조물로, 즉 하나님처럼 거룩한 존재로 재창조하시는 일입니다. 믿음의 사람들을 재창조하셨기 때문에 세상은 새로운 세상이 되었습니다. 그래서 우리는 시간에 획을 그어서 BC와 AD(주님 전, 주님 후)라고 구분하고 있습니다.

예수 그리스도께서는 세례 요한의 세례를 받은 후 성령에 이끌리어 마귀에게 시험을 받으러 광야로 나아가 40일을 금식하신 후 시험을 받았던 일과 승리한 일을 제자들에게 말씀하셨습니다.

이 승리는 우리에게 세 가지 사실을 계시하고 있습니다.

첫째는 당신이 하나님의 아들로서 메시야라고 말씀하신 것입니다.

"이에 마귀는 예수를 떠나고 천사들이 나아와서 수종드니라"(마 4:11) .

천사들의 수종을 받을 수 있는 분은 하나님뿐이기 때문입니다.

둘째는 하나님의 아들로서 마귀를 몰아내고 승리하시므로 당신 안에 온전한 하나님 나라가 이루어졌음을 말씀하셨습니다. 아담이 실패한 시험을, 예수 그리스도께서는 아버지 하나님께 철저히 순종하시므로 승리하시고, 하나님처럼 만들어 줄 수 있는 길을 열어 주시는 분임을 계시하셨습니다.

"…하나님의 아들이 나타나신 것은 마귀의 일을 멸하려 하심이니라"(요일 3:8).

"하나님이 나사렛 예수에게 성령과 능력을 기름붓듯 하셨으매 저가 두루 다니시며 착한 일을 행하시고 마귀에게 눌린 모든 자를 고치셨으니 이는 하나님이 함께 하셨음이라"(행 10:38).

예수 그리스도께서는 아버지 하나님께 철저히 순종하시므로 완전히 거룩한 인간의 삶의 모습과 천국의 삶의 모습을 보여주셨습니다. 그러므로 예수 그리스도께서는 이렇게 기도하라고 가르쳐주셨습니다.

"나라이 임하옵시며 뜻이 하늘에서 이룬 것 같이 땅에서도 이루어지이다"(마 6:10).

예수 그리스도 안에는 이미 하나님 나라가 있었습니다. 천국은 하나님의 나라로 하나님이 통치하시는 곳이며, 하나님의 말씀이 집행되는 땅입니다. 그 곳은 이미 예수 그리스도 안에 이루어져 있고 예수 그리스도를 믿고, 하나님의 자녀가 된 사람들의 각자의 심령 속에서 이루어져가는 나라입니다.

예수 그리스도께서는 알려 주셨습니다.

"… 하나님의 나라는 볼 수 있게 임하는 것이 아니요 또 여기 있다 저기 있다고도 못하리니 하나님의 나라는 너희 안에 있느니라"(눅 17:20~21).

우리 사이에 주를 머리로 하고, 사람들을 몸으로 한 공동체를 이룬 곳에 있다고 말씀하셨습니다. 예수 그리스도께서는 천국이 시작이 되었지만, 아직은 완성이 되지 않았다는 뜻으로 말씀하셨습니다.

"또 비유를 베풀어 가라사대 천국은 마치 사람이 자기 밭에 갖다 심은 겨자씨 한 알 같으니 이는 모든 씨보다 작은 것이로되 자란 후에는 나물보다 커서 나무가 되매 공중의 새들이 와서 그 가지에 깃들이느니라"(마 13:31~32).

인간의 심령 속에 하나님의 나라가 있습니다. 물론 하나님을 믿는 사람들 사이에 있으며, 이 땅 위에도 하나님의 나라가 나타나게 됩니다. 하나님 나라의 삶은 지금 여기에서 모든 고통의 문제를 해결해 나가고 하나님이 주시는 자유와 하나님의 정의와 진리 속에서 사는 생활로, 이는 평화와 희락을 누리고 살고 참 진리가 무엇인지 알고 향유하고 사는 생활입니다. 그리고 후일에는 하나님의 약속에 의하여 모든 고통의 문제가 해결되고 온전히 하나님처럼 거룩한 사람이 되어 영생을 누리고 살게 될 사후의 천국도 있습니다.

셋째는 우리에게 이 승리를 믿고 예수 그리스도와 함께 하며, 하나님의 통치를 받는 거룩한 하나님의 사람이 되어 하나님의 나라에 살라고 복음을 선포하였습니다. 온전한 구원의 길을 열어주신 것입니다. 복음은 기쁜 소식이라는 말로서 하나님께서 우상 신을 몰아내고 완전히 승리하셨기 때문에 사단의 통치는 끝이 났고, 하나님의 통치를 받게 되었다는 것을 뜻합니다.

복음은 광의로는 하나님의 모든 말씀이 복음입니다. 구약의 말씀도 복음입니다. 구약의 말씀을 복음으로 보지 않고 견해를 달리하는 사람들이 있지만 구약의 하나님 말씀도 복음입니다. 그러나 모형이고 그림자 같은 것입니다. 왜냐하면 하나님 아버지께서 우상 신인 애굽의 바로에게서 이스라엘 백성들을 구원하셨기 때문입니다. 이 점은 신학적으로 모형론으로 전개하고 있습니다.

복음은 우상과의 싸움에서 승리하셨다는 기쁜 소식입니다. 하나님께서는 우상 신과 싸워 승리하시고, 바로의 손에서 이스라엘 백성들을 구원하신 후, 하나님의 통치를 받는 백성들로서 하나님처럼 살도록 거룩한 계명의 말씀을 주셨습니다.

협의로는 광야의 시험에서 승리와 예수 그리스도의 공생애의 사역이 복음입니다. 여기에는 우상 신과의 싸움에서 승리하시고 하나님께서 통치하시는 나라가 도래하였음을 보여줍니다. 그러나 복음의 결정적인 핵심은 사단을 완전히 물리치고 영원한 승리를 하신 십자가의 죽으심과 부활 사건입니다.

예수 그리스도께서 완전히 우상 신을 멸하고 해방시키시기 위하여 나를 대신하여 십자가에서 죽으셨으며, 나를 살리기 위해 부활하신 것을 믿는 사람은 복음을 믿는 사람들로서 구원을 받은 사람들입니다. 믿음으로 구원을 받는 것입니다. 예수 그리스도께서는 복음을 선포하시며 하나님이 함께 하는 자녀가 되어 자신의 모습과 같이 되도록 구원사역을 시작하셨습니다. 즉 하나님처럼 거룩한 사람(聖人)이 되는 길을 열어 주셨습니다. 이것은 첫 아담이 망쳐놓은 것을 회복시키신 것입니다.

예수 그리스도께서는 우상 신의 지배체제를 무너뜨리고 하나님의 통치를 받는 새로운 시대가 열렸음을 선포하시고, 하나님의 자녀로 만들기 위한 첫 사역을 시작하셨습니다. 구원사역에 대한 첫 말씀으로 "회개하라 천국이 가까웠느니라"라고 복음을 선포하셨습니다.

우상 신을 믿고 그 지시를 따르는 생활을 하던 죄된 생활을 청산하고, 방향을 돌려 예수 그리스도께 나아와서 죄를 용서받고 하나님의 자녀가 되어, 하나님의 통치를 받고 천국에 사는 사람이 되라고 "회개하라 천국이 가까웠느니라"고 첫 말씀으로 선포하셨습니다.

이 선포는 하나님이 택정한 사람을 거룩한 사람이 되라고 부르시는 선포입니다. 즉 우상을 섬기던 생활을 청산하고 하나님께로 돌아와서 하나님의 자녀가 되어 하나님만을 섬기고 살라는 선포입니다. 이것은 전적으로 하나님께서 하시는 구원의 일로서 하나님이 회개시키고 중생을 시키십니다. 이 회개와 거듭남은 인간의 자력으로는 불가능합니다. 오직 하나님의 거룩하신 능력으로만 가능한, 하나님만이 하실 수 있는 구원의 행위입니다.

이런 말을 들으면, 이의를 제기하고 반대를 하는 사람이 있습니다. 그러나 인간의 자력으로는 불가능한 일입니다. 그 이유는 거룩 때문입니다. 거룩하신 하나님을 만나고 하나님처럼 된다는 것은 인간의 힘으로는 불가능합니다.

거룩하신 하나님은 인간이 만나고 싶어도 만날 수 없는 분이십니다. 하나님께서는 만왕의 왕으로서 그가 택하여 부르시고 만나고자 하는 사람만이 만날 수 있는 절대권력을 가지고 있는 왕보다도 더 큰 왕중의 왕이십니다.

에스더서에는 하나님이란 단어가 한 번도 나오지 않으면서 왕을 하나님의 대리자로 계시하고 함부로 왕 앞에 나아갈 수 없는 모습을 잘 보여주고 있습니다.

> "왕의 신복과 왕의 각 도 백성이 다 알거니와 무론 남녀하고 부름을 받지 아니하고 안뜰에 들어가서 왕에게 나아가면 오직 죽이는 법이요 왕이 그 자에게 금홀을 내어밀어야 살 것이라 이제 내가 부름을 입어 왕에게 나아가지 못한 지가 이미 삼십일이라 하라"(에 4:11).

하나님은 거룩하시기 때문에, 거룩하지 않은 것은 받지도 않으시고 성소에 함부로 들어오는 것도 절대로 허용하지 않으셨습니다.

> "아론의 두 아들이 여호와 앞에 나아 가다가 죽은 후에 여호와께서 모세에게 말씀하시니라 여호와께서 모세에게 이르시되 네 형 아론에게 이르라 성소의 장 안 법궤 위 속죄소 앞에 무시로 들어오지 말아서 사망을 면하라"(레 16:1~2).

거룩하신 하나님이기 때문에 인간은 하나님을 택하고 하나님을 믿을 수는 없습니다. 거룩하신 하나님을 인간이 믿게 되는 것은 먼저 하나님이 하나님처럼 거룩한 존재로 만들기 위하여 택하시고 부르셨기 때문입니다. 때로는 택함을 받은 인간이 부름에 응답하지 않고 거부하더라도 하나님께서 하시는 일이므로 불가항력적인 일이 됩니다.

예수 그리스도께서 "회개하라 천국이 가까웠느니라" 라고 하시는 말씀은 하나님이 택정하신 거룩하지 않은 사람을 거룩한 사람이 되라고 부르시는 선포입니다.

> "그 자식들이 아직 나지도 아니하고 무슨 선이나 악을 행하지 아니한 때에 택하심을 따라 되는 하나님의 뜻이 행위로 말미암지 않고 오직 부르시는 이에게로 말미암아 서게 하려 하사"(롬 9:11).

> "하나님이 미리 아신 자들로 또한 그 아들의 형상을 본받게 하기 위하여 미리 정하셨으니 이는 그로 많은 형제 중에서 맏아들이 되게 하려 하심이니라"(롬 8:29).

> "그 기쁘신 뜻대로 우리를 예정하사 예수 그리스도로 말미암아 자기의 아들들이 되게 하셨으니"(엡 1:5).

이런 말씀을 듣고 불쾌하게 생각한다든지 동의하지 않는 사람이 있을 수 있습니다. 그러나 하나님의 말씀은 이에 대하여 이렇게 말씀하셨습니다.

> "누가 능히 하나님의 택하신 자들을 송사하리요 의롭다 하신 이는 하나님이시니"(롬 8:33).

오직 하나님의 거룩하신 능력으로만, 그리고 전적인 은혜로 거룩함에 이릅니다. 다른 방법은 없습니다. 하나님께서 이렇게 택하고 회개시키시는 이유는 하나님처럼 거룩하게 살게 만들기 위해서 입니다. 그리하여 하나님과 함께 살 수 있도록 하기 위함입니다.

> "곧 창세 전에 그리스도 안에서 우리를 택하사 우리로 사랑 안
> 에서 그 앞에 거룩하고 흠이 없게 하시려고"(엡 1:4).

예수 그리스도께서는 우상 신의 쇠사슬에 묶여 자유를 잃고, 고통당하는 당신의 백성들을 구원하여, 하나님의 나라를 세우고 하나님의 통치를 받도록 하셨습니다.

우상 신의 지배 하에서 살기 때문에 여러 가지 고통을 당하고 사는 사람들, 즉 소경으로 앉은뱅이로 문둥병자로 귀머거리로 또 각종 질병으로 그리고 또 가난으로 고통을 당하고 살며 그리고 죽은 자로 육신까지 죽어 가는 자들로 고통 속에 살고 있는 사람들을 구원하시고 새 사람으로 만드시어 하나님의 통치를 받는 사람으로 하나님 나라에서 살게 하기 위한 사역을 하셨습니다.

소경의 눈을 뜨게 하여 보게 하시고, 앉은뱅이를 걷게 하시며, 문둥병자를 깨끗게 하시고, 귀머거리가 들으며, 죽은 자가 살아나고, 가난한 자를 부요케 해 주시는 구원을 베푸신 것은 우상 신의 세력을 물리치고 이들을 하나님 나라에 살 수 있도록 하심입니다.

세례 요한이, 자신의 제자들을 보내어 당신이 메시아냐고 물었을 때, 그렇다고 우상 신의 지배 하에서 고통 당하는 사람들을 구원하시는 구원 사업을 하고 있다고 말씀하셨습니다.

> "요한이 옥에서 그리스도의 하신 일을 듣고 제자들을 보내어 예
> 수께 여짜오되 오실 그 이가 당신이오니이까 우리가 다른 이를
> 기다리오리이까 예수께서 대답하여 가라사대 너희가 가서 듣고
> 보는 것을 요한에게 고하되 소경이 보며 앉은뱅이가 걸으며 문
> 둥이가 깨끗함을 받으며 귀머거리가 들으며 죽은 자가 살아나
> 며 가난한 자에게 복음이 전파된다 하라 누구든지 나를 인하여

실족하지 아니하는 자는 복이 있도다 하시니라"(마 11:2~6).

예수 그리스도께서는 당신이 하나님의 아들로서 메시아라고 말씀하신 것입니다. 그러나 서기관들과 바리새인들은 사단을 몰아내고 구원하시는 예수 그리스도를 보면서도 믿지 않고, 바알세불(사단)이라고 하고 사단의 능력을 보여준다고 비난하며 실족하였습니다. 예수 그리스도께서는 십자가의 죽음을 당하기 전에 분명히 당신이 하나님의 아들로서 메시아라고 말씀하셨습니다.

"··· 장로들 곧 대제사장들과 서기관들이 모이어 예수를 그 공회로 끌어들여 가로되 네가 그리스도여든 우리에게 말하라···"(눅 22:66~67) 하였을 때 "그러나 이제 후로는 인자가 하나님의 권능의 우편에 앉아 있으리라 하시니 다 가로되 그러면 네가 하나님의 아들이냐 대답하시되 너희 말과 같이 내가 그니라" (눅 22:69~70).

이렇게 직접적으로 분명히 말씀하셨습니다.

예수 그리스도께서는 마지막에 오는 세대에까지 예수 그리스도를 믿는 자들의 모든 죄를 용서하시고 구원하기 위하여 십자가를 지라는 하나님의 뜻을 받들어 순종하며 십자가에서 대속하여 죽으셨습니다. 그리고 죽은 지 사흘만에 부활하시어, 우리에게 온전히 거룩한 자녀가 되어 하나님 나라에 살 수 있도록 하셨으며, 또 다시 오실 것을 약속하시고 승천하셨습니다.

3. 예수 그리스도께서 가르쳐 주신 진리의 말씀

예수 그리스도께서는 율법을 온전히 지키고 아버지 하나님께서 약속하신 모든 일들을 성취하셨습니다. 왜곡된 하나님 아버지의 뜻을 바로 잡아 가르치셨습니다. 예수 그리스도의 거룩한 진리의 말씀은 모두가 구약에서 아버지 하나님이 이미 하신 말씀으로, 왜곡되어 있는 것을 하나님의 본래의 의도로 바로 잡아 가르쳐 주신 바가 되었습니다.

사람이 의롭게 되는 것은 구약에 있는 말씀 때문입니다. 하나님의 정의도, 하나님의 사랑도, 속량도, 율법도 모두 구약에 있는 말씀입니다. 예수 그리스도께서는 한 마디로 모든 왜곡된 하나님의 의도를 바로 잡아 완전케 해 주셨습니다. 예수 그리스도께서는 구약의 하나님 말씀을 부정하는 분이 아니라, 모두 인정하시는 분으로 하나님의 뜻에 맞게 완전케 하기 위하여 오셨다고 말씀하셨습니다.

> "내가 율법이나 선지자나 폐하러 온 줄로 생각지 말라 폐하러 온 것이 아니요 완전케 하려 함이로라 진실로 너희에게 이르노니 천지가 없어지기 전에는 율법의 일점 일획이라도 반드시 없어지지 아니하고 다 이루리라 그러므로 누구든지 이 계명 중에 지극히 작은 것 하나라도 버리고 또 그같이 사람을 가르치는 자는 천국에서 지극히 작다 일컬음을 받을 것이요 누구든지 이를 행하며 가르치는 자는 천국에서 크다 일컬음을 받으리라" (마 5:17~19).

이 말씀 그대로 예수 그리스도께서는 그렇게 하셨습니다. 예수 그리스도께서는 거룩한 계명의 해석에 대해서 아버지 하나님의 온전한 뜻을 말씀하시고, 거룩한 계명을 온전히 실천하셨습니다. 그리고 새로운 질서를 만들어 주셨습니다.

구약의 제사 의식들을 정리하셨습니다. 예수님께서는 하나님을 아버지라고 부를 수 있게 하셨습니다.

그리고 거룩한 계명을 지켜서 거룩한 사람이 되려고 한다면, 그 사람은 거짓말쟁이가 되고 위선자가 된다는 새롭고 놀라운 지적을 하시고 살길을 가르쳐 주셨습니다.

이 지적은 참으로 새롭고 놀라운 말씀이기 때문에 충분히 강조할 필요가 있습니다. 왜냐하면 어떤 교육이라도, 어떤 신앙이라도, 그 어떤 이념이라도 이 문제를 해결할 수 없기 때문입니다. 이 문제의 해결은 오직 예수 그리스도께 있습니다.

그러므로 자기 스스로 거룩한 계명을 실천하여 자신을 거룩한 사람으로 성취시키려는 생각은 포기해야 합니다. 예수 그리스도를 믿고 그의 인도를 받으며 살아야만 문제를 해결할 수 있습니다.

이 새로운 말씀은 서기관들과 바리새인들에게는 충격적이었습니다. 바리새인으로 예수 그리스도를 반대하였던 사울이, 후일, 이 뜻을 연구한 끝에 모든 인간은 죄인이라고 인정을 하고 이 죄를 로마서를 통하여 원죄라는 뜻으로 말씀하면서 율법이 죄를 씻어 주거나 의롭게 만드는 것이 아니라 원죄를 깨닫게 하는 것이라는 결론을 얻게 하였습니다.

또한 아울러 율법은 지킬 수 없다는 결론을 같이 내리며 이 문제를 해결할 길이 없다고, 막다른 길에 갇힌 자신을 보고 답답해 하며 "오호라 나는 곤고한 사람이로다 이 사망의 몸에서 누가 나를 건저 내랴" 하는 말씀을 하고 있습니다. 그리고 이어서 해답을 찾았기에, "우리 주 예수 그리스도로 말미암아 하나님께 감사하리로다…"(롬 7:25)라는 말씀을 하시면서 환희의 찬가를 8장으로 이어가며 말씀하였습니다.

율법은 사람에게 들어가서 사람을 구원한다든가 거룩하게 온전히 성장시키는 일을 하는 것이 아니라 사람들 속에 있는 죄를 폭로시킨다는 가르침입니다. 예수 그리스도께서는 원죄라는 말씀을 하시지 않으셨지만 회개하고 죄를 용서 받으라는 말씀이 곧 원죄를 지적하는 것입니다.

1) 어린 시절에는 반드시 거룩한 계명을 배워야 함

예수 그리스도께서 하신 말씀은 거룩한 계명을 배울 필요가 없다는 말씀이 아닙니다. 어린 시절에는 계명을 배워야 합니다. 이런 말씀은 하지 않았지만, 사도 바울은 예수 그리스도께서 하신 말씀의 뜻을 잘 이해하고 몽학선생이 가르쳐 주는 초등학문 같은 것으로 필요한 것이라고 말씀하였습니다(갈 3:24).

사람은 반드시 계명을 배워야 하고, 익혀서 잊지 말고 지켜야 합니다. 계명은 거룩한 하나님의 말씀으로 절대적인 선이기 때문입니다. 하나님께서는 이스라엘 백성들이 하나님처럼 하나님의 거룩한 신격을 가진 사람이 되기를 원하셨기 때문에 계명을 주셨습니다.

사람은 계명을 지키는 행위를 통하여 하나님의 살아 일하고 계심을 드러내어야 합니다. 이를 위하여 계명을 배워야 하고, 지켜야 합니다. 이렇게 배우고 지킬 때, 율법의 시대에는 하나님께서 언약을 맺고 행위로 구원을 주셨습니다.

어린 시절에는 계명을 제대로 배워서, 무엇은 해야 되고 무엇은 해서는 안되는 것인지 하나님께서(하나님의 대리자로서 부모님께서) 원하시는 일을 알아야 하고 이것을 실천하는 생활을 해야만 합니다. 반드시 율법을 배우고 실천하는 훈련을 받아야 합니다.

이것을 모르면 하나님의 뜻을 거스르는 일을 하게 되고, 다른 사람에게 피해를 주는 일을 아무렇지도 않게 행할 수밖에 없기 때문에 스스로 화를 자초하는 일을 만들게 되어 있습니다. 스스로 고통을 만들고 멸망으로 가는 삶이 됩니다.

옛날, 어떤 지방에 사는 사람이 산길을 가다가 어미를 잃은 사슴 새끼를 발견하고 불쌍히 생각하여 자신의 집에 가지고 와서 키웠답니다. 주인은 사슴 새끼가 예뻐서 애지중지하고, 집에서 기르는 개가 물려고 하면 개를 혼내고 잘 돌보았답니다.

집에서 기르는 어떤 가축도 사슴 새끼를 건드리지 못하도록 주인은 지팡이와 막대기로 제지를 하였답니다. 그렇기 때문에 이 집의 개는 사슴 새끼를 건드리지 않았답니다. 사슴 새끼가 와서 자신을 받으면 일부러 넘어지고 피하고 져주었답니다.

사슴 새끼는 이렇게 하는 개를 보면서 자신이 제일 힘이 강한 줄 알고 개를 보면 못 살게 굴었답니다. 사슴 새끼는 자라서 어른이 되고 어느 날, 집 밖이 궁금하여 밖으로 나아가게 되었답니다. 사슴 새끼가 밖에 나아가 세상 구경을 하던 중, 어떤 개가 길을 막고 자신을 노려보자 사슴은 기분이 나빠서 개를 공격하였답니다.

개는 사슴의 목을 물어서 사슴은 피를 흘리며 죽게 되었습니다. 그러나 사슴은 이 상황을 이해할 수가 없었고, 억울하다고 생각을 하면서 죽어갔답니다.

"그러므로 무엇이든지 남에게 대접을 받고자 하는 대로 너희도
남을 대접하라 이것이 율법이요 선지자니라"(마 7:12).

예수 그리스도께서 말씀하셨습니다.

계명을 제대로 배우지 못하면 예의범절은 물론이고, 나아가 거침없이 범죄를 저지를 수밖에 없습니다. 이것은 자신과 타인을 불행하게 만드는 일은 물론이요 공동체를 지옥으로 만들어 가는 생활이기 때문에 어린 시절에는 반드시 계명을 배워야 합니다.

그러므로 하나님께서는 이스라엘에게 율법을 주시고 이 율법을 배우고 익히고 자녀들에게도 가르치라고 말씀하셨습니다.

> "이스라엘아 들으라 우리 하나님 여호와는 오직 하나인 여호와시니 너는 마음을 다하고 성품을 다하고 힘을 다하여 네 하나님 여호와를 사랑하라 오늘날 내가 네게 명하는 이 말씀을 너는 마음에 새기고 네 자녀에게 부지런히 가르치며 집에 앉았을 때에든지 길에 행할 때에든지 누웠을 때에든지 일어날 때에든지 이 말씀을 강론할 것이며 너는 또 그것을 네 손목에 매어 기호를 삼으며 네 미간에 붙여 표를 삼고 또 네 집 문설주와 바깥문에 기록할지니라"(신 6:4~9).

> "이러므로 너희는 나의 이 말을 너희 마음과 뜻에 두고 또 그것으로 너희 손목에 매어 기호를 삼고 너희 미간에 붙여 표를 삼으며 또 그것을 너희의 자녀에게 가르치며 집에 앉았을 때에든지, 길에 행할 때에든지, 누웠을 때에든지, 일어날 때에든지 이 말씀을 강론하고 또 네 집 문설주와 바깥 문에 기록하라"(신 11:18~20).

어린시절에는 반드시 거룩한 계명을 실천하도록 가르쳐야 합니다. 신앙생활을 처음하게 된 사람에게도 마찬가지입니다. 거룩한 계명을 지켜서 자신 안에 계신 사랑의 하나님이, 일하시고 활동하시는 모습을 나타내도록 가르쳐야 합니다. 거룩한 계명은 사랑의 하나님께서, 어떻게 사랑하고 활동하시는지를 알려주는 것이기 때문에 반복하여 외우고, 암기하여서 실천하도록 해야만 합니다.

그러나 계명을 온전히 실천하고 하나님처럼 자신을 의롭고 거룩하게 실현시키는 일은 낙타가 바늘귀로 들어가는 것과 같이 불가능합니다. 처음에는 약간의 유익은 있지만 곧 성장을 멈추고 도리어 거짓말쟁이요 외식하는 자가 되기 때문에 불가능합니다.

서기관들과 바리새인들은 이 사실을 깨닫지 못하였습니다. 그들은 하나님을 사랑함이 없이 형식적으로 하나님의 지시를 따라 하나님의 말씀을 암송하고 이야기 하며, 자신들의 자녀들에게도 그렇게 가르치며 자신들도 열심히 지키는 생활에 몰두하였습니다.

시편 기자와 에스겔 선지자는 하나님의 말씀이 꿀같이 달다고 하는 말씀으로 지적인 즐거움을 표현하였는데, 서기관들과 바리새인들은 이런 즐거움도 알고 있었습니다.

이런 즐거움만 있는 것이 아닙니다. 율법을 배우고 깊이 묵상하고 실천하면 우리의 내면세계의 체계를 세워주고 질서를 바로 잡아주며 세상을 바라보는 세계관을 세워 주는 유익이 있습니다.

이런 유익만 있는 것이 아닙니다. 율법을 배우는 것은 앞으로 성인이 되어 어떻게 행동하고 살 것인지의 원칙을 가지고 생활하는 것을 배우는 것이기도 합니다. 물론 하나님처럼, 즉 예수 그리스도처럼 행동하고 생활을 하면서 살아 계신 하나님의 아들을 보여주는 거룩한 생활을 하는 것을 배우게 됩니다.

예수 그리스도의 광야의 시험처럼, 세상에 나아가서는 이렇게 살겠다는 원칙을 지키므로 유혹자의 유혹에 넘어가지 않고 완전히 아버지 하나님의 기뻐하시는 생활을 할 수 있습니다.

이 원칙이 중요한 이유는 우리에게 선택의 고통스러운 고민에 빠져 길을 잃지 않도록 하기 때문입니다. 그러나 이 원칙은 차가운 이론이 아니고 우리에게 내재하시는, 즉 살아계시고 지시하시는 거룩하신 하나님을 기쁘시게 해드리는 순종의 생활입니다.

기독교인들은 가정에서도, 교회에서도 율법을 가르쳐야 합니다. 불안전한 체계이지만 믿지 않는 가정에서도 윤리나 도덕은 반드시 가르쳐야 합니다. 어린 아이들의 방자한 태도는 율법이나 도덕을 모르기 때문입니다. 반드시 가르쳐야 하고 실천하도록 훈련하여야 합니다. 이 교육이 없으면 사람은 망나니 같이 됩니다.

2) 성장하면서 부작용이 나타남

율법은 어린 시절에 배워야 할 초등학문과 같은 것이기 때문에 반드시 배우고 익히며 훈련을 받아야 합니다. 그렇게 해야만 하나님께 거룩하게 응답할 수 있습니다. 하지만 예수 그리스도 없이 율법을 가지고 계속하여 거룩해지려고 하는 방법은 잘못된 것입니다. 거룩해 지는 것이 아니라 악한 열매를 맺게 되기 때문입니다.

율법을 가르치고 앞으로 이렇게 행동하고 살라고 알려주어도, 사람은 원죄로 인하여 가르쳐 준대로 살지 못합니다. 자신에게 유익할 때만 지키고, 불리하다고 생각하면 지키고 살아가는 척하고, 남들의 눈을 피해 자신의 길을 가는 것입니다. 예수 그리스도를 믿고 우상신의 지배로부터 구원을 받은 사람이라도 구습을 버리지 못한 면이 있기 때문에 이런 식으로 똑같이 구습을 따르게 되기도 합니다.

우리는 생활하면서 선택의 어려움을 잘 알고 있습니다. 현실에서 부딪치는 선택의 문제가 자신의 일생에 중대한 영향을 미치게 될 것이라는 것을 알면, 선택의 문제에 신중을 기하게 되고 무엇을 선택하여야 할지를 앞에 두고 고민에 빠지게 됩니다.

이 고민이 얼마나 사람의 피를 말리게 하는 고통인지를 경험을 통하여 잘 알 것입니다. 이런 경우를 예를 들자면, 대학입시 때, 결혼 배우자 선택 때, 직업이나 직장의 선택문제 때 등등으로 선택의 고민을 통하여 힘들었던 경험을 하였을 것입니다.

율법의 원리와 율법의 정신을 알고 있다 하더라도 사람이기 때문에 갈등을 일으키게 되어 있고 내면의 갈등이 언제나 환경과 조건에 휘둘려 패배한 경험이 있을 것입니다. 율법의 원리와 율법의 정신을 알고 있기 때문에 실생활에서 지키고 살게 되는 것은 아닙니다. 사도 바울은 이런 사실을 잘 알고 우리에게 깨닫게 해 주었습니다.

율법을 배워야 하지만, 배워도 지키지 않고 지키는 척하는 것임으로 각종 부작용인 악한 열매를 맺게 된다는 점을 깨닫게 해 주었습니다. 예수 그리스도께서는 율법의 부작용을 잘 알고 계셨기 때문에, 지키는 척하는 생활을 하는 서기관들과 바리새인들은 물론이요 모든 이스라엘 사람들을 향하여 "회개하라 천국이 가까웠느니라"고 말씀을 선포하셨습니다.

이 말씀의 뜻은 거룩한 계명을 알게 되면, 나타나는 부작용을 치유받을 수 있는 은혜를 베풀겠다는 말씀이고, 은혜를 받고 온전히 거룩한 사람이 되라는 뜻입니다. 즉 새로운 다음 단계를 배워야 한다는 뜻입니다.

이 말씀은 또 도덕이나 이념을 배워도 마찬가지입니다. 그것을 배워도 거짓말쟁이요 위선자가 되고, 그 사람 앞에는 멸망이 있을 뿐입니다. 이념을 추구하는 자들에게 새 빨간 거짓말쟁이라고 하는 말을 왜 쓰겠습니까? 예수 그리스도께서 말씀하신 이 지적은 의인이라고 자처하고, 율법을 실천하여 거룩함을 성취하려고 시도하였던 서기관들과 바리새인들에게는 선전포고와 같은 말씀이었습니다.

나쁜 열매를 맺게 되는 이유

사람은 어린 시절에 율법을 배우고 실천하는 생활을 하여 자신의 행동으로 익히는 훈련을 받아야 합니다. 하지만 경험을 되살려 보면 이런 훈련은 말과 같이 쉬운 일이 아닙니다. 이 훈련은 자신을 통제하는 훈련으로서 인내가 반드시 필요하기 때문에 자신을 통제하는 인내심을 훈련하는 것입니다.

자신을 통제하는 모든 훈련 자체는 극기 훈련이고, 때로는 사력을 다하는 인내심이 요구되는 힘든 일입니다. 그렇기 때문에 하나님께서는 어린 아이와 같은 이스라엘 백성들에게 잘 하였을 때는 칭찬과 복을 주시고 그렇지 못하였을 때는 매를 들겠다고 경고도 하시고 실제로 매로 다스렸습니다.

이런 대표적인 말씀은 신명기 28장의 축복과 저주의 말씀입니다. 하나님을 모르는 불신자의 가정에서 자란 어린 아이도, 그의 부모님으로부터 하라 하지 말라고 하는 말을 듣고 배우며, 잘 지키면 착한 사람이라는 칭찬과 인정이라는 보상을 받기도 하고, 그렇지 못한 경우에는 매를 들어 징계를 받으며 훈련을 받습니다.

훈련을 받는 어린 아이들은, 이 훈련의 진정한 의미는 모르고 당근과 채찍으로 훈련시키는 부모님이나 주위 사람들의 눈을 의식하면서 매가 무서워서 아니면 당근이 필요해서 주위 사람들의 칭찬이나 비난 때문에 자신을 통제하는 훈련에 응합니다.

상벌에 의하여 훈련을 받게 되고, 훈련을 시키는 부모의 눈을 의식하게 되어 거짓말을 하고 착한 척, 위선적인 행동을 합니다. 부모님을 사랑하기 때문에 사랑의 뜻을 따라 준수하는 것이 아닙니다. 돌아오는 보상 때문에 반응하는 것입니다.

율법을 배우고 하나님을 사랑하라고 하여도 사람은 마찬가지 입니다. 하나님을 사랑할 줄 모릅니다. 출애굽 당시 바로의 손에서 해방을 시켜 준 하나님을 알고 홍해를 건넌 일을 알아도 광야에 나와서는 금방 그 은혜를 잊어버리는 것이 사람입니다.

달면 삼키고 쓰면 뱉는 것이 사람입니다. "기억하라, 기억하라"고 말씀하시는 하나님의 뜻을 생각해보면, 지나친 말이라고 항의하지 않을 것입니다. 하나님이 광야에서 어떻게 은혜를 베풀었는지를 경험하여도 금방 잊어버리는 것이 사람입니다.

애굽의 노예 상태에서 고통은 죽은 목숨 보다도 못한 것이었지만 그것을 살려 주어 덤으로 사는 인생인데도 자신의 목숨을 아끼고 가나안 정탐꾼의 보고를 듣고 하나님을 원망하는 것이 사람입니다. 이런 나쁜 열매를 맺게 되는 이유는 우리 안에 아담이 전가한 원죄가 즉 우상 신이 있기 때문입니다.

예레미야 선지자가 우상숭배로 고통의 문제를 해결하려는 것은 불의로 치부하는 것과 같이 어리석다고 한 말처럼, 원죄를 해결하지 않고서 거룩을 추구하는 것은 헛수고이고 어리석은 짓입니다.

> "만물보다 거짓되고 심히 부패한 것은 마음이라 누가 능히 이를 알리요마는 나 여호와는 심장을 살피며 폐부를 시험하고 각각 그 행위와 그 행실대로 보응하나니 불의로 치부하는 자는 자고새가 낳지 아니한 알을 품음 같아서 그 중년에 그것이 떠나겠고 필경은 어리석은 자가 되리라"(렘 17:9~11).

그야말로 모래 위에 집을 지은 것과 같은 상태입니다.

3) 나쁜 열매를 맺는다는 사실을 보여주는 증거

거짓말쟁이가 되고 위선자가 된다는 사실을 보여주는 증거는 사복음서나 이스라엘 역사를 통하여 보아도 확인할 수 있습니다. 사도 바울의 개인적인 고백을 보아도 그 증거를 알 수 있습니다. 물론 우리 자신의 일상생활을 돌아 보면, 잘 알 수 있고 인정할 수밖에 없습니다.

사복음서의 증거

사복음서를 보면 율법을 잘 아는 서기관들과 바리새인들이 나쁜 열매를 맺었다는 것을 보여줍니다. 이들이 거짓말쟁이라는 것을 보여주는 말씀이 있습니다.

> "그러나 너희 생각에는 어떠하뇨 한 사람이 두 아들이 있는데 맏아들에게 가서 이르되 얘 오늘 포도원에 가서 일하라 하니 대답하여 가로되 아버지여 가겠소이다 하더니 가지 아니하고 둘째 아들에게 가서 또 이같이 말하니 대답하여 가로되 싫소이다 하더니 그 후에 뉘우치고 갔으니 그 둘 중에 누가 아비의 뜻대로 하였느뇨 가로되 둘째 아들이니이다"(마 21:28~31).

이것으로 거짓말쟁이라고 하기에는 부족하다고 할 수 있습니다. 거짓말쟁이는 거짓말을 예사로 반복하는 사람이기 때문입니다. 그리고 진짜로 거짓말쟁이는 자신이 거짓말쟁이라는 사실을 모르는 완전히 자신을 속인 사람입니다. 어리석기 때문에 자신이 거짓말쟁이라는 것을 모르고 있기도 하지만 알면서도 자신의 유익 때문에 위선을 꾸미고 거짓말을 합니다.

외식은 행동으로 말하는 거짓말입니다. 어떤 말로 거짓말을 한 것인지는 분명히 나타나 있지 않지만 분명히 알 수 있는 것은 외식하는 것으로 거짓말쟁이라고 할 수 있습니다. 의로운 척하는 모든 행동이 거짓말입니다. 자신의 진실된 모습을 감추고 말하지 않은 것이 거짓말입니다.

이 모든 것은 우상 신의 지배 하에 있기 때문입니다.

이 상태는 이스라엘 사람들이 몸은 바로의 손에서 빠져 나와 광야에서 생활하고 있지만, 마음은 바로 곁에 있던 모습과 같습니다. 예수 그리스도께서는 우상 신에게 지배를 받고 있는 서기관들과 바리새인들에게 이 사실을 지적하셨습니다.

① 마태복음 23장의 말씀은 대표적인 말씀입니다.

② 마태복음 20장에 포도원의 품군을 부르시는 비유에 보면, 먼저 포도원에 들어가 일을 한 사람들은 서기관들과 바리새인들입니다. 그리고 마지막 때에 부름을 받고 들어간 사람들은 세칭 죄인들이라고 하는 사람들이었습니다. 이들이 포도원에 들어가 일을 한 것은 거룩한 생활의 훈련이었습니다. 하루를 마감하면서 하나님께서는 품꾼들에게 다 같은 한 데나리온씩 품삯을 주었습니다. 똑같은 구원을 주신 것입니다. 하나님께서 이렇게 하신 것을 보고 서기관들과 바리새인들은 억울하게 생각하고 불평하였습니다. 그러므로 하나님께서는 이들의 악한 마음을 책망을 하시며, 이들에게 "먼저 된 자로서 나중 되고 나중 된 자로서 먼저 될 자가 많으니라" 라고 말씀하셨습니다.

③ 안식일에 병자를 고쳤다고 비판하는 서기관들과 바리새인들의 모습을 볼 수 있습니다. 율법을 알았기 때문에 다른 사람이 율

법을 위반한 일을 하였을 때는 가혹하게 비판을 하고 정죄하며, 자신들이 의로운 사람인척 하는 모습을 보이는 것입니다.

④ 반대로, 계명을 알게 되고 계명의 말씀대로 자신이 제대로 행하지를 못하였을 때, 죄책감이 자신을 가혹하게 심판을 하여 자신의 육신을 마비시키는 일까지 벌어지게 만듭니다. 이런 심판의 모습은 마태복음 9장과 마가복음 2장에 보면 몸이 마비되어 중풍병에 걸렸다고 하는 젊은 사람을 사람들이 예수 그리스도께 데리고 와서 죄를 용서받고 치유되는 모습으로 보여 줍니다. 율법을 배우고 알기 때문에 타인을 비판으로 공격하기도 하지만 그렇지 못할 경우에는 자신을 공격하게 만드는 것입니다. 이 젊은 사람은 율법을 알기 때문에 자신을 정죄하고 죄책감으로 몸에 병이 생겼을 것입니다. 이 젊은 사람의 모습은 사도 바울이 갈등을 일으키고 패배한 모습을 그대로 보여주었습니다. "내 속 사람으로는 하나님의 법을 즐거워하되 내 지체 속에서 한 다른 법이 내 마음의 법과 싸워 내 지체 속에 있는 죄의 법 아래로 나를 사로잡아 오는 것을 보는도다"(롬 7:22~23)하신 말씀의 의미를 이 젊은 사람의 모습에서 볼 수 있습니다.

⑤ 상좌에 앉고 보상을 요구하는 모습은 여러 곳에서 볼 수 있습니다. 자신이 한 공로의 보상은 자신이 요구할 수 없습니다. 그 노력의 혜택을 받은 사람이 평가하는 것이고, 하나님이 평가하여 돌려 주시는 것입니다. 그러나 훈련의 어려움 때문에 그리고 하나님께서는 이들이 완악하였기 때문에 당근과 채찍으로 훈련을 한 것을 오해를 하고 보상을 요구하는 어리석음을 보였습니다. 누가복음의 탕자의 비유에서 맏형이 아우가 돌아왔을 때 보인 반응에서도 볼 수 있습니다.

⑥ 누가복음 16장 19절부터는 한 부자와 거지 나사로의 생활을 말씀하시면서, 부자는 나사로에게 나쁜 짓을 하지 않았지만 그가 율법을 알았기 때문에 여기서 멈춘 것뿐입니다. 율법을 알았기 때문에 나쁜 짓을 하지 않고 아무런 행동을 안하여도 나쁜 짓을 할 수 있습니다. 이는 서기관들과 바리새인들의 죄를 지적하는 말씀입니다.

그러므로 예수 그리스도께서는 율법을 잘 알고 있는 서기관들과 바리새인들이 죄인보다도 더 악한 죄인이라고, "… 이 세대의 아들들이 자기 시대에 있어서는 빛의 아들들보다 더 지혜로움이니라"(눅 16:8) 말씀하시고, 어둠의 세력으로 말씀하셨습니다. "빛이 어두움에 비취되 어두움이 깨닫지 못하더라"(요 1:5).

이런 모습은 율법주의자들에게만 있지 않습니다. 도덕주의 자들의 전형적인 생활 모습이기도 합니다. 도덕의 정신을 생각하고 그 정신에 맞추어 도덕을 지키려 하는 것이 아니라, 먼저 자신의 이익을 생각하며 법망을 빠져나가는 적법을 생각하는 사람들이 됩니다.

크던 작던 부당한 행위인 것을 알면서도, 합법적이라는 것에 맞추어 자신의 이익을 추구하는 사람들입니다. 이런 말에 거부를 할 사람이 있을 것입니다. 물론 이해관계가 없다든지 자신에게 유리하면 지킵니다. 그러나 자신에게 손해가 날 것 같은 이해관계의 충돌이 있다든지 불리한 경우에는 그렇지 못한 것이 사람입니다.

어떤 의사와 변호사가 어느 추운 겨울날에 각자 차를 타고 가다가 두 사람의 차가 접촉사고를 냈습니다. 의사와 변호사는 추운 날씨에 차 밖으로 나와서 많이 손상을 당한 서로의 차의 상태를 본 후에 변호사가 경찰에 신고를 하여야 한다는 말을 하고 신고를 하였습니다. 경찰에 신고를 하니, 한 시간 후에는 도착할 수 있으니까 현장을 보존하고 기다리라고 하였습니다.

변호사는 자신의 주머니에서 위스키를 꺼내며 의사에게 추운데 한 잔하고 기다리자면서 술을 권하였습니다. 의사는 추웠으므로, 고맙다고 하면서 위스키 병을 받아서 한 모금 마신 후, 다시 변호사에게 돌려주었습니다. 그러나 변호사는 위스키 병을 받아서 자신의 주머니에 다시 넣었습니다. 이상히 생각한 의사는 변호사에게 추운데 한잔 마시지 않느냐고 물었습니다.

변호사는 아무런 의도도 없는 것처럼 태연히 나는 경찰이 다녀간 후에 마시겠다고 하였습니다. 거듭나지 못한 사람이 법을 잘 알고 있으면 이런 식이 되는 것입니다.

또 이런 식이라고 할 수 있습니다. 한 직원이 감원문제로 고민을 하던 중, 사장이 사랑이 많은 사람이라, 잘못한 사람에게는 특별히 더 관심을 가지고 버리지 않는다는 것을 알았습니다. 그러므로 회사에 큰 손해를 끼쳤습니다. 사장은 화가 나서 노발대발하고 감봉을 선언하였습니다.

"자네, 월급에서 앞으로 30년동안 50만원씩 공제할테니 그런 줄 알아, 나가 봐"

사장실에서 나온 직원은 아내에게 전화를 걸었습니다.

"여보, 나 30년 동안 퇴직 걱정 없어졌어."

우리의 이런 모습은 어린 시절부터 있었습니다. 어린 시절에 하지 말라는 일을 했던 일과 하라고 하였던 일을 하지 않았기 때문에, 부모님으로부터 책임추궁을 당하고 피하고자 어떻게 하였는지를 생각해 보시기 바랍니다.

자신이 한 일을 은폐(隱蔽)시키거나 거짓말을 한 경험이 있을 것입니다. 진실을 말하지 않고 침묵을 하거나 의도적으로 회피해 가거나, 은폐시키는 소극적인 방법으로부터 적극적으로는 거짓말을 하고 모함을 하고 음해 등등을 자신이 했든지 아니면 당하였던지 한 경험이 있을 것입니다.

어린 아이라도 부모로부터 하라, 하지 말라는 교육을 받고 알게 되면 선과 악을 차별하게 되고, 나아가 이것을 이용할 줄도 알게 되어 위선적인 행동을 하고 거짓말도 할 줄 알게 됩니다. 이런 현상은 아이가 영리할수록 더 빠르게 나타납니다.

사람은 자신의 이익을 알게 되면 어린 아이라도 순진함이 점진적으로 사라집니다. 자신의 이익이라는 판단을 하게 되면서, 어린 아이의 모습을 벗어버립니다. 그래서 어린 아이 때부터 하나님의 말씀을 알아도 자신에게 이익이 될 때만 지키고, 그렇지 않으면 지키는 척 할 뿐입니다. 남들이 보고 있는 앞에서는 지키는 척하고 아무도 보고 있지 않으면 계명이라 하더라도 범하며 자신의 이익을 취해 나갑니다. 자신에게 유익할 때만 정직한 말을 하는 것이고 불리하면 은폐하고 나아가 거짓말을 합니다.

계명을 이용하여 상대를 비판하고 공격하기도 하며 책임전가도 하며, 계명을 내세우며 매도하며 자신의 이익도 취할 줄 알게 됩니다. 도덕주의자들이 도덕을 내세우며 어떻게 하는지, 정치인들이 대의명분(大義名分)을 걸고 어떻게 하는지 보시기 바랍니다.

상대를 나쁜 사람으로 만들고, 자신을 의인으로 만들어 이익을 취하려고 하는 모습을 분명히 볼 수 있습니다. 사람은 계명을 알기 때문에 거룩한 계명을 이용하여 살인도 하고 위선도 하고, 거짓말도 하며 자신의 이익을 얻어 낼 줄 아는 영악한 존재입니다. 그러면서 문제를 더 어렵게 만들고 사는 어리석은 이기적인 존재입니다.

예수 그리스도의 구제할 때, 나팔을 불지 말고 오른손이 하는 것을 왼손이 모르게 하라는 말씀과 기도할 때에 금식할 때에 티 내지 말라는 말씀 등 산상수훈에서 하시는 말씀을 생각해 보시기 바랍니다. 사람이 계명을 배우고 알게 되면 거짓말쟁이가 되고 위선자가 되는 것뿐 아니라, 자신의 죄를 감추기 위하여 남을 비판하고 정죄를 하기도 합니다. 타인을 향하여 이런 일만 하는 것이 아니라, 자신을 공격하여 가혹한 심판자 역할을 하고 자신을 비난하기도 하고 자신에게 가혹한 처벌을 내리는 행동도 합니다.

사도 바울의 체험을 통한 고백의 증거

서기관들과 바리새인들이 거짓말쟁이고 위선자라는 사실을 밝혀 주고 있는 사람은, 이런 지적을 받고 분개하며 대항했던 과거 바리새파 출신이었던 사도 바울입니다. 그는 자신 안에 두 주인이 있다는 것을 인정하고, 우상 신을 섬기는 사람이라고 고백하였습니다.

그는 원죄라는 말씀은 하지 않았지만 자신 안에 죄가 있다는 말로 고백하였습니다. 이 죄를 신학적으로는 원죄라고 말합니다. 그가 죄를 인정하고 고백했다는 것은 의인으로 자처하고 있던 바리새인으로서는 놀라운 일입니다.

> "이러므로 한 사람으로 말미암아 죄가 세상에 들어오고 죄로 말미암아 사망이 왔나니 이와 같이 모든 사람이 죄를 지었으므로 사망이 모든 사람에게 이르렀느니라 죄가 율법 있기 전에도 세상에 있었으나 율법이 없을 때에는 죄를 죄로 여기지 아니하느니라 그러나 아담으로부터 모세까지 아담의 범죄와 같은 죄를 짓지 아니한 자들 위에도 사망이 왕노릇 하였나니 아담은 오실 자의 표상이라 그러나 이 은사는 그 범죄와 같지 아니하니 곧 한 사람의 범죄를 인하여 많은 사람이 죽었은즉 더욱 하나님의

은혜와 또는 한 사람 예수 그리스도의 은혜로 말미암은 선물이 많은 사람에게 넘쳤으리라 또 이 선물은 범죄한 한 사람으로 말미암은 것과 같지 아니하니 심판은 한 사람을 인하여 정죄에 이르렀으나 은사는 많은 범죄를 인하여 의롭다 하심에 이름이니라 한 사람의 범죄를 인하여 사망이 그 한 사람으로 말미암아 왕노릇 하였은즉 더욱 은혜와 의의 선물을 넘치게 받는 자들이 한 분 예수 그리스도로 말미암아 생명 안에서 왕노릇하리로다 그런즉 한 범죄로 많은 사람이 정죄에 이른 것같이 의의 한 행동으로 말미암아 많은 사람이 의롭다 하심을 받아 생명에 이르렀느니라 한 사람의 순종치 아니함으로 많은 사람이 죄인 된 것같이 한 사람의 순종하심으로 많은 사람이 의인이 되리라 율법이 가입한 것은 범죄를 더하게 하려 함이라 그러나 죄가 더한 곳에 은혜가 더욱 넘쳤나니 이는 죄가 사망 안에서 왕노릇한 것같이 은혜도 또한 의로 말미암아 왕노릇하여 우리 주 예수 그리스도로 말미암아 영생에 이르게 하려 함이니라"(롬 5:12~21).

아담의 범죄로 죄가 전가되어 모든 사람이 죄인되었지만, 예수 그리스도의 은혜가 전가되어 믿는 사람은 구원을 받게 된다는 말씀입니다. 그는 모든 사람은 죄인이고 이 죄인이라는 사실은 율법이 가르쳐 준다는 뜻으로 말씀하였습니다. 이것을 고백하는 증거가 죄인으로서 위선자요 거짓말쟁이라는 것을 말하는 것입니다.

나아가 그는 율법은 하나님의 말씀으로 거룩한 것이지만, 율법이 죄를 이길 능력을 주는 것이 아니므로 자신은 죄에 번번이 패배한다고 말씀하였습니다. 여기에는 예수 그리스도께서 죄를 이기게 해 주신다는 전제가 밑에 깔려 있습니다.

"우리가 율법은 신령한 줄 알거니와 나는 육신에 속하여 죄 아래 팔렸도다 나의 행하는 것을 내가 알지 못하노니 곧 원하는 이것은 행하지 아니하고 도리어 미워하는 그것을 함이라 만일 내가 원치 아니하는 그것을 하면 내가 이로 율법의 선한 것을 시인하노니 이제는 이것을 행하는 자가 내가 아니요 내 속에 거하는 죄니라 내 속 곧 내 육신에 선한 것이 거하지 아니하는 줄을 아노니 원함은 내게 있으나 선을 행하는 것은 없노라 내가 원하는 바 선은 하지 아니하고 도리어 원치 아니하는 바 악은 행하는도다 만일 내가 원치 아니하는 그것을 하면 이를 행하는 자가 내가 아니요 내 속에 거하는 죄니라 그러므로 내가 한 법을 깨달았노니 곧 선을 행하기 원하는 나에게 악이 함께 있는 것이로다 내 속 사람으로는 하나님의 법을 즐거워하되 내 지체 속에서 한 다른 법이 내 마음의 법과 싸워 내 지체 속에 있는 죄의 법 아래로 나를 사로잡아 오는 것을 보는도다 오호라 나는 곤고한 사람이로다 이 사망의 몸에서 누가 나를 건져 내랴"(롬 7:14~24).

과거의 생활은 우상 신의 지배를 받고 있던 죄인으로서, 의인을 자처하고 살았다는 것을 고백하는 것입니다. 이 뜻이 곧 거짓말쟁이요 위선자라는 것을 말하는 것입니다.

성경을 보면 사도 바울은 예수 그리스도를 대적했던 사람이라고만 나와 있습니다. 그러나 그는 과거에 예수 그리스도의 말씀을 들은 일이 있었습니다. 그가 예수 그리스도를 몰랐으면 자신들의 문제를 몰랐을 것이고, 진실의 해답을 찾기 위하여 고심하지 않았을 것이며, 이런 결론을 이끌어 내지를 못하였을 것입니다.

사도 바울은 의인이라고 믿고 있던 자신을, 예수 그리스도께서 거짓말쟁이요 위선자라고 직접적으로 그리고 여러 비유를 통하여 말씀하시는 것을 들었던 사람으로 이 점을 누구보다도 주목하고 있었음이 틀림없습니다.

> "거짓 선지자들을 삼가라 양의 옷을 입고 너희에게 나아오나 속에는 노략질하는 이리라 그의 열매로 그들을 알지니 가시나무에서 포도를, 또는 엉겅퀴에서 무화과를 따겠느냐 이와 같이 좋은 나무마다 아름다운 열매를 맺고 못된 나무가 나쁜 열매를 맺나니 좋은 나무가 나쁜 열매를 맺을 수 없고 못된 나무가 아름다운 열매를 맺을 수 없느니라 아름다운 열매를 맺지 아니하는 나무마다 찍혀 불에 던지우느니라 이러므로 그의 열매로 그들을 알리라 나더러 주여 주여 하는 자마다 천국에 다 들어갈 것이 아니요 다만 하늘에 계신 내 아버지의 뜻대로 행하는 자라야 들어가리라"(마 7:15~21).

예수 그리스도께서 하시는 말씀과 같은 여러 말씀을 들었던 사람이 사도 바울입니다. 하나님처럼 거룩하게 되고자 거룩한 생활을 추구하였던 사람으로, 자신이 선한 양심을 가지고 있다고 믿었던 그에게 위선자요 거짓말쟁이라고 하는 지적은 자신의 모든 것을 부인하는 것으로 여겼습니다.

서기관들과 바리새인들은 자신의 내면과 행동이 일치한다고 생각하였는데 모든 것이 폭로 되므로 화도 났을 것입니다. 그러나 사도 바울은 화만 내지 않고 진실을 알아보려고, 그리고 왜 그렇게 되느냐 하는 것을 알아보려고 추구하였기 때문에 확인 후 진실을 인정하였습니다. 이 사실은 사도 바울이 얼마나 정직한 사람인가를 보여줍니다.

하나님께서는 괴수 중의 괴수라고 하는 사도 바울을 구원하여 주셨습니다. 하나님은 원죄로 인하여 모든 사람이 철저히 타락하고 선한 것이 없는 구제불능한 존재이지만, 이런 구제불능한 존재에게서 가능성을 보시고 구원하시는 하나님이십니다. 인간의 눈으로 본 가능성이 아닙니다. 하나님께서는 인간이 보는 것과는 다르기 때문에 인간으로 볼 때는 훌륭하지만 유기하는 사람도 있습니다.

원죄가 전가되어 우상의 지배를 받고 있기 때문에 나오는 죄의 열매로, 거짓말쟁이요 위선자로 만듭니다. 이뿐만 아니라, 이 뜻은 고통을 만들어 내고 지옥을 확장시키는 삶입니다. 물론 예수 그리스도를 믿고 용서를 받으면 거짓말을 한다든지 위선의 죄를 짓지 않는다는 것이 아닙니다.

그러나 믿는 사람이 예수 그리스도를 알고, 죄를 알고, 그리스도의 통치를 받아들이면 죄에 빠지는 문제는 해결됩니다. 고통의 문제를 해결하는 길을 가게 되는 것입니다.

이스라엘의 역사가 보여주는 증거

인간은 계명을 알아도, 자신의 힘으로 계명을 온전히 지켜내고 하나님처럼 거룩해질 수 없습니다. 이 사실은 이스라엘 역사가 증명해줍니다. 모세가 계명을 받고 율법을 선포한 이후 모세도 죄를 범하였고, 또 모세에게 도전하는 세력이 있었고, 범법하는 무리가 있어 계명은 온전히 지켜지지 않았습니다.

여호수아 때에도, 사사기 때에도 지도자들로부터 온전히 지켜지지 않았습니다. 이들은 가나안 땅에 들어가 생활한 지 얼마되지 않아 하나님께서 베풀어 주신 은혜를 잊고 하나님을 믿는 믿음의 행동은 사라지고, 토착민들이 우상을 섬기던 행동을 같이 섬기고 있는 모습도 보게 됩니다.

사사기를 보면, 우상숭배를 하기도 하고 믿음이 없는 상태에서 율법을 형식적으로 지키는 외식적인 행동을 하였습니다. 사사시대 때부터 이런 모습은 계속되어 내려 왔습니다. 그들은 일이 잘 안 풀리고 곤고한 처지에 빠져 있으면 하나님을 떠나 우상을 숭배하며 구원을 청하였습니다. 이로 인하여 하나님께 징계를 받게 되고, 회개하면 하나님은 은혜를 베풀어 주고 회복시켜 주셨습니다. 그러나 얼마 후에는 다시 우상 신을 섬기고 다시 징계를 받고 돌아오는 것을 반복하였습니다.

왕조시대에도 마찬가지였습니다. 북 왕국 이스라엘에서는 하나님과 금 송아지를 두고 섬겼습니다. 이 모습은 그대로 이들의 내면 세계가 표출된 모습을 보여 주는 것으로, 두 주인을 섬기는 모습이었습니다. 이럴 때 마다, 하나님께서는 선지자들을 보내 우상을 섬기지 말고 하나님의 말씀을 따르라고 경고하셨습니다.

"내가 너희 절기를 미워하여 멸시하며 너희 성회들을 기뻐하지 아니하나니 너희가 내게 번제나 소제를 들릴지라도 내가 받지 아니할 것이요 너희 살진 희생의 화목제도 내가 돌아보지 아니하리라 네 노래 소리를 내 앞에서 그칠지어다 네 비파 소리도 내가 듣지 아니하리라 오직 공법을 물 같이 정의를 하수 같이 흘릴지로다 이스라엘 족속아 너희가 사십 년동안 광야에서 희생과 소제물을 내게 드렸느냐"(암 5:21~25).

남 왕국 유다가 멸망할 때도 마찬가지로 우상숭배 때문에 망하게 될 것을 경고하셨습니다.

"슬프다 범죄한 나라요 허물진 백성이요 행악의 종자요 행위가 부패한 자식이로다 그들이 여호와를 버리며 이스라엘의 거룩한 자를 만홀히 여겨 멀리하고 물러갔도다"(사 1:4).

"대저 여호와께서 깊이 잠들게 하는 신을 너희에게 부어주사 너
희의 눈을 감기셨음이니 눈은 선지자요 너희 머리를 덮으셨음
이니 머리는 선견자라"(사 29:10).

미련한 멍청이가 되어 듣지 않기 때문에, 화를 당하고 망하게 된
다고 경고하셨습니다.

"그러므로 내가 이 백성 중에 기이한 일 곧 기이하고 가장 기이
한 일을 다시 행하리니 그들 중의 지혜자의 지혜가 없어지고 명
철자의 총명이 가리워지리라 화 있을 진저 자기의 도모를 여호
와께 깊이 숨기려 하는 자여 그 일을 어두운 데서 행하며 이르
기를 누가 우리를 보랴 누가 우리를 알랴 하니 너희의 패리함이
심하도다 토기장이를 어찌 진흙같이 여기겠느냐 지음을 받은 물
건이 어찌 자기를 지은 자에 대하여 이르기를 그가 나를 짓지
아니하였다 하겠으며 빚음을 받은 물건이 자기를 빚은 자에 대
하여 이르기를 그가 총명이 없다 하겠느냐"(사 29:14~16).

선지자들이 나와서 하나님과의 언약관계을 상기시키며 계명을
지키라고 요구하였지만 지켜지지 않았습니다. 갈수록 계명은 더욱
더 지켜지지 않았기 때문에, 하나님께서는 많은 선지자들을 보내어
계명을 지키라고 빈번히 요구하셨습니다. 문제는 거룩하라고 주신
계명을 받은 이스라엘 백성들은 갈수록 더욱 지키지 않았기 때문에
최후에는 포로신세의 고난을 겪었음에도 불구하고 그래도 여전히
지켜지지 않았습니다.

이 모든 사실은 율법이 죄를 해결해 줄 수 없음을 보여줍니다.

모세가 계명을 받고 지켜서 하나님처럼 거룩하라고 이스라엘 백
성들에게 준 계명은 하나님의 아들이 오시기까지 1500년간 제대로

지켜지지 않았습니다. 그동안 많은 사람들이 살았지만, 왜 지켜지지 않는 것인지는 모르고 계속 지킬 수 있다고 믿고 지키려고만 했다 해도 과언이 아닙니다.

그러나 모세 이후 1,500여 년이 지난 후, 예수 그리스도께서 이 땅에 오셔서 계명을 스스로 지켜 하나님처럼 거룩해지려고 하는 사람은 거룩해지는 것이 아니라 오히려 더 나빠진다는 것을 말씀하시고, 그 증거로 서기관들과 바리새인들의 삶의 모습을 예를 들어 지적하셨습니다.

예수 그리스도께서 지적하신 이런 사실을 우리 생활에서 적용하자면 국가의 법을 잘 지켜서 정의로운 사람을 만들려고 하는 것이나 도덕을 가르쳐서 양심적인 사람을 만들려고 하는 것 그리고 어떤 이데오로기를 신봉하고 바른 사람을 만들려는 것은 도리어 거짓말쟁이요 위선자를 만든다고 하는 말이기도 합니다.

좀 더 부연하자면 사람만 의식하고 거짓말로 순간을 모면하고 사는 구안투생(苟安偷生)의 사람을 만드는 것입니다.

유교 문화권에서는 하나님께 대한 죄책감이나 죄의식이 결핍되어 있습니다. 이것은 유교의 도덕적인 가르침 때문입니다. 유교의 도덕은 하나님에 대한 의식(意識)을 가르쳐 주는 것이 아니라 사람의 눈을 의식한 삶을 가르쳐 주는 것입니다. 그래서 사람을 의식하는 '창피' 라는 단어는 흔히 사용하고 있습니다. '창피' 라는 단어에는 하나님을 의식한 죄의식이라는 뜻은 없습니다. 거짓말에 대한 죄의식이나 죄책감이 없기 때문에 진실을 이야기 하고 정직하게 말해야 된다는 의식이 결핍되어 있습니다.

다른 많은 사람들이 그렇게 하고 산다면 그것이 진리입니다. 피조물을 섬기는 삶입니다. "다른 사람들도 그러는데" 라고 하는 것입니다. 다른 사람이 있으면 착한 척하는 것이고 없으면 죄를 따라 갑니다. 이는 기본이 안 되었다고 하는 말이며 정직이 왜 중요한 것이지 이에 대한 의식이 결핍되어 있다는 뜻입니다. 믿음의 사회는 신용할 수 있는 정직이 만드는 것이기 때문입니다.

　하나님이 함께 하시지 않고 가르치는 도덕이나 율법교육은 사람을 거짓말쟁이로 위선자로 만듭니다. 하나님을 의식하는 것이 아니라 사람을 의식하게 만드는 교육이기 때문입니다. 예수 그리스도께서 지적하시고 경계하는 말씀의 의미입니다(하나님을 의식하는 교육이요 생활이 되어야 합니다).

　예수 그리스도의 이 지적을 확대 해석하자면, 이 말씀은 사회정의를 부르짖는 사람이나, 도덕을 외치면서 사회기강을 바로 잡으려고 하는 사람이나, 다른 사람에게 바르게 살라고 하는 사람들은 자신들이 얼마나 위선적인 사람이고 거짓말쟁인지를 모르는 어리석은 사람들이요, 나아가서는 아주 사악한 사람들이라는 것을 보여주는 것입니다.

　한 때 『내가 알아야 할 모든 것은 유치원에서 배웠다』고 하는 책이 베스트셀러가 된 일이 있습니다. 이 책이 보여주는 것은 유치원에서 배운 것을 성인이 되어서도 그대로 실천하고 산다면 사회가 혼란스럽지 않을 것이라고 하면서 배운 것을 지키라고 지적하고 있지만 지켜지지 않는 것이 당연합니다. 인간 속에는 선한 것이 없고 우상 신이 지배하고 있기 때문입니다.

　우리 안에 이런 것들이 있다는 것을 율법을 통하여 배우고, 알아차려야 합니다. 사람은 율법을 알아야 하지만, 사람은 율법을 이용하여 하나님의 말씀의 본래의 뜻에 적합한 행동을 하는 것이 아니라, 율법의 형식을 만족시키면서 범죄를 저지르는 행동을 하며 자신의 유익을 취하는 행동을 합니다.

계명을 실천해서 거룩한 사람으로 만들 수는 없음

사람은 원죄 때문에 계명을 실천해서 자신을 구원하고, 하나님처럼 거룩한 사람으로 만들 수 없습니다. 거룩한 계명이지만 계명을 알면, 또 다른 식으로 똑같은 범죄를 저지릅니다.

예수 그리스도께서는 누구도 알아채지 못한 이점을 서기관들과 바리새인들에게 지적하셨습니다.

또한 지금 이후부터는 새로운 시대가 되었기 때문에 옛 방법은 인정받지를 못한다고 말씀하셨습니다. 과거의 구원방법과 거룩히 성장되는 방법은 모형이고 그림자로서, 온전한 실체가 아니라고 말씀하셨습니다. 과거의 방법은 하나님처럼 거룩해지는 방법이 아니라 원죄 때문에 우상 신의 추종자로 확고하게 만들어가는 방법이라고 지적하시고 끝내고 돌이키라고 회개의 복음을 선포하셨습니다.

구약의 율법을 지켜서 구원을 완성시킬 수 있는 길은 세례 요한까지이고 지금 여기에서부터는 새로운 시대가 도래하였기 때문에, 과거의 것을 온전히 청산하고 새로운 진정한 하나님의 거룩한 삶을 만들어 주는 방법을 선택할 것을 요구하셨습니다.

"기록된 바 보라 내가 내 사자를 네 앞에 보내노니 저가 네 길을 네 앞에 예비하리라 하신 것이 이 사람에 대한 말씀이니라 내가 진실로 너희에게 말하노니 여자가 낳은 자 중에 세례 요한보다 큰 이가 일어남이 없도다 그러나 천국에서는 극히 작은 자라도 저보다 크니라"(마 11:10~11).

세례 요한은 계명을 잘 지키고 생활한 거룩한 사람이나, 천국에서는 가장 작은 자라고 하셨습니다. 율법을 아무리 온전히 잘 지켜도 이 정도 밖에 안 된다는 뜻입니다. 새로운 시대가 도래하였으니, 새 방법을 선택하고 따라야 한다고 복음을 믿으라고 새로운 방법을 권면하시는 말씀을 하셨습니다.

"저희에게 이르시되… 생베 조각을 낡은 옷에 붙이는 자가 없나니 만일 그렇게 하면 기운 새것이 낡은 그것을 당기어 해어짐이 더하게 되느니라 새 포도주를 낡은 가죽 부대에 넣는 자가 없나니 만일 그렇게 하면 새 포도주가 부대를 터뜨려 포도주와 부대를 버리게 되리라 오직 새 포도주는 새 부대에 넣느니라 하시니라"(막 2:19~22).

예수 그리스도께서는 하나님께서 원하시는 거룩한 행동은 거룩한 마음에서 나오는 행동이라고 말씀하셨습니다. 형제를 미워하는 마음은 살인이요, 여인을 보고 음욕을 품은 것은 간음한 것, 탐심의 마음은 우상숭배라고 지적을 하시며 율법을 실천하였다고 해도 이런 마음에서 나온 실천은 받아 주지 않으신다는 뜻으로 말씀하셨습니다.

구원을 받으려면 깨끗한 마음에서 깨끗한 행위가 있어야 하지만 인간에게는 불가능합니다. 그러므로 하나님으로부터 죄를 용서 받아야 하고 예수 그리스도께 자신을 의탁하여야 한다고 하셨습니다. 하나님의 아들을 믿고, 모든 죄를 용서받고, 구원받아야 하며, 자신이 자력으로 구원을 성취하려는 생각을 버려야 합니다. 이런 사실은 하나님의 말씀 속에서 명료해지고 있습니다.

하나님의 말씀은 점진적으로 계시가 명확해지고 있는 말씀입니다. 거룩한 계명을 주신 하나님의 뜻도 점진적으로 명확하게 되어 본래는 이 계명을 지켜서 거룩한 사람이 될 수 없지만, 은혜를 베풀어 주시고 구원해 주신 것이라는 뜻이 드러납니다.

구약에서 거룩한 계명은 이것을 실천해서 자신을 거룩한 사람으로 완성시키라고 하나님께서 주신 말씀이 아닙니다. 하나님의 뜻에서 벗어난 죄를 알라고 주신 것이 첫째 목적입니다.

> "그러므로 율법의 행위로 그의 앞에 의롭다 하심을 얻을 육체가 없나니 율법으로는 죄를 깨달음이니라"(롬 3:20).
> "알 것은 이것이니 법은 옳은 사람을 위하여 세운 것이 아니요 오직 불법한 자와 복종치 하니 하는 자며 경건치 아니한 자와 죄인이며 거룩하지 아니한 자와 망령된 자며 아비를 치는 자와 어미를 치는 자며 살인하는 자며…"(딤전 1:9~11).

사도 바울은 율법으로 인하여 우리 속에 있는 우상 신의 정체가 폭로된다고 말씀하셨습니다.

> "우리가 육신에 있을 때에는 율법으로 말미암는 죄의 정욕이 우리 지체 중에 역사하여 우리로 사망을 위하여 열매를 맺게 하였더니"(롬 7:5).
> "사망의 쏘는 것은 죄요 죄의 권능은 율법이라"(고전 15:56).

사람은 하나님의 아들의 은혜가 없으면 하나님이 원하시는 거룩한 계명을 온전히 실천하는 생활을 할 수 없습니다. 진실로 하나님께서 원하시는 거룩한 생활은, 하나님이 내재하실 수 있는 사람이 되어 하나님의 통치를 받고, 하나님의 마음을 가지고 하나님처럼 행동하는 순종의 생활이기 때문입니다.

4. 하나님 아버지께서 지킬 수 없는 계명을
지키라고 하신 이유

구약에서의 하나님의 거룩한 계명을 주시고 지키라고 하신 것은 초등학문 수준이고 더 계속하게 되면 거짓말쟁이가 되고 위선자가 되는 것인데 왜 하나님께서는 이스라엘 백성들에게 계명을 주시고 지키라고 하셨을까요 하는 당연한 의문이 생깁니다.

예수 그리스도는 계명을 부정하시는 것이 아닙니다. 계명을 인정하시면서 아버지 하나님께서 계명을 주신 의도를 말씀하셨습니다. 이 말씀을 예수 그리스도께서는 바리새인들이 시험을 걸어 넘어뜨리고자 하였을 때, 대답하신 말씀 속에서 계명을 주신 하나님의 의도를 알 수 있습니다.

계명을 지키라고 하신 이유는, 한 마디로 이들이 어린 아이와 같은 상태였기 때문입니다.

“바리새인들이 예수께 나아와 그를 시험하여 가로되 사람이 아무 연고를 물론하고 그 아내를 내어버리는 것이 옳으니이까 예수께서 대답하여 가라사대 사람을 지으신 이가 본래 저희를 남자와 여자로 만드시고 말씀하시기를 이러므로 사람이 그 부모를 떠나서 아내에게 합하여 그 둘이 한 몸이 될지니라 하신 것을 읽지 못하였느냐 이러한즉 이제 둘이 아니요 한 몸이니 그러므로 하나님이 짝지어 주신 것을 사람이 나누지 못할지니라 하시니 여짜오되 그러하면 어찌하여 모세는 이혼증서를 주어서 내어버리라 명하였나이까 예수께서 가라사대 모세가 너희 마음의 완악함을 인하여 아내 내어버림을 허락하였거니와 본래는

그렇지 아니하니라 내가 너희에게 말하노니 누구든지 음행한
연고 외에 아내를 내어버리고 다른 데 장가 드는 자는 간음함
이니라"(마 19:3~9).

바리새인들이 이혼문제를 가지고 예수 그리스도를 시험하였을
때 주님께서는 이혼을 허락하지 않으셨습니다. 그러면 왜 율법은
이혼을 허락하는 것이냐고 반격하였을 때, 그것은 이들의 마음이
완악함을 인하여 허락한 것이지 본래는 그렇지 아니한 것이라고 하
셨습니다.

"너희 마음의 완악함을 인하여 아내 내어버림을 허락하였거니와
본래는 그렇지 아니하니라"하신 말씀을 보면 알 수 있습니다. 수준
이 그것 밖에 되지 않았기 때문에 그렇게 율법을 주신 것이라고 하
신 말씀을 하셨습니다. 이들의 수준이 어린 아이와 같이 낮았기 때
문에 행동의 몸짓을 보였을 때, 인정하여 주셨습니다.

구약에서 계명을 지키라는 의미는 이와 같은 뜻이라고 할 수 있
습니다. 이스라엘 백성들의 수준이 어린 아이와 같이 저급하기 때
문에 이들의 마음속은 부정하였지만 하나님께서는 은혜를 베푸시
고 이들이 계명을 지키는 척 하는 생활도 받아주셨습니다. 그러나
본래는 그렇지 않은 것입니다.

이 말씀의 뜻은 마치 이런 경우와 같습니다. 어떤 사람이 아내와
유치원 다니는 어린 아들을 차에 태우고 야외로 나들이 갔습니다.
차 안에서 아들이 "아빠 차 바퀴가 어떻게 돌아가는 거야"하고 물
었습니다.

아빠는 질문을 받고 속으로 내연기관과 외연기관의 차이를 이야
기하면 너무 어린 아이라 어려워 알아 들을 수가 없을 것같아 망설

이다가, "휘발유를 넣으면 그 휘발유가 피스톤 안에서 압축이 되고 그 압축된 휘발유에 불을 붙여서 폭발을 시켜서 그 폭발하는 힘으로 가는 거야"라고 대답하였습니다.

그러나 아들은 나이가 너무 어려서 알아들을 수 없었습니다. 그래서 곁에 앉아있는 엄마에게 다시 물었습니다. "엄마, 차 바퀴는 어떻게 돌아가는 거야"하니까 엄마는 "응, 그거 빙글빙글 돌아가는 거야"하고 아무렇지도 않게 대답해 주었습니다. 그랬더니 아들은 그제야 알아들었다는 듯이 만족하고 고개를 끄덕 끄덕 하였답니다.

하나님께서는 사람들을 알아보시고 어떻게 이야기 해야되는지 가려서 알아듣게 말씀하시는 분이기 때문에 과거, 이들에게 계명을 주시고 지키라고 할 때는 그 수준에 맞게 그런 것을 주시고 그렇게 지키라고 말씀하셨지만, 원래 말씀하시고자 하는 뜻은 그런 것을 원하신 것이 아니라는 것이 예수 그리스도의 말씀이었습니다.

본래 거룩한 계명이 요구하는 것은 하나님의 삶이기 때문에 높은 차원의 삶(신적 차원의 삶)을 요구하는 것으로, 이것은 인간이 스스로 실천하여 완성시킬 수 없습니다. 그럼에도 하나님께서 율법을 주신 것은 예수 그리스도를 이 땅에 보내 주시기 전에 영접할 준비 기간과 같은 생활로 율법을 지키게 하셨습니다.

하나님의 아들 예수 그리스도께서는 오셔서 본래 하나님의 뜻을 말씀하시고 바로 잡아 주셨습니다(마 5:17~19). 예수 그리스도께서 하신 말씀은 계명으로 주신 공의도 준수를 해야만 했지만, 이제부터는 그 이상의 것을 즉 하나님의 사랑을 요구하신다는 뜻의 말씀을 하셨습니다.

본래 하나님께서 원하시는 하나님의 의는 서기관들과 바리새인들이 생각하고 있던 의보다 월등히 높은 것이라는 뜻의 말씀을 저변에 깔고 말씀을 시작하신 것입니다. "내가 너희에게 이르노니 너희 의가 서기관들과 바리새인보다 더 낫지 못하면 결단코 천국에 들어가지 못하리라"(마5:20) 고 서기관들과 바리새인들 같이 공의를 최상으로 생각하며 장로들의 유전도 지키는 그런 삶이 아닌, 하나님께서 요구하시는 하나님처럼 사는 거룩한 삶에 대한 재해석(再解釋)을 하셨습니다.

계명을 행위로 판단하기 전에 먼저 마음 속의 상태로부터 판단하신다는 말씀과 계명은 공의보다는 사랑이라는 뜻이라고 말씀하셨습니다.(마 5:21~48). 하나님께서 요구하시는 계명은 하나님의 삶이기 때문에 높은 차원의 삶을 요구하는 것으로 이것은 인간이 스스로 실천하여 절대로 완성시킬 수 없습니다.

이 뜻을 사도 요한은 은혜로 구원을 받고 하나님과 함께 하는 존재가 되어 하나님처럼 거룩한 삶이 된다는 뜻으로 이렇게 말씀하셨습니다.

"하나님이 세상을 이처럼 사랑하사 독생자를 주셨으니 이는 저를 믿는 자마다 멸망치 않고 영생을 얻게 하려 하심이니라"(요 3:16).

"사랑하는 자들아 우리가 서로 사랑하자 사랑은 하나님께 속한 것이니 사랑하는 자마다 하나님께로 나서 하나님을 알고 사랑하지 아니하는 자는 하나님을 알지 못하나니 이는 하나님은 사랑이심이라 하나님의 사랑이 우리에게 이렇게 나타난 바 되었으니 하나님이 자기의 독생자를 세상에 보내심은 저로 말미암아 우리를 살리려 하심이니라 사랑은 여기 있으니 우리가 하나님을 사랑한 것이 아니요 오직 하나님이 우리를 사랑하사 우리 죄를 위하여 화목제로 그 아들을 보내셨음이니라 사랑하는 자들아 하나님이 이같이 우리를 사랑하셨은즉 우리도 서로 사랑하는 것이 마땅하도다 어느 때나 하나님을 본 사람이 없으되 만일 우리가 서로 사랑하면 하나님이 우리 안에 거하시고 그의 사랑이 우리 안에 온전히 이루느니라"(요일 4:7~12).

계명을 성취하여 하나님처럼 거룩해 질 수는 없지만 하나님의 은혜로 가능합니다. 은혜로 구원을 받고 부활하신 예수 그리스도와 함께 하며 예수 그리스도께서 지향하시는 하나님의 사랑의 삶을 실천해 가는 것입니다. 이 삶은 사람의 능력으로는 불가능합니다.

5. 온전히 거룩한 사람이 되는 길을 열어주심

예수 그리스도께서는 온전히 거룩한 사람이 되는 길을 열어주셨습니다. 첫째는 계명을 지키고 거룩함을 성취하려고 하는 시도를 포기하고 당신을 믿으라고 새로운 말씀을 하셨습니다. 왜냐하면 하나님만이 하실 수 있는 우상 신을 섬기던 죄를 용서하고 우상 신을 몰아내어 하나님의 통치를 받게 해 주실 수 있게 하시기 때문입니다.

우상의 지배를 물리치고 승리하신 예수 그리스도께 나와, 죄를 용서 받아야만 새 사람이 될 수 있고, 회개의 길을 갈 수 있습니다. 이 말씀은 분명히 구약에서 볼 수 없는 새로운 말씀입니다.

물론, 고통 속에서 사는 이스라엘을 구원하시기 위하여 메시아를 보내 주시겠다는 말씀은 있었습니다. 하나님의 아들이신 예수님은 메시아이십니다. 모세도 이스라엘의 메시아 입니다. 그러나 그는 인간이기 때문에 우상 신을 멸할 수 없는 메시아입니다.

하나님의 아들 예수 그리스도만이 진정한 메시아이시고, 이스라엘과 인류의 구원자이십니다. 예수 그리스도는 온전히 계명을 지키신 유일무이한 분이십니다. 예수 그리스도께서는 우상 신의 지배하에서 거룩한 계명을 알게 되면 이것을 이용하여 더욱 나빠진 상태가 된다는 위대한 지적을 하셨을 뿐만 아니라, 예수 그리스도는 하나님의 아들로서 온전히 계명을 지키신 유일무이하고, 전무후무한 분이었습니다.

예수 그리스도를 믿음으로, 그의 의가 전가되어 우리는 지킬 수 없는 계명을 지킬 수 있게 되었습니다. 하나님의 아들만이 우리 죄를 용서하시고 의롭게 할 수 있는 권세가 있으십니다. 하나님의 아들 예수 그리스도께서는 사역 가운데서 죄를 용서하시는 권세를 증명해 보여 주셨습니다. 그리고 제자들이 의로운 생활을 하게 만들어 주셨습니다.

둘째는 하나님의 정의를 재해석하시고 바로 잡아 주셨습니다. 죄를 용서하시고 진실로 거룩한 생활을 가르쳐주셨습니다. 하나님의 정의는 하나님 당신 자신이며, 하나님의 사랑이라는 뜻으로 말씀하셨습니다. 거룩한 율법의 공의는 하나님의 사랑 가운데서 가장 작은 것이라는 뜻으로 말씀하셨습니다. 하나님은 사랑이시기 때문입니다(요일 4:8).

정의로운 삶은 거룩한 율법을 실천하는 삶을 넘어 하나님의 사랑으로 하나님처럼 사는 삶입니다. 이것이 바르게 사는 정의로운 삶이고, 잘 사는 것입니다. 예수 그리스도의 새로운 가르침은 하나님의 정의가 공의에 있지 않다는 것, 서기관들과 바리새인들과 같이 율법의 조항(규례나 법도나 장로들의 유전)을 지키고 생활하는 것에 있지 않다는 것입니다.

하나님의 정의(바르게 사는 삶, 행동)는 하나님 당신 자신이 정의이고, 또 하나님의 사랑에 있습니다. 즉 바른 생활은 하나님이 내재하시는 사람이 되어 성령의 인도를 받고 사는 생활입니다. 왜냐하면 인간의 생활은 그 사람을 통치하고 있는 존재를 반영하는 생활이기 때문입니다.

우상 신이 통치하는 사람은 우상 신의 생활을 보여주게 되어 있고, 하나님이 통치하고 있는 사람은 하나님의 생활하시는 것을 보여줍니다. 세상의 악하고 혼돈된 모습은 우상의 통치를 반영하는 것입니다.

사람들의 내면의 모습을 반영하는 것이 문화라고 본다면 이 세상은 우상 신의 문화입니다. 그러나 하나님의 통치를 받는 사람들은 하나님의 문화를 반영해야 합니다. 고통의 삶으로부터 구원을 받고 하나님처럼 거룩하게 되는 길은 오직 하나뿐으로 하나님처럼 되는 것이기 때문입니다.

셋째는 하나님처럼 거룩한 사람으로 만드셨고, 하나님의 삶인 거룩한 생활을 보여 주시고 가르치셨습니다. 예수 그리스도께서는 제자들과 함께 하시며, 그들에게 하나님의 거룩하신 삶을 가르쳐 주셨습니다. 말씀으로 혹은 생활로 보여주고 가르쳐주시며 하나님을 알도록 가르쳐 주셨습니다.

제자들은 예수 그리스도와 함께 생활하면서 예수 그리스도의 생활 모습을 보고 하나님을 알게 되었습니다(요일 1:1~2). 제자들은 가장 존귀한 지식이요 지혜를 체험했습니다. 그리고 자신들을 깨닫고 하나님의 아들처럼 되기를 원하며 자신의 마음을 생각한다면 불가능한 생활이지만 그러나 예수 그리스도의 은혜임을 생각하며 감사하고, 말씀을 실천하여 나아가는 생활을 배웠습니다.

사도들은 자신의 내면까지 살펴보시는 이 분 앞에서 무엇도 숨길 수 없었기 때문에, 경외감을 가지고 자신을 부인하며 예수 그리스도께서 기뻐하시는 뜻을 받들어 생활하였습니다. 하나님과 함께 생활하며 하나님께 정직하게 진실을 이야기 하면서 대화를 나누고 살았습니다. 이때, 하나님은 사도들에게 자신을 알게 해 주시고 점진적으로 거룩하게 성장해 갈 수 있게 은혜도 베풀어 주셨습니다.

고통받는 사람과 함께 하며 가슴 아파하면서 치유하시고, 가난한 자와 어울리며 위로하시고, 구원받고 즐거워하는 사람들과 어울리며 웃기도 하시고 섬기는 사람이 되라고 자신들의 발을 씻기시는 하나님의 아들을 보면서 정의로운 삶이요 진실된 삶을 보았고 배우며 감화를 받았으며 자신을 의식하고, 참살이가 어떤 것인지를 자신도 보고 깨닫는 바가 많았을 것입니다.

예수 그리스도의 십자가의 죽으심과 부활의 의미

구원의 전 과정을 세분화하여 보면 구원의 순서가 있습니다. 이를 구원의 서정(序程)이라고 합니다. 하나님께서는 구원하실 자를 예정하시고 선택하여 부르십니다. 부름을 받은 사람은 하나님처럼 되라는 거룩한 소명을 받게 되고 중생하여 하나님을 믿고 회개하며 칭의를 받고 양자가 되어 거룩한 사람으로 성장되어 가는 성화의 길을 가게 되며, 삶의 고통을 참고 인내하는 과정을 거치게 됩니다. 그리고 마지막에는 하나님처럼 하나님에 의하여 신령한 육신을 입고 영화롭게 됩니다.

교리를 말씀하는 것은 많은 사람들이 너무나 잘 알고 있기 때문에 생략하겠습니다. 예수 그리스도의 십자가의 죽으심과 부활의 의미도 새로운 피조물즉 새사람이 되었다는 말로 끝내고 생략하겠습니다.

예수 그리스도의 십자가의 죽으심과 부활의 의미는 살아 계신 예수 그리스도와 지금도 우리가 같이 생활하는 삶입니다. 거룩하신 하나님의 아들은 부활하시고 우리에게 보혜사 성령님으로, 우리 믿는 사람들과 함께 하시고 천국의 길로 들어서게 하시고 천국의 성으로 길을 인도하시고 계십니다.

예수 그리스도께서 하나님의 아들로, 우리를 완전히 구원하기 위하여 십자가에 죽으시고 부활하시고, 성령 하나님으로 우리와 함께 하신다고 믿는 사람은 구원을 받고 거룩함에 이릅니다. 이것이 예수 그리스도의 믿음입니다.

> "내가 진실로 진실로 너희에게 이르노니 내 말을 듣고 또 나 보내신 이를 믿는 자는 영생을 얻었고 심판에 이르지 아니하나니 사망에서 생명으로 옮겼느니라 진실로 진실로 너희에게 이르노니 죽은 자들이 하나님의 아들의 음성을 들을 때가 오나니 곧 이 때라 듣는 자는 살아나리라"(요 5:24~25).

믿는 자는 이 말씀대로 됩니다. 예수 그리스도께서는 육신을 입고 이스라엘 땅에 오셨습니다. 예수 그리스도께서는 갈릴리 지방에서 제자들을 불러서 구원하시고, 거룩한 사람으로 만들어 주셨고, 성장하게 하시며 천국의 삶을 누릴 수 있도록 가르치고 천국으로 인도하셨습니다. 천국의 삶은 의로운 만큼 확장되어 가는 삶입니다.

사도들은 하나님의 아들 예수 그리스도와 동행하면서 심령을 감찰하시는 하나님 앞에서 하나님을 속일 수는 없었습니다. 정직한 생활을 했습니다. 더욱이 서기관들과 바리새인들과 충돌하실 때마다, 그들의 거짓된 삶을 지적하시며 책망하실 때, 곁에서 듣고 있던 제자들은 무엇을 생각했을 것인지는 보지 않아도 명약관화한 일입니다. 어린 시절에 부모님께서 거짓말했다고 형을 책망할 때, 곁에서 동생이 보고 있었다면 동생이 무엇을 생각했겠는지 알 수 있을 것입니다.

예수 그리스도께서는 사람의 진실된 마음을 아시기 때문에 예수 그리스도 앞에서는 진실을 이야기하지 않을 수 없었습니다. 예수 그리스도께는 사랑만 있는 하나님이 아니십니다. 심판의 하나님이시기도 합니다. 이스라엘 백성들은 하나님이 사랑의 하나님이심을 알고 있지만 또한 경외감도 가지고 있었습니다. 하나님과 동행하며 정직해야 한다는 것은 이와 같은 중요한 의미가 있습니다.

거짓말이나 위선이 통하지 않았습니다. 기분으로 하는 말도 통하지 않았습니다. 오직 진실된 삶만이 요구됩니다. 새 사람이 된 우리가 해야 할 일로, 자신 안에 내재하시는 하나님을 의식하고 자신의 진실을 말하고 살아야 합니다. 하나님은 알고 계시고, 듣고 계십니다.

예수 그리스도께서는 항상 진실된 마음을 보여주며 생활하셨습니다. 언제나 자신과 함께 하시는 하나님을 생각하며 하나님의 뜻을 온전히 표출하고 생활하셨습니다. 이것이 진실된 삶이고 거룩한 올바른 생활입니다.

베드로가 "감옥에도, 죽는데도 가기를 준비하였나이다" 하였을 때, 면전에서 민망할 정도로 "오늘 닭이 울기 전에 네가 세 번 나를 모른다고 부인하리라" 라고 말씀하셨습니다. 베드로는 그 때 기분으로 하는 말이었기 때문에, 즉 자신을 모르고 하는 말이었기 때문이었습니다.

예수 그리스도께서는 베드로의 성숙상태를 잘 알고 계셨습니다. 주님께서 예루살렘에 올라가 장로들과 대제사장들과 서기관들에게 많은 고난을 받고 죽임을 당하고 제 삼일 후에 살아나야 할 것을 말씀하셨을 때, 베드로는 자신이 지켜드리겠다고 하였습니다.

그때, 예수 그리스도께서는 "… 사단아 내 뒤로 물러가라 너는 나를 넘어지게 하는 자로다 네가 하나님의 일을 생각지 아니하고 도리어 사람의 일을 생각하는도다 하시고"(마 16:23) 책망하셨습니다. 예수 그리스도께서는 당신과 함께 하시는 하나님의 뜻을 표출하는 말씀과 행동을 보여 주셨습니다.

그러나 아버지께로 돌아갈 때가 된 것을 아시고, 마지막으로 제자들과 오고 오는 세대를 끝까지 사랑하시고 구원하시기 위하여 구원 사업을 완성하실 필요가 있으셨습니다.

> "유월절 전에 예수께서 자기가 세상을 떠나 아버지께로 돌아가실 때가 이른 줄 아시고 세상에 있는 자기 사람들을 사랑하시되 끝까지 사랑하시니라"(요 13:1).

예수 그리스도께서 대속의 죽음을 죽으셔야 하는 이유는, 당대의 제자들뿐만 아니라 오고 오는 세대를 구원하시기 위한 사역이었습니다. 예수 그리스도께서는 제자들에게 거룩한 삶을 가르치시고 천국의 삶을 약속하시며 오고 오는 세대를 구원하시고자 하신 의도를 이렇게 행동으로 말씀해 주셨습니다.

> "저녁 먹는 중 예수는 아버지께서 모든 것을 자기 손에 맡기신 것과 또 자기가 하나님께로부터 오셨다가 하나님께로 돌아가실 것을 아시고 저녁 잡수시던 자리에서 일어나 겉옷을 벗고 수건을 가져다가 허리에 두르시고…"(요 13:3~4).

제자들의 발을 씻어주셨습니다.

"인자의 온 것은 섬김을 받으려 함이 아니라 도리어 섬기려 하고
자기 목숨을 많은 사람의 대속물로 주려 함이니라"(막 10:45).

주님께서는 섬김에 대한 말씀을 직접 행함으로 보여주셨습니다.
예수 그리스도께서는 제자들에게 십자가를 지고 죽게 될 것과 부
활하실 것 그리고 제자들과 오고 오는 세대를 구원하시고자 보혜사
성령님을 보내 주시겠다고 말씀하셨습니다.
"내가 너희를 고아와 같이 버려두지 아니하고 너희에게로 오리
라"(요 14:18).
"내가 비옵는 것은 이 사람들만 위함이 아니요 또 저희 말을 인
하여 나를 믿는 사람들도 위함이니 아버지께서 내 안에 내가
아버지 안에 있는 것같이 저희도 다 하나가 되어 우리 안에 있
게 하사 세상으로 아버지께서 나를 보내신 것을 믿게 하옵소서
내게 주신 영광을 내가 저희에게 주었사오니 이는 우리가 하나
가 된 것 같이 저희도 하나가 되게 하려 함이니이다"(요
17:20~22).

예수 그리스도께서는 중보의 기도를 하셨습니다. 예수 그리스도
께서는 우상 신의 손으로부터 구원하기 위하여 생명을 생명으로 바
꾸어 속량하셨습니다. 그리고 십자가에서 죽으셨고 죽은지 사흘만
에 부활하시고 지금 우리와 함께 하시는 하나님이 되어 우리 안에
내재하시고 동행하는 삶을 주셨습니다.
이 삶의 모습은 갈릴리 지방에서 제자들과 함께 하신 생활이 그
대로 내면화 되어, 지금과 앞으로도 예수 그리스도께서 다시 오실
때까지 계속되고 있는 믿음의 삶입니다. 이스라엘 땅에 육신을 입
고 오신 하나님의 아들 예수 그리스도께서 제자들을 부르시고 함께

하신 생활을 십자가의 죽으심과 부활을 통하여 부르시고 함께 하는 모습이 계속 되고 있습니다.

6. 부활한 성도의 삶

부활하신 예수 그리스도를 믿고 사는 사람은 죽음에서 부활한 사람으로 거룩한 사람이 되어 제자의 길을 갑니다. 이 생활은 진정으로 올바르게 자신과 타인을 사랑하고 사는 잘 사는 것입니다. 사도 바울은 이 생활을 교리서라고 할 수 있는 로마서(롬 12:1)와 갈라디아서(갈 2:20)에서 말씀하였습니다.

그는 "나라는 사람이 없어지는 삶"을 말씀하였습니다. 그리고 부활하신 예수 그리스도를 보여주고 사는 삶을 말씀하였습니다. 내가 그리스도와 함께 십자가에 죽었다면 나는 없는 사람입니다. 이미 내가 죽고 없기 때문에, 죽음과 주어진 고통까지 두려워할 이유가 없습니다.

언약에 의하여 우리의 고통의 문제는 우리의 문제가 아니라 하나님의 문제이기 때문에 고통을 두려워할 이유가 없습니다. 죽음도 두려워할 이유가 없습니다. 예수 그리스도께서 책임을 지고 돌보아 줄 의무가 있기 때문에, 또 아버지로서 돌보아 줄 의무가 있습니다.

그러므로 우리에게 있는 고통의 문제까지도 합력하여 선(거룩함)을 이루게 될 줄로 알고 믿습니다.

"우리가 알거니와 하나님을 사랑하는 자 곧 그 뜻대로 부르심을 입은 자들에게는 모든 것이 합력하여 선을 이루느니라"(롬

8:28).

"생각건대 현재의 고난은 장차 우리에게 나타날 영광과 족히 비
교할 수 없도다"(롬 8:18).

영원한 행복을 누리고 살 미래를 생각할 때, 현재의 고난은 잠시
잠깐의 순간일 뿐입니다. 지금, 내가 여기에서 고통을 받고 사는 것
은 그리스도가 고통을 받고 사는 것이고, 내가 죽으면 그리스도와 함
께 영원한 복을 누리는 낙원에 살 것이기 때문에 살아도 좋고 죽어도
좋은 것입니다.

이런 믿음은 세상을 바라보는 눈이 달라지게 되는 것을 의미하는
것이기도 합니다. 부자와 권세있는 사람 앞에서도 겸손하지만 당당
할 수 있고 가난하고 힘없는 사람을 겸손히 섬기려는 마음의 자세
로 행동하고 살게 만듭니다. 하나님의 자녀로서 하나님의 권세를
받았기 때문입니다.

"그러므로 우리가 이제부터는 아무 사람도 육체대로 알지 아니
하노라 비록 우리가 그리스도도 육체대로 알았으나 이제부터는
이같이 알지 아니하노라"(고후 5:16).

"그러므로 우리가 담대히 가로되 주는 나를 돕는 자시니 내가
무서워 아니하겠노라 사람이 내게 어찌하리요 하노라"(히 13:6).

이런 믿음은 자신이 당하는 고통 속에서도 웃을 수 있는, 참으로
능력있는 사람으로 만들어 줍니다. 시련 가운데서도 인내할 줄 알
고 감사하고, 웃을 수 있는 능력의 소유자로 만들어 주십니다. 이
는 하나님의 능력이 아니면 안 됩니다. 경건의 거룩한 능력이 나타
나는 모습이기 때문입니다.

주님을 믿기 때문에 순종하고 거룩한 능력이 표출되도록 살아야

합니다.

바울 사도는 "경건의 모양은 있으나 경건의 능력은 부인하는 자니 이같은 자들에게서 네가 돌아서라"(딤후 3:5)는 말씀을 하셨습니다. 내게서 내가 완전히 죽어 없어진 삶은 예수 그리스도가 온전히 나타나는 거룩한 삶이고 온전한 하나님의 삶이고 천국의 삶입니다. 이 생활은 성령을 쫓아 행하는 생활입니다.

우리는 내가 얼마나 죽었느냐에 따라 천국의 영역이 달라지고, 내가 얼마나 자신을 부인하고 순종하였느냐에 따라 거룩함의 분량이 달리 나타나게 됩니다. 내 생명이 가장 중요한 것이고 나의 고통이 가장 큰 문제가 되지만, 그것은 예수 그리스도를 믿고 내가 나의 가장 소중한 것을 버렸을 때, 나에게는 말할 수 없는 큰 보상으로 하나님의 생명이 되어 갑니다.

이 삶은 이 세상에 살고 있는 사람이지만, 이 세상의 삶을 살고 있는 사람이 아니라 하나님 나라의 생활을 하는 것입니다. 이 세상과 천국 생활 사이에서 사는 삶이지만, 천국의 삶이 우리에게 보장되어 있는 생활입니다. 사람은 이렇게 살아야 잘 사는 것입니다.

새 사람이 된 우리에게 하나님의 뜻을 분별하여 거룩한 새로운 생활을 하라고 말씀하시며, 이것이 우리의 예배라고도 하셨습니다. 새 사람은 기도하고, 교회에서 예배를 드리는 것만을 예배로 생각하는 것이 아니라, 삶 전체가 즉 삶 자체가 예배라고 말씀하셨습니다.

이것은 "그러므로 형제들아 내가 하나님의 모든 자비하심으로 너희를 권하노니 너희 몸을 하나님이 기뻐하시는 거룩한 산 제사로 드리라 이는 너희의 드릴 영적 예배니라"(롬 12:1)는 말씀과 "내가 그리스도와 함께 십자가에 못박혔나니 그런즉 이제는 내가 산 것이 아니요 오직 내 안에 그리스도께서 사신 것이라 이제 내가 육체 가운데 사는 것은 나를 사랑하사 나를 위하여 자기 몸을 버리신 하나님의 아들을 믿는 믿음 안에서 사는 것이라"(갈 2:20)는 말씀입니다.

이 말씀을 계속 반복적으로 드리는 이유는, 이 말씀이 성경의 핵심적인 주제인 하나님을 사랑하고 거룩함의 문제를(하나님처럼 되는 문제) 해결하는 방법이기 때문입니다.

이 믿음의 생활은 부활하신 예수 그리스도께서 믿는 자 안에 계시고, 그의 양심을 통하여 말씀하시는 그 말씀을 믿고 순종하는 생활입니다. 늘 예수 그리스도를 의식하고 그를 모든 것을 다하여 사랑하기 때문에, 자신의 뜻을 부인하고 예수 그리스도의 뜻을 받들고 사는 삶입니다.

현실 속에서 당면한 문제 앞에 자신의 생각을 알면서도 자신을 고집하지 않고, 자신을 부인하고 하나님의 뜻에 따라 말하고 행동하는 생활입니다. 즉 자신의 생각도 의식하고 하나님의 말씀도 의식하면서, 하나님을 사랑하여 자신을 부정하고 하나님의 뜻을 받들어 사는 생활을 하는 것입니다.

"내가 이르노니 너희는 성령을 좇아 행하라 그리하면 육체의 욕
심을 이루지 아니하리라"(갈 5: 16).

이것이 믿는 사람들로서 우리의 삶입니다. 이렇게 살아야 하는 이유는 여기에 고통의 삶에서 빠져나와 온전히 거룩한 사람으로 성장하는 바른 길이 있고, 천국의 삶이 확장되는 길이 있기 때문입니다. 사람은 이렇게 살아야만 바르게 사는 것이고, 잘 사는 것입니다. 이 삶은 온전한 신격을 향하여 성장하는 신비한 사람의 삶입니다.

7. 구체적으로 거룩을 실천하는 생활

부활하시고 우리 안에 계신 성령 하나님과 동행하는 사람은, 하나님을 의식하고 대화하며 하나님만을 사랑하기 때문에 하나님의 말씀만 따르고, 하나님께 자원하는 마음으로 사랑의 책임을 다하고, 하나님만 기쁘시게 해드리며 사는 생활입니다.

이 생활은 자신을 부정하는 겸손한 생활이고 진실을 말하는 생활이고, 사랑으로 섬기는 생활입니다. 이 생활을 통하여 하나님을 표출하게 되며, 하나님처럼 거룩해져 갑니다. 이런 거룩한 생활은 우리의 고통의 문제를 해결하는 길이기도 합니다.

1) 겸손한 생활

겸손한 생활은 자신을 낮추는 생활입니다. 이 생활은 단순히 자신을 낮추는 것이 아니라 하나님을 표출하기 위하여 자신을 부인하고 하나님의 뜻을 받드는 생활을 의미합니다. 자신은 사라지고 하나님이 나타나도록 하나님을 반영하는 생활이 겸손한 생활입니다.

이런 겸손한 생활은 자신의 존재를 분명히 알 때, 진실되게 할 수 있습니다. 이 생활을 하려면 자신을 알아야 하기 때문에, 거룩한 새 사람이 된 사람은 자신의 내면을 보아야 합니다.

하나님의 말씀을 배우고 묵상해야 하는 이유가 여기에 있습니다. 하나님의 말씀을 배우고 깨달았을 때, 지적인 기쁨을 많이 얻을 수 있습니다. 그러나 지적인 기쁨만 있는 것이 아니라 자신의 마음을 잘 이해하게 됩니다. 그러므로 내면을 보아야 합니다.

　사람은 본능적으로 자신이 아무것도 아닌 존재라는 것을 알기 때문에, 자신의 내면을 보려고 하지 않고 도외시합니다. 그것은 우리의 모습이 부패로 끔찍한 괴수의 모습이기 때문에, 본능적으로 자신을 보려 하지 않는 것입니다. 자신의 내면을 보면 고통스럽고 끔찍한 상태이기 때문에 여기로부터 본능적으로 탈출을 계속 시도하고, 외면하고 살아가려 합니다. 자신의 내면을 보고 자신을 이해하려고 하지 않는 것이 인간의 삶의 모습입니다.

　죄를 용서받지 못한 사람은 자신의 내면의 상태가 죄된 고통의 상태이기 때문에, 벗어나려고 끝임없이 자신으로부터 탈출을 시도합니다. 만일, 어떤 사람이 죄를 용서받지 못하고 내면을 보게 되면 그 사람은 허무와 염세에 빠지게 되거나, 미치게 되거나, 자살을 하게 될 수밖에 없을 것입니다. 인간의 진실된 모습은 추악하고 아무런 가치도 없는 존재임을 발견하게 되기 때문입니다.

　인간의 진실된 모습이 이런 상태임에도 불구하고 인간은 어리석게도 자신이 선한 사람이고 정의로운 사람이라고, 진실을 외면하고 거짓을 믿고 삽니다. 거짓된 믿음 위에 기초를 두고 그 위에 건물을 구축하고 사는 사람과 같은 존재입니다. 사상누각(沙上樓閣)에 사는 존재입니다.

　예수 그리스도께서는 우리가 선한 사람이 아니고, 우리 안에는 선한 것이 전혀 없다고 지적하셨습니다. 선한 것은 전혀 없고, 있다는 것은 도리어 예수 그리스도께서 지적하신 것처럼 악한 생각과 살인과 음란과 도적질과 거짓 증거와 훼방, 간음과 탐욕과 악독과 속임과 음탕과 흘기는 눈과 훼방과 교만과 광패등과 같이 더러운 것들로 가득 찬 것입니다.

　예수 그리스도께서 이 점을 지적하고 폭로하셨기 때문에, 자신들이 거룩하다고 믿고 있던 서기관들과 바리새인들은 예수 그리스도를 반대하고 배척하였습니다. 이들은 자신의 죄를 용서받지 못해서, 자신의 진실된 모습을 볼 수 없어, 그렇게 대적하였던 것입니다.

예수 그리스도의 십자가의 대속으로 우상 신을 숭배하고 살았던 죄를 용서받고, 거룩한 새 사람(하나님의 자녀들)이 된 사람은 자신을 볼 수 있게 됩니다. 모든 죄를 용서받았으므로 자신의 내면을 볼 수 있게 됩니다.

자신의 내면은 끔찍하지만 하나님께서 죄를 용서하여 주셨기 때문에 자신을 정죄하며 가슴 아파할 필요 없이 내면을 볼 수 있습니다. 만일, 자신의 내면을 보고 스스로 괴로움을 느낀다는 것은 자신을 정죄하고 있는 것이고, 하나님의 말씀을 믿지 못하는 것입니다.

하나님께서 용서하시고 정의로운 사람이라고 인정하셨는데 이 사실을 믿지 않고, 자신이 스스로 자신을 심판하고 있다는 것을 깨달아야 합니다. 자신을 정죄하지 말고, 진실을 있는 그대로 보아야 합니다. 그리고 자신을 이해하려고 해야만 합니다. 그때, 우리는 자신의 자아상이 긍정적인 것이 전혀 없는 존재라는 것을 발견합니다.

스스로 가장 귀중한 것이라고 여기며 움켜쥐고 있는 자신의 자존심이란 것도 아무것도 아닌 것을 발견하게 되고, 자신이 가지고 있는 능력이라는 것도 사실 아무것도 아닌 것을 발견하게 되며, 자신이 무능한 존재라는 것도 발견하게 됩니다.

사람은 누구나 이런 형편이란 것을 알아야 합니다. 자기 자신이 삶에서 얻은 중요한 경험이요 지혜라고 하는 것들도 아무것도 아님을 알아야 합니다. 자신이 간절히 소망하고 이루기 원하고 추구하였던 것들도, 자신을 구원할 수 없는 헛된 수고만 요구하는 아무것도 아니라는 것을 알아야 합니다.

자신의 고통의 문제를 온전히 해결해 줄 수 있는 것이라고 믿고 추구했던 것들이, 그럴 수 없는 것들이라는 것을 알고 아무것도 아니라는 것을 알아야 합니다. 한 줌의 흙으로 돌아가야 할 허무한 존재요 비참한 존재라는 것도 알아야 합니다. 불에서 꺼낸 그슬린 나무요 부지깽이와 같은 존재라는 것을 알아야 합니다.

이런 존재이면서도 대단한 존재로 착각을 하고 우월감을 가지고 자랑하며, 때로는 하나님처럼 행세하는 교만한 자신을 발견해야 합니다. 우리는 자신을 들여다보고 아무것도 아니라는 것을 알아야 합니다. 아무것도 아닌 것이 아니라 괴수 중의 괴수라는 못된 존재라는 것을 발견하고 깨달아야 합니다.

바울 사도가 자신을 괴수 중의 괴수라고 말한 것은 그가 과거에 예수 그리스도를 대적하였기 때문에 그런 것만이 아니라 진실로 자신을 보았기 때문에 진실을 고백한 것입니다. 우리는 모두, 나도 당신도 아무것도 아니라는 진실을 보고 고백해야만 합니다.

스스로 깨끗한 사람이라고 여기는 사람은 자신을 모르며 진리에서 떨어져 있는 어리석은 사람입니다. 이런 말이 인정되지 않는다면 자신이 이해관계에 걸렸을 때 상대에게 어떻게 했는지를 생각해 보시면 인정 하실 것입니다. 평상시에는 내면에 가라 앉아 있었던 것이 상대와 다투는 가운데 위로 부상한 것입니다.

우리는 우상 신의 지배를 받고 있던 전적으로 타락한 존재이기 때문에 스스로를 구원할 수 없는 무능한 존재일 뿐만 아니라, 거룩하신 하나님께 거부당한 존재입니다. 마땅히 영원한 고통을 받고 살아야 할 존재입니다.

그런데도 하나님 아버지께서는 우리를 선택하시고 하나님의 아들 예수 그리스도를 믿게 하시고 모든 죄를 용서하고 우리를 깨끗다고, 의롭다고 선언하셨습니다. 놀라우신 하나님의 사랑이요 은혜입니다. 아무리 강조하여도 부족함이 없는 하나님의 은혜로 구원을 받았습니다.

믿는 사람들은 하나님의 의롭다는 선언으로 자신의 모습을 정죄하지 않고 볼 수 있게 되었습니다. 하나님께서는 우리를 정의로운 사람이라고 선언하신 뜻은 단순히 무죄하다는 것만을 의미하는 것이 아닙니다. 우리를 거룩한 사람이라고 선언하신 것이요, 하나님의 자녀라고 선언하신 것입니다.

우리는 거룩한 하나님의 아들들이고 딸들로 존귀한 존재들입니다. 이 칭의와 양자됨의 뜻을 좀 더 확대해석 하면 하나님께서는 우리를 특별한 사람이라고 선언하신 것입니다. 우리를 똑똑한 사람이요 능력있는 사람이라고, 거룩하신 하나님처럼 된 사람이요 앞으로 완성 될 하나님의 사람이라고 선언하신 것입니다.

하나님을 믿는 사람은 하나님의 말씀을 믿으면 그 말씀 그대로 변화됩니다. 이렇게 선언하신 것이 칭의의 의미입니다. 그러므로 하나님의 자녀가 되는 권세를 주신 하나님의 그 크신 은혜를 항상 기억하고 감사해야만 합니다.

> "전에는 우리도 다 그 가운데서 우리 육체의 욕심을 따라 지내며 육체와 마음의 원하는 것을 하여 다른 이들과 같이 본질상 진노의 자녀이었더니 긍휼에 풍성하신 하나님이 우리를 사랑하신 그 큰 사랑을 인하여 허물로 죽은 우리를 그리스도와 함께 살리셨고(너희가 은혜로 구원을 얻은 것이라)"(엡 2:3~5).

그 크신 은혜를 기억하고 감사하라고 말씀하십니다. 우리는 어떤 상태에서 구원을 받게 되었는지 망각하지 않도록, 자신의 모습을 날마다 하나님 앞에 내 놓아야 합니다. 그리고 예수 그리스도의 은혜가 없었으면 아무것도 아니라는 것을 깨달아야 합니다. 자신이 아무것도 아닌데도 하나님께서는 나를 사랑하시고, 거룩하다고 선언하시고 하나님의 자녀로 삼아주시기까지 하셨다는 것을 깨닫는다면, 나아가 하나님을 의식하고 살아간다면 진실로 자신을 부인하고 날마다 죽는 생활을 할 수 있고 겸손과 섬김의 거룩한 생활을 영위해 나갈 수 있게 됩니다.

우리에게 자랑할 것이 있다면 예수 그리스도뿐입니다. 그로 말미암아 우리는 하나님의 자녀가 되었고, 천하보다 더 존귀한 거룩한 존재가 되어 하나님처럼 온전한 모습을 향하여 매일매일 새롭게 변화되어 갑니다. 우리는 아무것도 아니지만, 하나님의 아들 예수 그리스도 때문에 존귀하게 된 사람들입니다. 그러므로 이 사실을 잊지 말아야 합니다. 그것은 그리스도 예수 안에서 내가 자신을 부인하고 매일 같이 죽는 것뿐입니다.

바울 사도는 이 뜻의 말씀을 "…내게는 우리 주 예수 그리스도의 십자가 외에 결코 자랑할 것이 없으니 그리스도로 말미암아 세상이 나를 대하여 십자가에 못 박히고 내가 또한 세상을 대하여 그러하니라"(갈 6:14)고 말씀하였습니다.

독일의 본 회퍼 목사가 하나님의 은혜를 값싼 것으로 만든다고 지적하였듯이, 우리가 하나님의 크신 은혜를 값싼 은혜로 만드는 것은 이 점을 깊이 인식하지 않기 때문이라 할 수 있습니다. 항상 예수 그리스도를 의식하고 자기 자신을 살피지 않는다면, 우리는 망각하게 되고 매주 교회에서 주님의 크신 은혜를 수 없이 듣고 있으면서도 매너리즘(mannerism)에 빠질 수밖에 없습니다.

조용히 기도하는 중에 자신을 들여다보면서, 이런 사람임에도 불구하고 하나님은 나를 사랑하여 주시고 큰 은혜를 베풀어, 내게 임재하여 주시고 구원받은 사람만 이룰 수 있는 거룩한 사람으로 하나님처럼 만들어 주고 계신다는 것을 깨달아야 합니다.

2) 진실을 말하는 생활

　　예수 그리스도로부터 모든 죄를 용서받고 새 사람이 된 거룩한 사람은 진실을 말하는 정직한 생활을 합니다. 진실을 말하는 것은 영성훈련에 가장 기초가 됩니다. 진실을 말하는 것은 자신의 존재가 어떤 존재인지를 스스로 깨닫게 해 주는 생활이기 때문입니다. 진실을 말하므로 겸손해 지고 내가 창조주 하나님께서 창조하신 대로, 나로 존재하게 되는 기틀이 됩니다.

　　우리는 진실을 이야기해야 합니다. 그러나 우리가 진실을 이야기하지 못하는 대부분의 이유는 직간접적으로 자신의 이해관계 때문입니다. 죄인은 정죄를 받을까 두려워 진실을 말하지 않습니다. 그는 손해를 볼까봐 이야기하지 않습니다. 진실로 자신의 죄가 깨끗이 용서받았다는 것을 믿는다면 자신에 대한 진실을 이야기할 수 있습니다.

　　우리나라에는 없지만 미국에는 폴리바게닝(유죄협상제도) 사법제도가 있다고 합니다. 못된 짓을 한 범인이라도 죄를 탕감해 준다는 검사의 제안을 받아서 진실을 이야기하고 협조한다면 죄를 탕감해주는 제도입니다.

　　죄인도 검사가 죄를 탕감해 준다면, 진실을 이야기하고 협조하게 만드는 것인데 하물며 하나님께서 우리의 모든 죄를 깨끗이 탕감해 주었다는 것을 믿는다면 왜 진실을 이야기하기 두려워합니까? 하나님을 신뢰한다면 하나님께 진실을 정직하게 이야기 할 수 있어야 하고, 나아가 사람들에게도 진실을 말할 수 있는 사람이 되어야만 합니다.

　　우리가 예수 그리스도를 믿는다는 것은, 예수 그리스도께서 나의 죄를 대신 갚기 위하여 십자가에 대신 죽기까지 나에 대한 사랑을 보여 주었음을 믿는 것이고, 내가 예수 그리스도로 말미암아 정의로운 사람이 되었으며 예수 그리스도께서 나를 정의로운 사람이라고 인정해 주셨음을 믿는 것입니다. 그의 정의로 말미암아 우리는 우리 안에 하나님께서 내재하는 거룩한 사람이 되었고, 거룩하신 하나님의 자녀들이 되었음을 믿는 것입니다.

이런 사랑과 이런 믿음을 예수 그리스도의 십자가 죽음을 통하여 받고 부활을 얻은 사람이라면, 당연히 하나님께 대하여 하나님이 보여주신 이런 사랑과 믿음을 가지고 응답해야 마땅합니다. 이는 구약에서 구원의 하나님께서 요구하시는 사랑과 같은 뜻의 요구입니다.

우리가 남을 믿고 사랑하는 것은 그 사람이 나에게 그와 같이 믿을 수 있게 한 행동과 나에게 보여준 사랑 때문입니다. 하나님께서 나에게 보여준 믿음과 사랑 때문에 나는 응답하여 내가 하나님을 사랑하고 믿을 수 있게 됩니다. 이것은 누가 시켜서 되는 것이 아닙니다. 내가 예수 그리스도의 십자가의 의미를 믿고 알기에 감사와 감격에서 하는 것입니다.

그 은혜를 제대로 모르는 사람에게 마땅히 그렇게 해야 한다는 당위성을 강조해서 하라, 하지 말라 하는 것은 하는 척하는 위선을 낳을 뿐입니다. 사랑과 믿음을 강조하고 행동으로 요구하는 것은, 곧바로 그런척하는 거짓된 행동을 꾸미라고 요구하는 것이며 가면을 쓴 위선자 혹은 거짓말쟁이가 되라고 부추기는 것입니다.

서기관들과 바리새인들이 보여준 생활을 재현하게 만드는 것입니다. 하나님께서는 나를 사랑하시고 변화의 가능성을 아시기 때문에 선택하셨고, 주님께서 나를 대신하여 십자가에 죽으셨습니다. 예수 그리스도의 죽음을 통하여 나에 대한 당신의 사랑을 확실한 증거로 보여주시고 정의로운 사람으로 인정하시고 믿어 주신 것입니다.

> "우리가 아직 죄인되었을 때에 그리스도께서 우리를 위하여 죽
> 으심으로 하나님께서 우리에게 대한 자기의 사랑을 확증하셨느
> 니라"(롬 5:8).

우리는 하나님으로부터 이 사랑과 이 신뢰를 받고 있습니다. 예수 그리스도의 십자가의 죽음이 나를 대신하여 형벌을 받고 죽으신 사건이라는 것을 믿어야만 하나님의 사랑이 어떤 사랑인지를 압니다. 하나님께서 나같은 사람을 거룩한 사람으로 변화될 것이라는 것을 믿어 주시고 사랑하시기 때문에, 주님께서 대신 십자가에 죽으셨다는 것 그리고 십자가에 죽으신지 사흘만에 부활하시어 우리의 삶도 부활할 수 있다는 것을 알게 해 주신 이 고마운 사랑을 믿음으로 알았을 때, 하나님의 사랑과 믿음에 대하여 자원하여 응답하는 것입니다.

사랑과 믿음은 자동적으로 생기지 않습니다. 누가 하라고 강권적으로 밀어 붙여서 생기는 것도 아닙니다. 보상을 줄 것이라 부추기고 유혹해서 생기는 것도 아닙니다. 이런 이유로 사랑하고 믿게 되는 것은 거짓이고 세뇌된 사람을 만들 뿐입니다.

사랑과 믿음은 그가 나에게 보여준 행동이나, 그가 소유한 어떤 것 때문에 자발적 반응으로 사랑이나 믿음을 보이게 되는 것입니다. 상대가 가지고 있거나 나에게 행동한 어떤 것에 대한 반응이 인간의 사랑이고 믿음입니다.

나를 사랑하는 자를 내가 사랑하고 나를 미워하는 자에게 내가 미워한 것은 우리의 반응입니다. 나를 믿어준 사람에 대해 내가 믿음을 주고 그렇게 응답하는 것이 우리의 믿음입니다. 형평의 원리를 가지고 있는 거래관계요 구약적인 사고라고 배척하면 안 됩니

다. 이것이 인간의 본성입니다.

"… 내가 네게 말하노니 저의 많은 죄가 사하여졌도다 이는 저
의 사랑함이 많음이라 사함을 받은 일이 적은 자는 적게 사랑
하느니라"(눅 7:47).

큰 은혜와 사랑을 받았음을 아는 사람은 큰 사랑을 보이고 작은
은혜와 사랑을 받았다고 생각한 사람은 그렇게 작은 사랑으로 응답
합니다.

하나님께서는 인간의 본성적인 사랑과 믿음이 이런 것이라는 것
을 잘 알고 계시기 때문에, 먼저 사랑할 수 없는 자를 사랑하시고
믿을 수 없는 자를 먼저 믿어 주셨으며 당신의 생명을 주셨습니다.
그래서 우리가 하나님의 사랑과 믿음이 어떤 것인지 알게 되고 그
사랑과 그 믿음에 대해서 사랑과 믿음으로 응답을 할 수 있는 사람
이 됩니다. 사랑의 반응은 이런 것입니다.

"우리가 사랑함은 그가 먼저 우리를 사랑하셨음이라"(요일 4:19).

하나님께서는 우리에게 말씀하셨습니다. 예수 그리스도께서 우
리를 그리고 나를 믿고 사랑하기 때문에 모든 것을 다 버리고 십자
가에 죽으셨습니다. 그렇기 때문에 예수 그리스도께서 원하시는 것
은 우리의 그리고 나의 모든 것을 다 하는 사랑을 원하십니다.

사랑과 믿음은 자동적으로 생기지 않습니다. 먼저 하나님께서 보
여주셨기 때문에 나오는 반응입니다. 그러므로 이 것을 이끌어내는
방법은 먼저 우리도 그렇게 하는 것입니다.

자신을 부인하고 하나님의 말씀을 받드는 행동은 이런 사랑에 반
응으로 나오는 것입니다. 사랑할 수 없는 사람을 사랑하는 것이 예
수 그리스도께서 가르쳐 주신 방법입니다. 이 말씀대로 순종을 하

였을 때는 고통의 문제가 더 잘 풀립니다. 사랑과 믿음은 저절로 생기는 것도 자동적으로 생기지 않습니다. 우리가 하나님을 믿고 사랑을 받았기 때문에, 그것을 알기 때문에 생깁니다.

　내가 느끼고 생각하고 경험한 일에 대해서 진실을 정직하게 말할 때 하나님께서는 들어주시고 받아 주시지만, 사람은 우리를 인정하지 않을 수 있으며 나를 사랑하지 않을 수도 있습니다. 거칠고 저급한 수준이기 때문에 상대가 그렇게 반응을 할 수 있습니다.
　그러나 계속 내가 느끼고 생각하고 알고 있는 일에 대해 진실을 이야기 한다면 수준이 낮고 형편 없어 보여, 좋아하지도 사랑하지도 않는다 할지라도, 상대를 속이지 않고 진실을 이야기 하는 사람이라는 것을 알고 신뢰할 수 있는 사람이라는 것을 인정할 수 있기 때문에 믿음이 생기고 그 사람이 성장되는 모습 속에서 사랑이 생깁니다. 그 사람이 하나님을 사랑하기 때문에 자신을 부정하며 하나님의 뜻을 받드는 생활 속에서 변화 성장되기 때문에 사랑도 생기게 됩니다.
　신뢰하게 되면 사랑하지는 않더라도 관계는 단절되지 않습니다. 그러는 가운데 성장하며 사랑의 관계로 발전되어 더 훌륭한 관계가 형성될 수 있습니다. 하나님과의 관계는 이런 정직을 바탕으로 한 믿음의 관계 속에서 성장하고 변화됩니다.
　나에게 피해를 준 사람을 사랑하고, 핍박을 한 사람을 위하여 복을 비는 기도를 하고 싶지 않지만 그러나 내가 하나님께 정직하게 이런 사실을 말씀드리며, "내가 사랑하는 하나님께서 그것을 나에게 원하시기 때문에 나의 마음은 그렇지 못하지만 하나님을 위하여 자신을 부정하고 하나님의 뜻을 순종하겠습니다" 라고 순종을 한다면 하나님께서는 우리를 더욱 사랑하시고 하나님의 장성한 분량으로 채워주십니다. 성숙시켜 주실 것입니다. 인간은 완성된 존재가 아니라 그리스도 안에서 완성을 향하여 가는 존재이기 때문입니다.

우리는 내가 아무것도 아니라는 진실을 깊이 깨달아야 합니다. 못된 죄인이었다는 것을 깊이 깨달아야 합니다. 내가 아무것도 아니라는 것과 못된 죄인이었다는 진실을 알기에, 진실을 정직하게 말하고 하나님으로부터 받은 사랑에 대해서 반응을 하여 하나님을 사랑하고, 알기에 사람들에게 진실을 말하고 겸손할 수 있다면 사람들은 그 점을 인정하고 신뢰하게 되고 사랑으로 발전하게 되어 있습니다.

사랑에는 믿을 수 있는 진실을 말하는 정직이 반드시 필수적인 요건입니다. 사랑에는 신뢰가 반드시 있어야 합니다. 상대에 대한 신뢰 없는 사랑은 사랑이 아닙니다. 거룩하게 새 사람이 된 하나님의 자녀들은 하나님의 크신 은혜를 알고 진실을 말해야 합니다. 정직은 사랑을 만들어 내는 필수 요소이고 사랑을 구성하는 초석입니다. 기분으로 감화를 받는 것은 그때의 기분이 그렇다는 것일 뿐 더 이상은 아닙니다.

상대를 사랑한다고 하면서 거짓말을 하는 것은 자신을 속이는 것입니다. 진실로 상대를 사랑한다면 그를 속이지 못합니다. 예수 그리스도께서는 제자들을 이렇게 사랑하셨습니다. 진실을 말하고 신뢰가 형성된 관계가 되도록 사랑하셨습니다. 그리고 그 관계가 성숙되어 있음을 보여주셨습니다.

베드로에게 무안할 정도로 면전에서 "사단아 물러가라"고 책망을 하시기도 하였으며, 충성된 마음으로 다 도망쳐도 나는 끝까지 따르겠다고 호언장담하는 베드로에게 닭이 울기 전까지 세 번 당신을 부인할 것이라고 면전에서 무안할 정도의 당신의 마음의 진실을 정직하게 말씀하셨습니다. 진실을 아는 베드로는 무안할 정도의 감정도 느꼈겠지만 받아 들였습니다.

이 모습은 진실과 믿음을 기초로 한 생활을 보여줍니다. 그리고 이렇게 생활하라고 요구하셨습니다.

"새 계명을 너희에게 주노니 서로 사랑하라 내가 너희를 사랑한 것 같이 너희도 서로 사랑하라 너희가 서로 사랑하면 이로써 모든 사람이 너희가 내 제자인 줄 알리라"(요 13:34~35).

하나님의 사랑을 받은 사람은 진실을 정직하게 말하는 것으로부터 시작합니다. 우리는 서기관들과 바리새인들처럼 거룩한 계명을 암송도 하고 실천도 하면서 자신의 진실을 속이고 거짓된 말과 거짓된 행동을 하여서 사랑을 이끌어낼 수도 있습니다. 또한 영성훈련과 같이 훈련을 통하여 몸에 습관을 익힐려고 할 수도 있습니다.

그러나 그런 사랑은 자신이 꾸며낸 껍질을 사랑하게 만드는 것이지, 내면의 진실된 자신을 사랑하게 만드는 것은 아닙니다. 꾸며낸 그 사랑을 유지하기 위해서는 계속 거짓말과 위선으로만 유지하게 됩니다. 그것이 탄로가 나는 날, 그 모든 사랑의 관계는 사라집니다. 모래 위에 세운 집과 같은 것입니다.

그러므로 필사적으로 사랑의 관계를 잃지 않고 유지하기 위해 긴장하고 계속 위선을 보여주어야 하는 피곤한 생활을 할 수밖에 없습니다. 자신도 모르는 사이에 피로에 지치고 결국은 스트레스로 병을 가질 수밖에 없습니다.

폴 투르니에라는 의사이며, 훌륭한 기독교인인 한 분이 있습니다. 이 분의 글에는 이런 말이 있습니다. 어느 날 동료 의사의 부인이 자신을 찾아와 남편을 도와달라고 부탁을 하였답니다. 남편은 과로로 지쳐 있고 신경은 날카롭게 되고 불행해 보인다는 것입니다. 그리고 일 중독자와 같이 일만 한다고 상담을 하였답니다. 결국 동료 의사는 병이 들어 입원 치료를 받아도 치료가 힘들었습니다. 그러나 병은 나았습니다. 그는 병이 낫자 다시 일에만 몰두하고 전과 같은 상태로 돌아갔기 때문에 아내는 다시 재발할 것만 같아 폴 투르니에게 도움을 호소하였습니다. 투르니에는 그녀의 남편에게 편지를 쓰고 만나서 상담을 받도록 하였답니다. 동료 의사는 폴 투르니에에게 자신의 진실을 이야기 하였고 모든 것을 들은 폴 투르니에는 자신의 진실을 신부에게 고백하라고 하였답니다. 그는 천주교인이기 때문에 그렇게 말했답니다. 그리고 문제를 해결한 사례를 이야기 하고 있습니다.

폴 투르니에의 서적에서는 성서와 의학, 죄책감과 은혜 등에서 진실을 말하는 고백의 중요성을 이야기 합니다. 거짓말과 진실을 은폐시키는 행위라든가 위선적인 행동은 자신에게 고통의 문제를 만들어 가고, 진실을 말하는 정직한 생활은 문제를 풀어가는 것입니다. 신앙에서 진실을 말하는 고백이 중요한 이유입니다.

정직은 고통의 문제를 자신으로부터 나아가 전 공동체까지, 문제를 푸는 방법입니다. 그러나 우리는 거짓말로 고통의 문제를 풀었던 경험이 우리를 망칩니다. 우리는 용서보다는 심판을 받았던 경험이 남을 용서하지 못하는 사람으로 만들고 자신을 망칩니다. 문제를 해결할 것같이 보이는 이 유혹은 우리를 넘어뜨립니다.

길은 오직 진실을 이야기 하므로 자신을 깨닫고 자신을 부정하며 하나님의 뜻을 순종하는 생활입니다. 이 길은 결국에는 큰 유익을 얻어 낼 수 있는 천국으로 가는 길임을 믿고 가야만 합니다. 우리가 진실을 말 할 때, 우리는 우리 자신으로 존재하며 이런 우리 자신을 인정하는 상대와 서로 관계를 맺을 때 진정한 사랑의 관계가 성립됩니다.

이런 생활이 우리의 삶을 더욱 풍성하게 하고 우리가 진실을 말할 때, 많은 유익을 얻을 수 있습니다. 그러나 우상 신은 우리에게 거짓을 이야기 하면 얻을 것이 더 많은 것같이 속삭이고 그렇게 보암직도 하고 먹음직도 하게 보이게 만듭니다. 예수 그리스도를 믿고 진실을 말하고 살 때, 우리는 반석 위에 거룩한 집을 지어가는 사람이 됩니다.

3) 섬김의 생활

하나님의 아들 예수 그리스도께서는 우리 각자와 함께 하시고 우리 각자가 정직하게 진실된 있는 그대로의 모습으로 하나님을 사랑하고 서로를 사랑으로 섬기는 생활을 통하여 천국으로 인도하십니다. 낮고 겸손한 봉사의 생활로 인도하십니다. 밑으로 내려가서 섬기는 생활에 저 높은 천국으로 올라가는 길이 숨겨져 있다는 것을 계시하여 주셨습니다.

인간의 눈으로 볼 때는 손해를 보는 것과 같고 힘든 생활이지만, 믿음을 가지고 좁고 길이 협착하여 찾는 이가 적은 이 길을 가는 사람은 남들이 모르는 큰 유익을 반드시 얻게 됩니다. 섬기는 생활은 자신이 점점 사라져 완전히 없어지고 예수 그리스도께서 점점 나타나 완전히 보이는 생활을 목표로 하고 있습니다.

사랑으로 섬기는 생활을, 바울은 자신 안에서 자신은 죽어 없어진 상태이고 자신 안에는 하나님의 아들 예수 그리스도가 사는 것이라고 말씀하였습니다. 세례 요한은 이런 뜻의 말씀을 "그는 흥하여야 하겠고 나는 쇠하여야 하리라 하니라"(요 3:30)고 말씀하였습니다. 이 말씀대로 우리의 내면의 세계가 이렇게 되어가는 생활은 잘 사는 법입니다.

섬김의 생활은 예수 그리스도를 믿는 우리가 하나님을 표출하는 방법입니다. 하나님의 아들 예수 그리스도께서는 거룩함에 도달하는 길을 세상 사람들과 같이 투쟁하고 얻는 것이 아니라 섬김으로 얻는 법을 가르쳐 주셨습니다. 자신의 생명을 잃으므로 얻는 방법을 가르쳐 주셨습니다. 말은 쉽지만 그러나 문은 좁고 험난하여 찾는 이가 적은 삶의 방법입니다. 그러나 이 길은 가는 사람에게는 고통의 문제가 해결되는 삶이 됩니다.

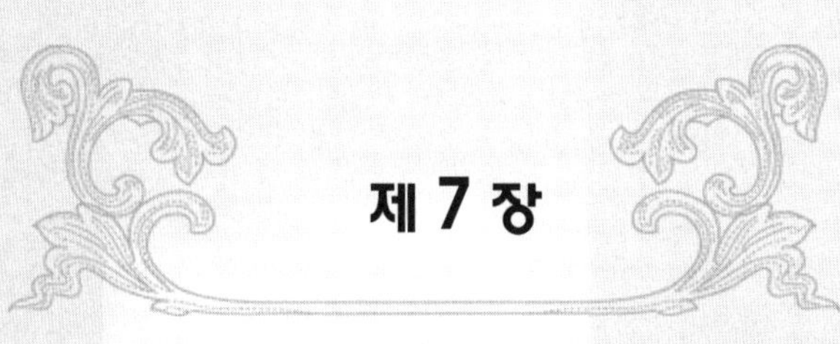

제 7 장

끝맺는 말

인간의 제일 중요한 관심사는 자신의 고통의 문제를 어떻게 온전히 해결하고, 영원한 행복을 누리고 살 수 있느냐입니다. 그러므로 사람들은 각기 이 길을 찾고, 제각기 자신들이 가는 길이 옳은 길이라고 믿고 자신들을 고통의 삶에서 구원하고, 목적을 성취하기 위하여 가고 있습니다. 학문도 하고, 부를 추구하기도 하고, 권세를 찾고 명예를 얻으려고 합니다.

그러나 어떠한 방법으로도 해결되지 않습니다. 언제나 실패로 끝나는 삶입니다. 간혹 성공했다고 하는 사람들을 보게 되지만 그것은 진정한 성공이 될 수 없다는 것을 확인해 주는 것뿐입니다. 마치 헤이밍웨이의 『노인과 바다』에서, 노인의 모습과 같다고 할 수 있습니다.

노인은 힘들고 어려운 생활을 하면서도, 야망의 꿈을 품고 살았습니다. 언젠가는 대어를 낙을 꿈을 꾸며 살았습니다. 아프리카 평원의 사자의 생활을 꿈꾸었습니다. 승리자의 꿈을 꾸고 있었습니다. 노인은 매일 같이 고기가 제대로 잡히지 않아서 어려웠습니다. 노인은 어느 날, 다시 바다로 고기를 잡으러 나갔습니다. 그 날은 천만 다행으로 낚시에 큰 물고기가 걸렸습니다. 노인은 고기와 사투를 벌리며 천신만고 끝에 큰 물고기를 잡는데 성공하였습니다.

잡은 물고기는 자신이 타고 있던 배보다 크기가 더 큰 고기였습니다. 노인은 고기를 잡았기 때문에, 이제는 배 곁에 큰 물고기를 달고 집으로 돌아가게 되었습니다. 그러나 노인은 돌아오던 길에 상어 떼를 만나 물고기를 지키기 위해 상어떼와 힘겨운 싸움을 싸우고 상어떼를 물리쳤습니다. 상어떼가 물러난 후에 보니 뼈만 앙상하게 남아 있는 물고기가 배의 곁에 달려 있었습니다. 노인은 지친 몸을 이끌고 항구로 돌아와 자신의 집에 돌아가 깊은 잠에 빠져들었습니다. 다음 날, 구경꾼들이 노인의 배에 묶여있는 뼈만 남아있는 물고기를 구경하며 대단히 큰 고기를 잡았다고 서로 말을 주고받으며 구경을 하고 있었습니다.

큰 물고기를 잡았으면 무엇합니까? 사람들이 대단하다고 하면 무엇합니까? 그것은 실존의 허망함을 보여주고 있는 삶의 모습입니다. 성공했다 해도 실존은 허무뿐입니다. 이런 인생의 모습들은 바벨탑을 쌓는 것이나 다름이 없는 행동입니다. 시도하는 모든 결과는 실패뿐이고 결국은 원위치로 돌아가는 것뿐입니다.

세상에는 불후의 명작이라고 하는 많은 책들이 있습니다. 그 책들은 모두 인간의 실존의 허무한 모습을 보여줍니다. 그리고 그것뿐입니다. 더 이상 나아가지를 못합니다. 문제를 해결하는 길은 제시하지 못합니다. 그러나 성경은 인간의 실존을 보여주고, 해결의 길을 열어줍니다.

간혹, 어떤 이념 서적이라든가, 무슨 주의를 부르짖는 고전 서적이 해결방안을 제시한다고 하지만 허구의 이야기에 지날 뿐입니다. 모든 것들이 허구입니다. 혹 진실을 이야기 하지만 허무하다는 진실을 말하는 것입니다. 그것은 내 고통의 문제를 해결하지 못합니다. 모든 인생의 이야기가 이런 허무한 이야기 일뿐입니다.

하나님께서는 성경을 통하여 구원의 문제를 해결할 길을 말씀해 주셨습니다. 인간의 삶의 고통의 문제를 해결하는 길은, 세상에서 이야기 하는 것을 추구하면 안 되고 방향을 돌려 하나님처럼 되는 거룩한 길을 가야 합니다. 거룩하신 창조주 하나님께서 성경을 통하여, 인간이 이런 허무한 삶을 살게 된 이유를 말씀하셨습니다. 그 이유는 우상 신의 통치를 받아 들였기 때문입니다.

하나님은 거룩하신 하나님이기 때문에, 자신과 일치하지 않는 거룩하지 않는 상태는 분리 배척하시고 추방시키셨습니다. 우상 신의 지배를 받게 된 아담은 그의 후손들도 우상 신의 지배를 받는 노예로 만들었습니다. 그 죄는 인류에게 전가된 원죄입니다.

사람들의 삶의 모습은 이 우상 신의 손에 잡혀 고통을 받고 있는 모습입니다. 각종의 질병과 배고품에 시달리고 또 전쟁 속에서 고통을 당하고 신음하고 있습니다. 이 세상의 현상은 우상 신의 지배 하에 있는 삶의 모습을 반영하는 것입니다. 세상의 삶의 모습은 제정신이 아니라고 하는 세상 사람들이 하는 말과 똑같은 것입니다.

제 정신이 아닌 사람들이 너무 많이 살고 있기 때문에 그 사람들이 사는 모습을 정상인의 생활로 알고 있습니다. 이 생활이 우상 신에 사로잡혀 있는 많은 사람들의 모습이기 때문에, 이 생활이 정상인줄 압니다.

사람들의 삶의 모습은 우상 신의 지배 하에 고통을 받고 사는 모습이고 우상 신의 지배를 벗어나고자 끝임없이 탈출을 시도하고 있는 모습입니다. 자신으로부터 고통을 분리시키고 자유를 얻으려고 시도하는 빠삐용과 같은 생활 모습입니다. 탈출의 성공을 위하여 노력을 하고 있는 모습입니다. 그러나 성공할 수 없는 노력을 하는 것에 지나지 않습니다.

이 문제를 해결할 길은 인간의 노력으로는 불가능합니다. 이 문제를 해결할 수 있는 분은 창조주 하나님뿐입니다. 창조주 하나님께서는 아담과 하와를 추방하셨지만 그래도 때가 되면 구원해 주실 것을 약속하셨습니다. 때가 되어 거룩하신 창조주 하나님께서는 아브라함을 택정하여 부르시고 구원의 사업을 시작하셨습니다.

아브라함만 택정하신 것이 아니라, 아브라함의 후손들도 택정하여 부르셨습니다. 이스라엘 백성들은 거룩한 소명을 받은 거룩한 백성들이었습니다. 거룩은 하나님을 지칭하는 말입니다. 하나님께서 하신 거룩하라는 명령은 하나님처럼 행동하라는 명령입니다. 거룩하라고 명령하신 이유는 하나님께서 하나님처럼 만들기 위하여 즉 하나님처럼 재창조하시기 위하여 하신 명령입니다.

거룩하라고 명령하신 하나님께서는 거룩이 무엇인지 모르는 사람에게 거룩하라고 명령하시지 않았습니다. 거룩한 계명을 주시고 지켜서 하나님처럼 거룩해지라고 말씀하셨습니다. 거룩한 계명은 하나님의 행동이기 때문입니다.

계명에 순종한다는 것은 하나님처럼 행동하는 것이요, 하나님의 삶의 모습을 표출하게 되는 것입니다.

그러므로 이스라엘 백성들은 하나님께서 거룩하게 만드시고 거룩하라고 명령하셨기 때문에 하나님의 계명을 지키므로 하나님의 삶의 모습을 표출할 책임이 있었습니다. 주변에 있는 다른 민족과 차별적인 생활을 해야만 했습니다.

그러나 거룩해야 하는 이스라엘 백성들은 이 계명을 온전히 지킬 수가 없었습니다. 우상 신의 지배에서 완전히 벗어난 삶이 아니었기 때문입니다. 이스라엘 백성들은 이 계명을 알기에 거룩한 계명을 이용하여 잘 지키는 척한 것뿐이었습니다. 타인들이 볼 때에는 잘 지키는 척하고 그렇지 않을 때는 자신이 원하는 데로 하나님을 무시하고 행동을 했습니다. 위선적인 행동을 하고 거짓말을 하며 잘 지키는 척하는, 거룩한 척하는 생활을 하였습니다.

이런 거짓된 삶을 보여주고 있는 전형적인 사람들이 서기관들과 바리새인들이었습니다. 사람은 하라, 하지 말라하는 것을 알게 되면 그것이 자신에게 유익이 될 때만 지키지, 그렇지 않으면 지키려 하지 않는 것이 사람입니다. 이런 사실을 지적하시며 죄를 용서 받으라고 하신 예수 그리스도의 말씀을 듣고 깨달은 사람은 사도 바울이었습니다.

하라, 하지 말라고 하는 계명이 하나님의 행동이지만 그 행동을 실천하므로 자신을 하나님처럼, 거룩한 사람으로 성취할 수 없다는 것과 지킬 수 없는 이유는 원죄에 의하여 우상의 신에 지배를 받고 있는 죄인이기 때문이라는 것을 알려 주셨습니다.

죄의 용서를 받고, 율법의 성취자이신 하나님과 함께 생활하면서 전적으로 의탁하는 삶만이 문제를 해결합니다. 자신과 동행하시는 하나님을 알고, 항상 하나님을 의식하고 대화하며 순종하는 사람이 되어야 합니다.

이 생활을 모르고 율법을 지켜 거룩한 사람으로 만들려고 하는 사람이나, 도덕으로 착한 사람을 만들려 하는 사람은 서기관들과 바리새인들 같아서 결국에는 막다른 길에 봉착하고, 멸망하게 되어 있습니다. 마지막 때가 되어 하나님 아버지께서는 예수 그리스도를 이 땅에 보내 주시고 온전히 구원 받을 수 있는 길을 열어주셨습니다.

거룩하신 하나님의 아들은 우상 신을 완전히 멸망시키고 하나님의 통치를 받고 하나님처럼 될 수 있는 길을 십자가의 죽음과 부활을 통하여 열어주셨습니다. 삶의 고통의 문제를 해결하고 구원을 받을 수 있는 길은 오직 예수 그리스도를 나의 주, 나의 하나님으로 믿고 영접하여 자신의 모든 삶을 자신을 부정하며 전적으로 맡기고 하나님의 아들 예수 그리스도와 동행하며 그의 길을 따라 가는 것뿐입니다. 거룩하신 하나님처럼 되어가야 합니다. 그 외에 다른 방법은 없습니다. 예수 그리스도 외에 다른 어떤 누구도 우리의 구원자가 될 수 없습니다.

이 땅에서 예수 그리스도를 믿고 구원을 받아 하나님처럼 되어

가는 사람은, 이 땅에 살지만 이 땅에 사는 사람이 아니요 천국에 사는 사람입니다. 잘 살고 있는 사람입니다.

그러나 아직은 완전히 천국에 들어간 사람이 아니고 광야에 살고 있는 사람이요, 이 세상과 천국의 사이에 낀 곳에 살고 있는 사람입니다. 그뿐만 아니라, 예수 그리스도를 믿는 사람은 하나님의 삶을 사는 즉 신적인 삶을 살고 있는 사람이요, 이 세상 사람이 알지 못하는 신비한 생활을 하고 있는 사람입니다.

예수 그리스도를 믿고 순종하며 하나님을 기쁘시게 해드리고 사는 사람은 잘 살고 있는 사람입니다. 반드시 하나님께서 약속하신 대로 이 땅에서부터 하나님처럼 만들어 주시고, 하나님과 함께 천국의 생활을 누리고 살다가 결국에는 천국에서 완전한 하나님의 거룩한 삶을 누리고 살게 됩니다.

지금, 이 땅에서 예수 그리스도를 믿는 사람은 하나님을 기쁘시게 해 드리기 위하여 하나님의 뜻을 순종하므로 하나님의 은혜 속에서 하나님처럼 성장되어 가는 생활을 합니다. 바울 사도는 예수 그리스도께서 주신 이 삶을 이렇게 말씀하였습니다.

"내가 그리스도와 함께 십자가에 못박혔나니 그런즉 이제는 내가 산 것이 아니요 오직 내 안에 그리스도께서 사신 것이라 이제 내가 육체 가운데 사는 것은 나를 사랑하사 나를 위하여 자기 몸을 버리신 하나님의 아들을 믿는 믿음 안에서 사는 것이라"(갈 2:20).

자신 안에 계신 하나님의 음성에 귀를 기울이고 그 명령을 믿고 순종하며 자신은 사라지고, 부활하여 살아계신 그리스도께서 살아 생활하는 모습을 보이며 사는 생활입니다. 이 생활을 거룩한 생활이라고 하며 이 생활은 믿는 사람 안에 계신 그리스도를 보여주고 사는 즉 하나님의 사랑을 실천하는 생활입니다.

이렇게 사는 사람은 진실로 잘 사는 사람이고 영원한 영생을 누리고 행복하게 사는 사람입니다. 예수 그리스도 안에서 완성이 보장된 완성을 향하여 가는 사람으로 재창조 되고 있는 사람입니다.

"아들이 있는 자에게는 생명이 있고 하나님의 아들이 없는 자에게는 생명이 없느니라"(요일 5:12).

"내가 이미 얻었다 함도 아니요 온전히 이루었다 함도 아니라 오직 내가 그리스도 예수께 잡힌바 된 그것을 잡으려고 좇아가노라"(빌 3:12).

그러나 이렇게 사는 삶이 고통의 문제가 없다는 것을 뜻하는 것은 아닙니다. 고통의 문제는 좋은 씨를 뿌려 놓은 밭에 못된 놈이 가라지를 뿌려 놓은 것과 같아서 우리와 항상 함께 있습니다. 가라지를 뽑다가 곡식까지 뽑을까 염려되는 것과 같이 고통의 문제를 해결하려고 하다가 생명을 다칠 수 있는 것이기에 하나님께서는 완전히 제거하지 않고 계십니다.

현세에서 고통의 문제는 항상 인간과 함께 있으므로, 우리 인간의 작은 머리로는 이해할 수 없는 신비한 측면이 있습니다. 그러나 분명한 사실은 하나님의 약속에 의하여 모두 해결될 것입니다.

이스라엘 사람들은 고통의 문제를 율법을 범하였기 때문이라고 일률적으로 보고 있었습니다. 이에 대하여 하나님의 아들은 반드시 그렇지는 않은 것이라는 뜻으로 하나님의 영광을 위하여 있다고도 말씀하셨습니다. 이와 같이 이해할 수 없는 신비한 측면이 있습니다.

원인이 어떻든 이해가 안 된다고 해도 고통의 문제를 푸는 방법이 있습니다. 예수 그리스도를 믿고 믿음으로 푸는 방법입니다. 이렇게 믿음으로 푸는 사람은 지혜로운 사람이고 지금 여기서 다른 사람보다 문제를 더 잘 해결하고 사는 것입니다.

해결이 안 되는 고통의 문제라도 그로 인하여 우리의 삶이 파괴되는 것이 아니라, 도리어 더욱 거룩한 생활로 성장되는 놀라운 은혜를 누리며 사는 생활을 할 수 있습니다. 예수 그리스도를 믿고 예수 그리스도께 자신을 의탁하고 사는 사람은 잘 사는 사람입니다.

예수 그리스도를 믿고 믿음으로 고통의 문제를 풀어 가는 사람은 약속에 의하여 사후에는 모든 문제가 해결되게 되어 있습니다. 지금 여기에서 예수 그리스도를 믿고 거룩한 생활을 하는 믿음의 사람들은 고통의 문제를 해결하고 살아가는 잘 사는 사람들입니다.

내가 거룩하니 너희도 거룩하라

정 연 태 지음

초판 인쇄	2008년 8월 25일
초판 발행	2008년 8월 30일
발행인	이 명 수
교정.교열	한 치 호
표지.편집	구 본 일
발행처	도서출판 세줄(등록번호 2-4000)
	서울시 중구 인현동 1가 111-6
	☎ 02)2265-3749
총 판	선교햇불 ☎ 02)2203-2739
	FAX. 2203-2738

저자 연락처　　02)439-7725, 011-9780-8725

값　12.000 원
ISBN 978-89-92211-14-7　03230